치유가 일어나는 독서모임
체험형 독서모임 워크북

치유가 일어나는
독서모임 체험형 독서모임 워크북

1판 2쇄 발행 2023년 11월 2일

발행인	김용성
지은이	이영애 정인숙 장석경 이소라 권영희 노현미
기획	박찬익
편집	출판팀
디자인	김한솔
제작	정준용
보급	이대성

펴낸곳	요단출판사
등록	1973. 8. 23. 제13-10호
주소	07238 서울특별시 영등포구 국회대로76길 10
기획	(02)2643-9155
보급	(02)2643-7290
	Fax(02)2643-1877

ⓒ 2020. 요단출판사 all rights reserved.

ISBN 978-89-350-1842-0 03230
값 16,000원

치유가 일어나는 독서모임

체험형 독서모임 워크북

이영애 · 정인숙 · 장석경 · 이소라 · 권영희 · 노현미 지음

목차

- 머리말 이영애
- 추천사 정동섭/ 김정근/ 변상규/ 최병락

1부 체험형 독서모임의 필요성 이영애
나의 이야기 : 내 삶을 바꾼 책 읽기 ·24

1장. 왜 독서모임을 통해서 책을 읽어야 할까? ·29

2장. 독서모임에 숨겨진 치유의 역동은? ·34

사례. 신성회 독서모임 소감문 이현경 ·39

2부 소그룹 독서상담의 이론과 실제 정인숙
사례 : "10년전에만 이 책을 읽었더라면........." 이재희 ·44

1장. 소그룹 독서상담의 이론 ·47
1. 독서활동, 독서상담 및 독서치료의 차이
2. 독서상담의 성격과 내용

2장. 소그룹 독서상담의 실제 ·53
1. 독서상담 지도자의 역할
2. 독서상담의 실제적인 진행과정
3. 독서상담 지도자의 상담대화기술

「부록1」 독서상담대화기술

3장. 신성회 독서코칭 장석경　　　·66
1. 코칭의 이해
2. 코칭의 유사영역
3. 신성회 독서코칭
4. 「체험형 독서모임 워크북」 활용 코칭
「부록2」 지도자용 독서코칭 기록노트

3부 집단상담의 치료적 요인 이소라
사례 : 깊어지는 책 읽기 임대열　　·76

1장. 집단상담의 치료적 요인　　·80
2장. 어떤 책을 읽을 것인가?　　·84

4부 독서상담의 목적과 방법 권영희
나의 이야기 : 독서모임을 통한 은퇴부부 성장여정　　·90

1장. 독서상담의 목적과 방법　　·94
2장. 독서상담의 구체적인 기술 김경혜　　·100

5부 독서모임 인도자의 준비 노현미
사례: 모여서 함께 나누는 신성회 독서모임의 소중함 김영숙 · 110

1장. 독서모임 인도자의 요건과 성장목표 · 114
2장. 책을 효과적으로 활용하는 방법 · 126
3장. 독서모임 인도를 위한 실제적인 지침과 참고사항 · 130
「부록 3」 독서상담일지 · 137

6부 독서상담의 인간이해와 마음치유 장석경
사례: 신성회 독서모임에서 경험한 관계치유 김형미 · 140

1장. 독서상담의 인간이해 · 145
2장. 독서상담의 마음치유 · 149

7부 체험형 독서모임 워크북 (요약 / 적용질문)

1. 이무석 『나를 사랑하게 하는 자존감』 김현실 · 166
2. 이무석 『나를 사랑하게 하는 자존감』 오영례 · 173
3. 조엘 오스틴 『잘되는 나』 허인숙 · 178
4. 알란 로이 맥기니스 『사랑과 우정의 신비』 이소라 · 184
5. 게리 채프먼의 『5가지 사랑의 언어』 김순희 · 190
6. 폴 투르니에 『강자와 약자』 이소라 · 195
7. 제임스 돕슨 『자신감 있는 자녀로 키우자』 이재희 · 203

8. 고든/게일 맥도날드 『마음과 마음이 이어질 때』　　　　이현경　·211
9. 정동섭 『자존감 세우기』　　　　　　　　　　　　　　양은진　·215
10. 김주환 『회복탄력성』　　　　　　　　　　　　　　　문주호　·220
11. 조신영 『쿠션』　　　　　　　　　　　　　　　　　　김은정　·224
12. 월터 드로비쉬 『너 자신을 사랑하라』　　　　　　　김병화　·229
13. 변상규 『자아상의 치유』　　　　　　　　　　　　　박혜숙　·232
14. 스캇 펙 『아직도 가야할 길』　　　　　　　　　　　권영희　·239
15. 최광현 『가족의 두 얼굴』　　　　　　　　　　　　　장석경　·245
16. 이영애 『멋진 남편을 만든 아내』　　　　　　　　　노○○　·249
17. 이경채 『인생 레시피』　　　　　　　　　　　　　　이경채　·254
18. 존 가트맨·남은영 『내 아이를 위한 사랑의 기술』　정인숙　·262
19. 폴 투르니에 『서로를 이해하기 위하여』　　　　　　오우림　·266
20. 전혜성 『섬기는 부모가 자녀를 큰 사람으로 키운다』　김상식　·269
『부록4』 독서모임을 위한 적용질문지 모음　　　　　　　　　　·273

8부 신성회 추천도서목록 (주제별)

·부록　　　　　　　　　·298
·신성회 사역보고　　　·308

머릿말

이번에 출간하는 『치유가 일어나는 독서모임』개정 증보판은 그동안 책을 읽어온 독서회원들께 좀 더 친근히 접할 수 있는 독서모임 인도법을 코칭하기 위한 워크북을 포함한다.

독서가 우리 내면세계의 가치관에 영향을 주고 심적 고통에 대한 치유와 성숙을 도와준다는 사실은 널리 알려진 사실이다. 그러나 어떻게 책을 읽고, 어떻게 접근해야 내적치유를 경험할 수 있는지에 대해서는 일반인들에게 생소하고 어렵게 느껴지는 것 같다.

요즈음 '회복탄력성'(resilience)이란 용어가 널리 알려지고 있다. 심리학에서는 '정신적 저항력'을 의미하는 말로 쓰인다. 스트레스나 역경에 대한 정신적 면역성, 내외적 자원을 효과적으로 활용하는 능력, 역경을 성숙한 경험으로 바꾸는 능력을 말한다. 따라서 '회복탄력성'은 변화하는 환경에 적응하고 그 환경을 자신에게 유리한 방향으로 이용하는 인간의 총체적 능력으로 이해할 수 있다.

우리 신성회 독서모임은 그 동안 바로 이 회복탄력성을 증진시키는 일을 해온 독서모임이다. 회복탄력성은 회복력 또는 탄력성이라고도 하는데, 체계적인 노력과 훈련을 통해 키워나갈 수 있다. 체험형 독서상담을 통해 회원들의 회복력이 증진되어 스트레스 상황에 직면해도 삶을 용기 있게 긍정하는 태도로 살 수 있게 도움을 주었다.

"코칭은 사람들을 격려하고 동기를 부여함으로써 그들이 자신을 성장 시키도록 돕는 과정이다. 코칭은 한 개인이나 그룹을 현재 있는 지점에서 그들이 바라는 더 유능하고 만족스러운 지점까지 나아가도록 인도하는 기술이자 행위이다"(게리 콜린스).

필자가 발간한『책읽기를 통한 치유』에 나오는 독서모임의 이름이 '신성회'(   ) 이지만 또 다른 이름은 '가족의 정신 건강을 위한 모임'으로 정신과 관련된 문제로 고통을 받고 있는 가족, 친구, 이웃을 둔 분들을 돕고 싶은 마음에 책을 발간했다. 그동안 신성회를 통해 만난 이웃들이 책을 통해 치유를 얻은 사례, 그리고 구체적으로 독서상담그룹을 어떻게 운영할 수 있는가에 대해 정보를 나누었다.

정신적인 문제를 포함하여 여러 가지 삶의 문제로 고통 받는 분들에게는 자신의 문제에 함몰되어 자포자기하는 대신 그 문제를 솔직하게 털어놓고 함께 이야기하며 위로받고 격려할 수 있는 교제의 장(   )이 필요했다. 왜 독서모임을 통해서 책을 읽어야하고, 어떤 책을 읽어야하며, 어떻게 독서 습관을 키울 것인지에 대한 대안의 필요성이 대두되어『치유가 일어나는 독서모임』이라는 책을 출간 했다. 그 책의 활용으로 신성회 사역자들이 수년 동안 독서로 치유된 체험을 바탕으로 독서모임 인도자들을 양성하기 시작한 후 그 책은 지금까지 '독서상담학교' 교과서로 활용되어 왔다.

전국 방방곡곡에 많은 독서모임이 생겼고 신성회의 지부도 많아져서 큰 보람을 느낀다. 독서모임에서 상담이 잘 이뤄져 차츰 치유의 여정으로 연결될 수 있었다. 독서치유는 이론적이나 지식적으로 배울 수 있는 것이 아니다. 체험적으로 책의 내용이 우리의 정신세계와 생활에 잘 적용될 때 비로소 치유를 받았다고 말할 수 있기 때문이다. 이런 체험형 독서모임이 우리나라 독서문화에 한 장을 이루게 된 것이 신성회 사역의 열매라 생각된다.

『책읽기를 통한 치유』(홍성사)라는 책이 2000년도에 발간되어 2017년 이후 27쇄 이상 재판되고 있으며, 2007년도에『치유가 일어나는 독서모임』(조이출판사)은 발간 후 10년을 채우고 2017년도에 절판 되었다.

이번에 출간된『치유가 일어나는 독서모임』개정 증보판은 이런 체험적 독서치유의 과정을 워크북으로 활용 할 수 있도록 신성회 사역자들이 마음을 모았다. 어떻게 책을 요약하며 어떻게 적용질문지를 사용했는지 공개하며 한국 독서문화에 좋은 영향을 드리게 되길 기대하는 마음이 크다.

드디어 [신성회 독서상담실]이 사단법인 [신성회독서상담교육원]으로 2019년 9월 5일 정식 출범했다. 이를 기념하여 5천만 우리민족과 천만 그리스도인의 정신건강에 영향력 있는 도구로 이 책이 사용되도록 신성회 회원들이 마음을 모아서 사랑을 표현하게 되었다.

30여 년 동안 신성회 회원들에게 검증이 된 독서코칭을 통해 이 복잡한 현대 생활에서의 스트레스와 위기 대처 능력인 '회복 탄력성 증진'에 한 몫을 해주기 바라며 이 책을 독서문화와 관련된 모든 분들께 바친다. 아무쪼록 건강한 사람, 건강한 가정, 건강한 사회를 만드는데 이 책이 촉매제역할을 하길 바란다. 집필에 동참해준 회원 여러분에게 감사드린다. 무엇보다 이런 필요를 지원해주신 요단 출판사 이요섭 원장님께 감사드리며 모든 영광은 늘 신성회 사역을 가능케 해주신 우리의 주님께 올려드리고 싶다.

신성회 대표 **이영애**

추천사

21세기를 행복의 세기라고 한다. 그만큼 많은 사람이 웰빙과 행복에 대해 관심을 쏟고 있다. 행복학자들은 내가 인격적으로 성장하고, 같은 울타리에서 생활하는 가족, 아내와 남편, 자녀들이 함께 성장할 때 행복이라는 열매를 맺을 수 있다고 말한다. 돈이나 지위가 우리를 행복하게 하는 것이 아니고, 내가 자신과 이웃을 사랑할 수 있는 인격으로 변화될 때 '참살이'(well-being)가 가능하다는 뜻이다.

폴 투르니에는 일찍이 "하나님께서는 우리를 성숙한 인격으로 변화시키는 데, 사랑과 고난, 동일시와 적응이라는 네 가지 도구를 사용 하신다"라고 했다. 하나님은 환경과 사람에게 적응하는 과정을 통해 우리를 다듬어 가신다. 뿐만 아니라 하나님은 독서라는 간접경험을 통하여 우리를 만들어 가기도 하신다.

내가 세상에 태어나서 가장 잘한 일은 첫째, 예수님을 구주로 영접한 것이고, 둘째, 28살에 저자와 결혼한 것이다. 셋째, 유학을 마치고 돌아와 아내의 은사를 인정해 신성회 독서상담사역을 시작할 수 있도록 도와준 것이라고 생각한다.

나는 인격이 지극히 미숙할 때 아내를 만나 결혼했다. 내가 그리스도 안에서 새 사람이 된 뒤에도 하루아침에 인격이 성숙해지지는 않았다. 마음의 쓴 뿌리가 해소되고 아픔이 치유되는 데 가장 많은 도움을 준 것은 폴 투르니에, 게리 콜린스, 제임스 돕슨, 로렌스 크랩 등이 쓴 책이었다. 서로 독후감을 나누는 동안 우리 부부는 'EQ'(정서지수)와 'NQ'(공존지수)가 높아졌고 친밀한 관계로 발전할 수 있었다.

책을 눈으로 보고, 입으로 읽고, 마음으로 이해하고, 행동으로 삶에 옮기는 법을 배웠다. 독서만큼 적은 대가로 오랜 즐거움을 주는 것은 많지 않다.

폴 투르니에 말대로, "인생은 하나님이 지휘하시는 모험"이다. 내 아내 이영애가 30년 전에 시작한 독서모임은 하나의 조그만 모험이었다. 하지만 하나님께서 이 모험을 축복하셔서 그동안 수많은 주부들의 삶을 변화시키셨고 그들의 남편과 자녀가 덩달아 혜택을 입었다. 사람과 가정이 변화되는 모습을 보는 것보다 더 보람되고 행복한 일은 없는 것 같다.

심리학에 '사회적 촉진'(social facilitation)이라는 현상이 있다. 혼자 공부하는 것보다는 도서관에서 공부하면 더 효과가 있고, 혼자 책을 읽고 끝나는 것보다는 여러 사람이 소그룹에서 독후감을 함께 나눌 때 더 큰 축복이 있다. 지금은 개미시대가 아니고 거미시대라고 일컫는다. 여럿이서 협동하는 것 보다는 개인의 삶이 주목받는 시기에 살고 있다. 이러한 개인화 된 이 시대에 우리에게 필요한 것은 소속감과 친밀감이 넘치는 소모임을 경험하는 일이다. 독서모임은 이 시대에 가장 적합한 형태의 자기갱신 및 자기계발 운동이다. 나 자신과 우리 가정, 그리고 교회의 질적 성장을 위하여 '삶의 기술을 가르쳐주는' 책 읽는 운동이 활성화되고, 독서모임이 교회마다 자연스럽게 정착되었으면 좋겠다.

이 책은, 30년 전부터 독서모임을 함께 경험하고 키워온 이영애, 이소라, 노현미, 정인숙, 장석경, 권영희 등 신성회 회원들의 공동저작이다. 신성회 독서모임이 어떻게 태동하여 성장해 왔는지를 밝히고, 독서

상담의 의의와 목적, 그리고 방법, 집단상담의 치료적 요인, 인도자의 훈련과정을 소상히 나누고 있다.

신성회 초창기부터 가정사역자와 상담학자의 입장에서 좋은 책을 선정하여 신성회 독서모임에 추천할 수 있었던 것은 나에게 큰 보람이고 축복이었다. 이번에 추천도서 목록을 정리한 이소라 박사는 처음 시작했을 때보다 각 분야에 양서가 많이 출간되었다는 것을 깨달았다. 앞으로도 계속 독자들께 좋은 양서를 추천할 수 있기를 기대 한다.

『책읽기를 통한 치유』(홍성사)가 출간된 이후 27쇄를 넘기면서, 전국적으로 50여개 교회와 단체에서 독서상담학교를 도입하여 활성화 시키고 있다. 어떤 교회에서는 20여개 독서모임이 정기적으로 모임을 갖기도 했다. 전에 독서모임은 미국, 캐나다는 물론, 브라질, 파라과이까지 퍼져 나갔고, 가는 곳마다 '책은 발 없이 천리를 간다'는 사실을 확인할 수 있었다.

지금 이글을 읽는 당신이 어떤 일에 종사하는 사람이든, 『치유가 일어나는 독서모임』 개정증보판을 읽어보길 바란다. 특히 6부의 독서모임 인도자용 워크북은 수월하게 소그룹을 운영할 수 있는 용기를 줄 수 있을 것이다. 당신도 보람된 모험의 길에 접어들 수 있을 것이다.

정동섭 교수
가족관계연구소장 [전 침신대 기독교상담학 교수; Ph.D.]

추천사

　독서치료는 책읽기를 통해 마음 아픈 이들을 돕는 활동이다. 책으로 마음에 입은 상처를 치유하고 변화하도록 이끈다. 따라서 독서치료의 대상은 '상한 감정'이다. 대상이 민감한 영역인 만큼 독서치료에 관심이 있는 사람은 조금 특별한 마음가짐으로 이 활동에 다가가야 한다.

　마음에 상처를 지니고 힘들게 사는 사람을 돕는 일은 그리 쉽지 않다. 누구나 쉽게 할 수 있는 부업 수준으로 생각하고 시작해서는 곤란하다. 그러나 이 사회는 독서치료를 마치 부업거리로 딱 좋은 일인 양 소개하는 경향이 있다. 특히 사교육 시장이 이것을 부채질한다. 수요가 있으니 공급이 있다고는 하지만 사람의 아픈 마음을 다루는 일을 이런 식으로 가볍게 대하는 것은 문제가 아닐까? '책읽기를 통한 마음 치유'라는 본령은 희미해지고 사업 기술로서만 전수되는 것이 과연 바람직한 일일까? 얄팍한 지식을 이리저리 꿰맞추어 전달하고 민간자격증을 함부로 남발하는 것이 과연 잘하는 일일까?

　독서치료가 사업 품목으로 강조되면, 무엇보다 다른 사람의 상처를 공감하고 함께 아파하는 마음이 사라진다. 그리고 프로그램을 운영할 때 치유를 체험하는 요소는 경시되고, 치유에 '관한' 지식 요소만 부각된다. '무엇을 할 것인가' 하는 목적이 점점 흐려지고, '어떻게 할 것인가' 하는 방법과 기교만이 전부가 되고 만다. 본말이 전도되는 것이다. 이 사회에서 독서치료 활동이 건전하게 발전하는 데 이런 점들이 방해물이 되지는 않을까 매우 염려스럽다.

그러면 이 잘못된 흐름을 어떻게 바로잡을 수 있을까? 우선 사람의 마음을 치유하는 데 집중하는 '진정성'을 회복해야 한다. 본연의 목적을 되살리기 위해 사업적인 욕망을 줄이고 사람의 마음을 돌보는 기본 정신으로 돌아가자는 뜻이다. 그렇게 하기 위한 방법으로 '체험형'을 제시한다. 독서치료에 대한 지식만 강조하고 가르치는 것이 아니라, 실제로 치유와 회복이 필요한 사람들이 책을 통한 치유를 체험하도록 도와주는 것이다. '체험형'에서는 진행자의 말과 이론은 오히려 부차적인 요소다.

이 사회에 자리 잡아가는 독서치료 분야에서 잡다한 이물질을 정련하고 혼란을 극복하여 제대로 된 방향으로 독서치료 활동을 이끌어가는 데 이영애 실장을 중심으로 한 신성회는 중요한 위치를 차지한다. 독서치료 관련 문헌과 활동을 두루 진단해 본 주변 젊은 연구자들은 하나같이 "신성회야말로 진짜"라고 말한다. 신성회 활동은 여러 면에서 우리가 믿고 따를 만한 길을 제시한다.

1990년에 문을 연 신성회는 대표적인 독서치료모임이다. 가장 오래되었으며 가장 건전하게 발전하고 있는 독서모임이라고 볼 수 있다. 그동안 신성회는 주로 가정생활과 정신건강에 중점을 두고 활동해 왔으며, 인도자들 스스로 책을 통해 치유를 경험하고 그 경험을 확장하여 모임을 인도해 왔다. 이와 같이 자신의 상처를 바탕으로 상처 입은 다른 사람을 도와주는 이를 '상처입은 치유자'(wounded healer)라고 한다. 이런 사람은 사변으로 흐르지 않고, 실천적이고 효과적인 치유모임을 이끌 수 있는데, 신성회 활동에는 바로 이 '상처입은 치유자' 정신이 잘 녹아 있다.

그리고 여러 사람이 보기에도 신성회 활동은 진지하게 와 닿는다. 아마도 이것은 이영애 실장을 비롯한 이 모임의 주요 회원이 지닌 '진정성'

에서 나온 것이 아닐까? 위에서 말한 바로 그 '진정성'이 이들의 활동에 이미 관철되고 있는 것이다.

그밖에도 신성회는 여러 가지 주목할 만한 활동을 하고 있다. 출판 시장에서 구할 수 있는 자원의 폭넓은 활용, 유용한 자가치유서 발견, 자조모임의 구성, 대화식 진행 등 이 모든 것이 신성회 활동의 독특한 특징이다. 무엇보다 신성회는 앞서 말한 체험형 기법을 가장 올바르게 적용하고 있다.

신성회 인도자들은 주로 번역된 치유도서를 활용하긴 하지만, 서양의 독서치료 프로그램을 적용하는 면에서는 비교적 초연하다. 무턱대고 서양에서 활용하는 방법을 숭앙하거나 추수(   )하려고 하지 않는다. 그들은 지금 이 사회를 사는 마음 아픈 사람들에게 걸맞은 적용에 관심을 기울인다. '이 땅에서 이 시대를 살아가는' 가정과 이웃의 문제가 해결되도록 도와주려 한다는 점에서 그들의 활동은 다분히 자생적이고 토착적이다. 그리고 이들은 독서치료로 치유할 수 있는 문제와 치유할 수 없는 문제를 구분하여, 치유할 수 없는 문제는 다른 전문가나 기관에 의뢰하기도 한다. 이렇게 상업주의적이지 않고 봉사정신을 바탕으로 한다는 점 또한 다른 모임에서는 쉽게 찾아볼 수 없는 특징이다.

이영애 실장의 전작 『책읽기를 통한 치유』는 독서치료 관련 문헌 가운데 걸작에 속한다. 여러모로 획기적인 이 책은 무엇보다 독창적이고 개척적이다. 아마도 독창성으로 따지자면 지금까지 나온 독서치료 도서 가운데 거의 유일한 걸작이라고 보아도 좋을 것이다. 연구자들이 내린 평가와 다른 책에서 거듭 인용되는 것을 보면 이 책의 가치를 알 수 있다.

또한 이 책은 지식 현장뿐 아니라 독서치료 현장에서도 진가를 발휘하고 있다. 서양을 어설프게 흉내 내고 현학과 관념에 찌들어 생기가 없는 다른 독서치료 도서와는 달리 이 책은 저자의 목소리가 살아 있다. 그래서 독서치료에 대해 알고자 하는 사람들에게 확실하게 길을 안내한다. 이 책이야말로 이 사회에 올바른 독서치료가 뿌리내리는 데 중요한 이정표 역할을 할 소중한 자산이다.

이번에는 『치유가 일어나는 독서모임』 개정판 이라는 새로운 책이 우리 앞에 모습을 드러냈다. 이영애 실장 팀이 만든 또 하나의 걸작이다. 이 책에 깔린 기획은 더욱 정교하다. 이영애 실장을 비롯한 이소라, 권영희, 노현미, 정인숙, 장석경 등 여러 인도자의 체험담이 각 부마다 펼쳐져 책을 더욱 풍성하게 한다. 개인이 겪은 체험과 모임에서 함께한 체험이 적절하게 녹아 있어 읽는 내내 재미와 유익함을 동시에 맛볼 수 있다. 저자들의 목소리는 여전히 토착적이고 명쾌하다. 과연 이 책에는 신성회 회원들이 그동안 노력해 온 흔적과 그들의 저력이 여실히 드러나 있다. 이 책은 실제적인 독서치료 방법에 목말라하던 이들에게 워크북을 겸하여 시원한 냉수 같은 안내서가 되어줄 것이다.

이 책이 출간된다는 소식은 독서치료 분야에 몸담고 있는 이들에게도 큰 선물이다. 이들은 모처럼 토착적이면서 선진적인 관점을 발견할 수 있을 것이다. 이 기회에 사회의 독서치료 관련자들에게 신성회의 조용하고 저력 있는 활동을 함께 배워나가자고 감히 제안하고 싶다.

김정근 교수
부산대 명예교수, 〈책읽기를 통한 정신치료 연구실〉 부산대 지도교수

추천사

'렉시오 디비나'(Lectio divina)라는 말이 있다. 거룩한 독서법이라는 의미이다. 중세 카톨릭 교회에서 시작된 방법인데 성경을 통해 자신의 내면을 투영하고, 성찰하는 방법을 의미한다. 이처럼 독서는 '거룩한 행위'였다. 잘못된 책들도 많지만 좋은 책 한 권을 만나면 사람이 살아난다. 추천인이 바로 그랬다. 20대 한창 정체성 혼란으로 힘겨웠던 시기에 데이빗 시맨즈의 『치유하시는 은혜』라는 책을 읽고 나의 신앙을 온전한 은혜의 패러다임으로 전환했다. 일종의 회심이었다. 이 책의 저자 이영애 사모님은 내가 한창 방황할 때 찾아뵌 분이었다. 그 때 신성회 독서모임을 시작하고 계셨다. 그렇게 작게 시작한 모임이 지금은 전국에 120명이 넘는 회원을 둘 정도로 큰 모임으로 성장했다. 올해에 30주년을 맞는다. 이 책 『치유가 일어나는 독서모임』은 사변적인 책이 아니다. 일종의 독서 간증서이다. 수많은 이들이 이 모임에 참여하여 단계별로 책을 읽으면서 하나 둘 작은 겨자씨처럼 내면의 변화가 일어나 이후 상담자로 학자로 치유자로 독서리더로 거듭난 사례가 적지 않다.

이영애 사모님과 남편 되시는 정동섭 교수님은 반세기 가까운 세월을 오로지 '치유'라는 한 가지 목적을 갖고 사역해 온 분들이다. 가정의 회복과 치유, 내면의 회복과 치유라는 그 당시에는 낯선 이 주제들을 온 몸을 던져 실천해 오신 분들이다. 이번에 출간하는 이 책 치유가 일어나는 독서모임을 통해 작은 소그룹, 교회, 여러 모임 속에서 저자의 30년 노하우를 이 책 한 권을 통해 전수받을 수 있을 것이다. 누구도 하기 힘든 이 일을 지금도 열정을 갖고 사역하시는 이영애 사모님에게 축하와 감사를 드린다. 진심으로 일독을 추천하며 주위 사람들에게 이 책을 전한다면 그 자체가 치유적 사건이 되리라 믿는다.

변상규 교수
(한국열린사이버대학교 상담심리학과 특임교수, 대상관계 연구소 소장)

추천사

우리 기독교는 경전의 종교입니다. 하나님은 말씀으로 천지를 창조하셨고, 성자는 육신으로 오신 말씀이며, 궁극적으로는 성부와 성자의 말씀이 성령의 감동에 의해 성경으로 우리 손에 전해졌습니다. 하나님은 성경이라는 책으로 우리에게 오늘도 말씀하고 계십니다. 이처럼 책과 독서는 우리 인간의 삶에 가장 중요한 성숙의 도구입니다.

재미있게도 『치유가 일어나는 독서모임』은 책의 유익을 설명하는 또 하나의 책입니다. 책이 책을 칭찬하는 책입니다. 존경하는 은사님의 아내 되시는 이영애 사모님은 오랜 기간 동안 독서모임을 이끌어 오신분이십니다. 지금까지 지속적으로 그리고 헌신적으로 쌓아 오신 독서모임의 경험들과 지침들을 함께 하시는 분들과 마음을 모아 세상에 책으로 내어놓았습니다. 이 책은 독서모임에서 일어난 간증과 더불어 독서모임에 대한 구체적인 지침들이 들어있는 유익한 책입니다. 이 책은 단순한 간증집이 아닌, 이론과 실제가 균형을 이룬 지침서에 가깝습니다.

또한 치유에 대한 이야기가 아니라, 읽는 이들에게 현재적 치유를 경험케 하는 생동감 있는 책입니다. 감사한 것은 신성회 독서모임 안에서 일어난 놀라운 이야기들이 그 모임 안에서만 공유되지 않고, 책이 되어 세상에 나왔다는 점입니다. 치유는 마음을 나눌 때 커집니다. 독서문화의 새장을 열어주신 이영애 사모님께 큰 감사를 표합니다. 앞으로 이 책을 통해 더 많은 사람들이 책과 가까워지고, 소그룹 독서모임이 이곳저곳에서 이루어지며, 더불어 독서공동체를 통해 이 땅에 상처받은 많은 분들 속에 치유가 일어날 수 있기를 바라며 기쁨으로 이 책을 많은 분들께 추천합니다.

최병락 목사
강남중앙침례교회 담임목사

1부 체험형 독서모임의 필요성 이영애

나의 이야기: 내 삶을 바꾼 책 읽기

1장 왜 독서모임을 통해서 책을 읽어야 할까?
2장 독서모임에 숨겨진 치유의 역동

사례. 신성희 독서모임 소감문　이현경

1부
체험형
독서모임의
필요성

이영애

1부
체험형 독서모임의 필요성

이영애(신성회대표, 독서상담전문가)

나의 이야기 : 내 삶을 바꾼 책 읽기

충북 산촌에서 외길만을 걸어온 어린 소년과 경기도 넓은 평야를 바라보며 자라온 소녀가 있었다. 군인이 된 소년과 대학생이 된 소녀는 경상도 어느 교회에서 영어선생과 학생으로 만나 사랑을 싹틔우게 되었다. 양가 부모님의 양육 방법이나 환경도 다르고, 생각과 가치관도 다른 두 사람에게서 공통점을 찾기란 쉽지 않았다. 2년간의 연애기간동안, 서로 자라난 배경이 다르다는 것은 아무 문제가 되지 않았다. 오히려 그 사실에 매력을 느껴 결혼까지 하게 되었다. 결혼생활을 시작하자마자 둘 앞에는 갈등과 번뇌의 세월이 펼쳐졌다.

두 사람만을 위한 곳인 줄 알았던 신혼집은 연일 찾아드는 손님들로 늘 북새통이었다. 없는 살림에 손님을 대접해야 했던 새색시는 쌀과 찬거리를 사기위해 결혼한 지 보름 만에 결혼반지를 팔아야 했다. 가정에서 따뜻한 소속감을 느끼지 못하고 자란 남편은 정에 굶주린 사람처럼 사람들을 몰고 왔다. 형제들 속에서 양자로 보내질 뻔한 일이 남편에게 깊은 상처를 남겼다. 똑똑한 형과 비교당하며 늘 바보취급을 받아온 일도 마음에 쓴 뿌리로 남아 늘 분노를 억누르고 있었다. 그렇게 자란 탓에 한이 많은 남편은 어릴 적에 느끼는 기본 욕구가 채워지지 않아 모든 일에 불평하고 잔소리를 늘어놓기 일쑤였다. 심각한 쇼핑중독에, 정서도 불안해서 불면증에 시달렸다. 완벽주의인데다가 결벽증도 있어서 본인은 물론 아내인 나까지 정서가 불안한 사람이 되어갔다.

남편은 권위적이고 유교적인 가정에서 자란 반면 나는 자유분방한 가정에서 자랐다. 극과 극인 환경에서 지냈다면 서로에게 어느 정도 적응하려고 노력해야 하는데도 남편은 권위주의로 군림하려고만 했다. 큰 상처 없이 자란 나는 모든 일을 남편에게 맞추고, 양보하며, 참아주고, 기다려주며 지낼 수 있었다.

그런 시간이 길어지면서 감정을 억압하다 보니 마음이 어두워지고 끝내는 우울증에 걸리고 말았다. 일방적으로 억눌리며 6년을 살다보니 협심증이 생기고, 툭하면 두통에 시달리며, 위장장애까지 생기게 되었다. 나는 몸과 마음에 병이 난 것이 선천적으로 체질이 약해서일 것이라고만 생각했다.

어느 날, 우연히 폴 투르니에의 『인간치유』(생명의말씀사)라는 책을 읽고, 그 책을 통해 우리의 결혼생활은 새로운 전환점을 맞았다. 폴 투르니에는 책에서 인간관계에 갈등과 번민이 많은 사람은 심리적인 요인 때문에 심신상관질환이 생긴다고 말한다. 내적인 갈등이 천식이나 관절염, 위장병, 고혈압, 당뇨병 등 신체적인 질병으로 나타나는 병이 심인성질환이다. 진단이 정확해야 병도 올바르게 고칠 수 있다. 내 병이 남편에게 받는 스트레스 때문에 생긴 것이라면, 부부관계가 변해야 병을 고칠 수 있겠다는 생각이 들었다. 일방적으로 받아주고 참아주며 감정을 억압한다고 될 일이 아니었다.

나는 자신을 되찾고 싶었으며, 내적 치유가 필요하다는 것을 깨닫게 되었다. 저자에게 상담을 받는다고 여기며 책을 읽기 시작했다. 인간을 이해하고, 나를 발견하며, 내적으로 성숙하기 위해 책을 읽어야겠다고 마음먹자 약발이 오르듯 책이 눈에 들어오고 새로운 시각이 열리는 것 같았다!

남편이 폴 투르니에의 『여성, 그대의 사명은』, 『강자와 약자』(이상 IVP)라는 책을 읽고 감동받으면서 우리 부부가 오랫동안 앓아온 남존여비 사상이 남녀평등사상으로 바뀌었다. 이 책들은 유교적 관념으로 아내를 대하던 남편의 의식을 완전히 바꿔주었다. 그 일로 나 자신을 찾을 수 있는 봄날을 맞이하게 되었다. 폴 투르니에는 우리 부부를 친절하게 상담해 준 자상한 상담자다. 투르니에가 쓴 다른 책들도 좋은 치료약이 되어주었다. 그 뒤로 우리 부부는 갈등이 생길 때마다 적절한 책을 만나 해결할 수 있었다.

남편은 당시에 다니던 미 대사관에 사표를 내고 책을 번역하고 싶어 했다. 그때에도 『모험으로 사는 인생』(IVP)이라는 책을 읽고 도전을 받아 사표를 내기로 결심한 것이다. 팀 라헤이의 『성령과 기질』(생명의말씀사)이라는 책은 우리 모두 서로 다른 기질을 지니고 태어났으며 각자의 은사에 맞게 세상을 살아가야 한다는 점을 깨닫게 해주었다. 좋은 아버지상을 보여준 책 『남성, 그 위대성의 본질』(제임스 돕슨, 프리셉트)은 자녀교육에 지대한 영향을 끼쳤다. 『서로를 이해하기 위하여』(폴 투르니에, IVP)란 책을 통해서 우리 부부가 서로 다른 개성을 가진 존재라는 사실을 직시할 수 있었다. 『부부 사이의 사랑과 분노』(데이비드 메이스, 진흥)를 읽고 남편은 스스로 절제하지 못하던 분노를 이해할 수 있게 되었다. 그 외에도 내게 도움을 준 책이 많지만, 특별히 도움이 된 책으로는 『정상에서 만납시다』(지그 지글러), 『고통에는 뜻이 있다』(옥한흠, 국제제자훈련원), 『예수님의 심리학과 정신건강』(레이몬드 L. 크래머, 생명의말씀사), 『나누고 싶은 이야기』(김진, 뜨인돌)『조건 없는 사랑』(김인·유재신, 성지), 『몸에 밴 어린시절』(휴 미실다민, 일므리), 『여성 그대의 사명은』, 『강자와 약자』, 『아직도 가야 할 길』(스캇 펙, 열음사, 2004), 『화성에서 온 남자 금성에서 온 여자』(존 그레이, 동녘라이프), 『사랑이 지나치면 상처도 깊다』(로빈 노우드, 문학사상사), 『편견을 깨뜨리는 내적치유』(윌리암바커스, 예찬사), 『상한 감정의 치유』(데이빗 씨맨즈, 두란노), 『성숙한 부모 유능한 교사』(연문희, 양서원), 『부모는 사랑을 포기하지 않는다』(라이트 부부, 생명의말씀사), 『대한민국에서 학생으로 산다는 것』(정명훈, 한언), 『내면 세계의 질서와 영적 성장』(고든 맥도날드, IVP), 가족치유 마음치유』(팀 슬레저, 요단), 『성경적 EQ 개발』(크리스터만, 프리셉트), 『NQ로 살아라』(김무곤, 김영사), 『공자가 죽어야 나라가 산다』(김경일, 바다), 『남자의 성, 그 감추어진 이야기』(아취볼드 D. 하트, 홍성사) 등이 있다. 남편은 가정 사역 전공 학위(Ph.D)를 취득하기까지 책을 통해 수없이 많은 저자를 만나면서 인격이 성숙해졌고, 나 역시 남편이 선별해 주는 좋은 책들을 읽으며 인간을 깊이 이해하게 되었다.

   오늘날 남편과 함께 가정사역자로 동역할 수 있게 된 것은 거저 이룬 일이 아니다. 결혼 초, 성인아이로 자라 미숙하게 상처만 주던 남편이 끊임없이 책을 읽고, 삶에 적용하여 성숙해졌기 때문에 가능했다. 나 역시 미성숙한 성격장애자 남편에게 중독되어 신경증 환자로 살다가 치유되었기 때문에 지금 보람된 삶을 살게 되었다. 이 모든 일의 배후에서 일반은총으로 늘 격려해주신 하나님의 은혜에 모든 영광을 올려드리고 싶다. 아울러 "사람이 책을 만들고, 책이 사람을 만든다"는 말이 실현되었다.

1장
왜 독서모임을 통해서 책을 읽어야 할까?

고학력자가 많은 우리나라의 경우, IQ(Intelligence Quotient, 지능지수) 중심의 공부는 삶의 질을 높이는데 크게 기여하지 못한다. 우리 민족이 가치관을 확고히 정립해서 폭넓은 세계관을 지니고 긍정적으로 살아가려면 EQ(Emotional Quotient, 감정적지능지수)를 높여주는 책읽기가 필요하다. 이런 책 읽기는 '건강한 삶을 위한 독서상담'으로 나아갈 수 있다. 타인을 인격적으로 만나고, 진정한 삶의 의미를 깨닫게 해줄 독서모임이야말로 기계화로 나아가는 21세기에 반드시 필요한 길이 아닌가 싶다. 독서모임의 목적은 참된 인간으로 성숙하여 함께 정을 나누며 살아가는 NQ(Network Quotient, 공존지수)정신의 소유자를 많이 양성하는 것이다. 이 세상의 기준이 '성공하는 삶'이 아니라 '서로 사랑하는 삶'으로 바뀌길 바란다. 아무리 성공하고 부유하다해도 사랑할 줄 모르고 사랑하는 대상과 친밀한 교제를 누리지 못한다면, 삶이 얼마나 공허하겠는가? 이런 가치관에 공감하는 사람이라면 누구나 독서모임에 함께할 수 있다. 이런 책읽기 체험을 통해서 우리는 독서모임의 필요성을 절감 할 수 있었다.

함께 성숙하며 변화 받을 수 있다

나는 결혼 전부터 무엇이든 배우는 것을 좋아했다. 피아노와 기타 같은 악기는 물론 탁구를 배우기도 했다. 결혼 후 두 아들을 키우면서도 끊임없이 무언가를 배워나갔다. 꽃꽂이, 동양매듭, 박공예……. 이런 것을 배울 때면 이웃에게 권해서 함께 다니곤 했다. 성경공부도 늘 함께 배웠다. 네비게이토 교재, CCC의 10단계 성경교재, 크로스웨이 성경공부,

'최선의 삶' 등 무엇을 배우든 늘 다른 사람과 함께했다. 혼자서 들은 설교테이프도 좋은 내용이다 싶으면 함께 듣고 싶어서 구역식구나 이웃에게 빌려주는 등 함께하는 삶을 살았다. 좋은 시도 한 번 읽고 나서는 몇십 장 복사해서 주위 사람에게 나누어준다. 기타 치며 노래하는 것도 처음에는 혼자 시작했지만, 끝내 일주일에 한 번씩 아파트에 사람들을 불러 모아 함께 노래를 부르곤 했다.

이런 생활습관은 독서에서도 나타났다. 자연스레 책도 혼자 읽고 끝나는 게 아니라, 이웃과 함께 읽고 싶은 마음이 생겼다. 책은 우리 부부에게 정말 훌륭한 상담자 역할을 해준 치료제다. 만나는 사람마다 책을 선물해 주는 것이 우리 부부의 취미일 정도로 책 나누는 걸 좋아한다. 좋은 경험을 사랑하는 사람과 공유하고 싶어 하는 것은 당연한 일이다. 힘들고 어려운 새벽기도도 함께 기도하기 때문에 계속 유지할 수 있듯이, 사람도 '사회적 촉진 현상'(social facilitation)에 쉽게 동조하기 마련이다.

돌이켜보면 독서모임을 제안한 것은 나지만, 내가 독서모임을 이끌어 간 것이 아니라 독서모임이 나를 이끌어 갔다는 생각이 든다. 내가 회원들을 섬긴 것이 아니라 회원들이 나를 키워주고 강사로 만들어준 것 같다. '가장 많이 배울 때는 가르칠 때'이고 '이웃을 위해 봉사정신으로 살면' 내가 풍요해진다. 『NQ로 살아라』(김무곤, 김영사)라는 책을 읽으며 오늘날 내가 이렇게 살게 된 데에는 더불어 살고, 베풀며, 나누고, 함께 성숙해지길 바라는 NQ(Network Quotient, 공존지수)정신이 뒷받침 되었다는 것을 깨달았다. 독서모임은 NQ(Network Quotient, 공존지수)정신을 살릴 수 있는 좋은 기회다.

함께 읽으면 쉽고 즐겁게 읽을 수 있다.

　독서를 취미로 삼고 즐겁게 책을 읽고 싶다면 독서모임에 참석해 보라. 독서모임 회원들과 만나는 것이 즐거워지면 책을 다 읽지 못했어도 모임에 참석하게 될 것이다. 그러다 보면 책 읽는 습관이 자연스럽게 몸에 배게 된다. 맛있는 음식을 먹거나 좋은 음악을 감상하는 것은 그 순간만 즐거울 뿐이지만, 책은 깊은 묵상을 통해 생각을 계속 이어가기 때문에 오래도록 즐길 수 있다. 정원에 물을 주듯이 책을 자꾸 읽으면 메마른 마음에 여유가 생기고 언젠가는 소망과 비전이라는 꽃을 피울 수 있을 것이다.

　서로 책에 대해 나누다 보면 책에서 말하는 이야기가 곧 내 이야기가 되고, 얼핏 평범해 보이던 독서모임이 나를 표현하는 장( )으로 서서히 바뀌는 걸 보게 된다. 게다가 사람들이 내 말에 귀 기울여줄 때면 내가 받아들여지고 있음이 느껴지면서 침울하던 마음이 즐거워진다. 누군가가 내 말을 들어준다는 사실은 살아 있다는 기분이 들게 하기 때문이다. "나를 잘 이해하고 받아주는 사람이 아무도 없다고 느끼는 사람은 이 세상에서 올바르게 성장하거나 충만한 삶을 살 수 없을 것이다"라고 폴 투르니에 박사는 강조했다.

　맛있는 음식은 또 먹고 싶어지듯 즐거운 일은 자꾸 하고 싶어지게 마련이다. 책을 읽고, 생각을 말로 표현하며, 새로운 사실을 알아가는 기쁨을 맛본다면 책읽기를 취미로 삼지 않을 수 없다.

　서로의 삶의 지혜를 공유할 수 있다

　"물고기를 잡아주지 말고, 물고기 잡는 법을 가르치라"라는 말처럼 우리가 스스로 지혜를 얻기 위해서는 책을 읽어야 한다. 책을 읽지 않고

『베니스의 상인』에 등장하는 재판관의 지혜나 『삼국지』에 나오는 제갈공명의 현명함을 알 수 있을까? 『탈무드』를 읽지 않고 어떻게 그 책이 전하는 수많은 지혜를 터득할 수 있을까? 아무리 상상력이 뛰어난 사람이라도 오랜 역사에서 우러나온 삶의 지혜를 터득하기란 어려운 일이다. 솔로몬의 지혜를 배우려면 전도서나 잠언을 묵상해야 한다. 직접 경험하지 못한 일은 간접경험이라도 해야 한다.

일생동안 공부만 해온 사람이 후세에게 남긴 책 몇 권을 통해 우리는 그의 생애가 담긴 업적을 배울 수 있다. 그 책이 나오기까지 얼마나 많은 지식과 지혜가 통합되고 정리되었겠는가? 누군가가 수십 년간 쌓은 비법을 단 며칠 만에 섭렵할 수 있다는 사실이 놀랍지 않은가? 책을 통해 시공을 뛰어넘어 석학들에게 개인지도를 받을 수 있다는 사실이 감격스러울 따름이다.

하나님은 인간을 변화시키는 데 4가지 도구를 사용하신다. 환경의 변화, 사람, 책, 영성훈련이다. 그중에서도 책은 우리가 쉽게 접할 수 있다. 사람은 상처를 주지만, 책은 상처를 주지 않는다. 책을 대할 때에는 눈치를 보지 않아도 된다. 다른 사람에게 상담을 받거나 도움을 청하기 위해 억지로 굽실거리던 행동을 하지 않아도 된다.

사람이 바뀌려면 먼저 생각이 바뀌어야 한다. 생각의 변화는 행동의 변화를 이끌고 마침내는 전인격의 변화를 이끌어낸다. 생각의 변화가 바로 사람이 변하는 첫 번째 관문이다. 경직된 사고의 틀을 깨려면 먼저 가치관이 바뀌어야 한다. 독서는 잠재의식에 지침을 제공하여 행동의 틀을 바꾸어놓는다. 책을 읽으면서 마음과 생각이 움직이고 그에 따라 행동도 변하게 된다. 독서모임에서는 같은 책을 읽고 자신의 생각을 나누기 때문에 다양한 생각을 경험할 수 있다. 따라서 독서모임을 통해 함께 책을 읽으면 혼자서 읽을 때보다 더 많은 삶의 지혜를 공유할 수 있다.

2장
독서모임에 숨겨진 치유의 역동은?

갈등과 상처를 자연스럽고 인격적으로 진단한다

독서모임은 책을 읽고 서로의 경험을 자연스럽게 나누기 때문에 큰 부담 없이 천천히 자신을 드러내는 데 효과적이다. 일대일 상담보다 5-7명이 모인 소모임이 내적 치유를 하기에 적당하다. 억지로 이야기하지 않아도 되기 때문에 인격적인 접근이 가능하다.

자신은 물론 타인을 깊이 이해할 수 있다

회원들은 책을 통한 간접경험을 나누면서 자신의 문제와 원인을 진단한다. 서로의 생각과 기질이 다르고, 성이 다르고, 학력이 다른 사람끼리 만나기 때문에 독서모임은 인간이해의 폭을 넓혀준다.

감정(스트레스)을 잘 처리할 수 있다

열등감, 수치심, 불안, 우울, 대인관계에서 겪는 어려움, 부부관계와 자녀양육에서 생기는 문제, 시댁과 갈등하는 원인 등 다양한 문제를 공감할 수 있다. 해결책이 나오지 않더라도 책과 회원들의 이야기를 통해 지지와 격려를 받으며 내적 치유를 경험할 수 있다. 더 나아가 감정이 순화되고 성숙해지며, 장점은 계발되고 약점은 보완될 수 있다.

순기능 가정을 경험한다

인간관계에서 받은 상처는 인간관계에서 치료받아야 한다. 근원가정에서 상처받은 사람일지라도 독서모임에 참여하다 보면 순기능 가정을 경험할 수 있다. 인격적인 대화와 수용적인 태도에서 자아상이 새롭게 바뀌며, 가족에게서 느끼는 공감, 친밀감, 소속감, 자존감을 경험할 수 있기 때문이다.

가치관과 세계관이 바뀐다

생각이 바뀌어야 가치관이 변한다. 책 내용을 잘 적용한다면 생각을 바꿀 수 있다. 경직된 사고가 바뀌면 마음의 정원을 가꾸듯이 올바르고 안전한 정보를 많이 습득하고 종합하여 분석하는 능력을 키울 수 있다.

대인관계 기술이 향상된다(EQ, NQ)

인간이라면 누구나 다른 사람과 관계를 맺으며 마음이 통하기를 갈망한다. 다니엘 골먼은 그의 책 『감성지수』에서 "서로를 알아주고 마음을 열어 대화할 친구 집단이 있는 사람은 외톨이보다 고난을 잘 이겨내고 몸과 마음의 건강을 잘 유지할 수 있다"라고 밝힌다. 한 집단에서 정기적으로 대화를 나누면서 걱정거리나 관심사를 공유하는 사람은 그런 모임에 참여하지 않는 사람보다 더 오래 산다고 한다.

일 중심적이고 생산성이 치열한 현대사회는 인간관계를 가벼이 여기는 경향이 있다. 하지만 독서모임은 선입견을 가지거나 자기중심적으로 이해하지 않고 잦은 오해나 편견에서 벗어나 각자의 기질이나 상처, 성격, 배경 등을 이해할 수 있도록 도와준다. 상대방을 있는 그대로 보게 되므로 섣불리 판단하거나 오해하는 일이 줄어든다. 자유하면서도 상대방을 배려하는 성숙함, 상대에 맞게 적응할 수 있는 지혜와 분별력이 생긴다. 지적인 부분, 인격적인 부분, 정서적인 부분에서 깊이와 넓이를 더할 수 있다.

발표력과 언어 표현력이 좋아진다

처음에는 서툴렀던 사람도 책 내용을 요약해서 말하다 보면 생각과 감정, 바람을 능숙하게 표현하게 된다. 독서모임에서 꾸준히 이야기하는 연습을 한다면 훌륭한 강사도 될 수 있다.

상담 받는 것보다 경제적이다

비싼 상담료를 내지 않고도 책 한 권 값이면 저자와 직접 상담을 하는 셈이기 때문에 상담 받는 것보다 경제적이다. 책 한 권을 쓰기 위해 저자들은 많은 시간을 들이지만, 우리는 외식 한 번 하는 돈이면 충분히 책을 구입할 수 있다.

행복과 즐거움을 누리는 취미생활이 된다

오늘날에는 마음에 맞는 대화상대를 만나기가 상당히 어렵다. 내 생각과 의견을 존중하고 공감하며 들어주는 사람이 한두 명만 있어도 우리는 살아 있음을 느낀다. 때로는 책보다 사람과의 만남이 그리워서 독서모임을 찾는 사람도 있다. 그 모임에서 소속감을 느끼고 행복해진다면 삶이 얼마나 즐거워지겠는가? 따라서 독서모임에 참여하면 가벼운 우울증은 쉽게 극복될 수 있다. 마음에 부담 없이 정기적으로 친교가 이루어진다면 취미생활도 될 수 있다.

성공적인 삶을 살도록 돕는다

오늘날 사람들이 가장 관심을 갖는 주제가 성공이 아닐까 한다. 성공하기 위한 방법을 소개한 책이나 성공한 사람들의 이야기가 담긴 책들이 잘 팔리는 것을 봐도 알 수가 있다. 그렇다면 이른바 성공한 사람이라고 불리는 사람들의 특징은 무엇일까? 리처드 코치는 성공하는 방법으로 80/20 법칙을 소개한다. 적게 일하고 많이 거두는 법칙으로 책에 적용하자면 20%를 읽어서 80%를 이해하는 것이다. 『성공한 사람들의 독서습관』에서는 성공한 사람들의 특징으로 명상과 메모광, 독서광을 꼽는다. 실제로도 성공한 사람들 가운데에는 독서광인 이들이 많았다.

20세기에 활동한 데일 카네기는 자신감이 부족하여 늘 소심증으로 고생했다. 책읽기를 좋아해서 서점 점원으로 일하며 틈틈이 책을 읽었고, 꾸준히 말하기를 훈련한 끝에 『인생의 길은 열리다』(청아)라는 책을 써서 전 세계에 54만부나 판매하는 성과를 이루었다. 결국 책을 읽고 자신을 닦아 세상에 이로운 일을 하는 사람이 된 것이다.

학벌이라고는 변변치 않은 에디슨이나 링컨이 인류에 공헌한 업적은 어마어마하다. 에디슨은 발명왕이 되기 이전인 열 살에 이미 독서광이었다. 『로마 흥망사』와 『영국사』, 『세계사』에서부터 자연철학, 물리학, 화학책을 읽으며 과학에 관심을 갖게 되기까지 많은 책을 읽으며 창의력을 키울 수 있었다. 다양한 지식과 EQ(Emotional Quotient, 감정적지능지수)·NQ(Network Quotient, 공존지수)정신이 어우러져 에디슨은 발명왕이 될 수 있었다. 셀 수 없을 만큼 많은 실패와 좌절을 겪으면서 링컨이 대통령에 당선될 수 있었던 것도 많은 책을 읽고 인격을 승화시킨 EQ(Emotional Quotient, 감정적지능지수)와 SQ(Spiritual Quotient, 영성지수)가 맺은 열매라고 생각한다.

여성 인물 가운데에도 책을 통해 길이 열린 사람이 있다. 듣지도, 보지도, 말하지도 못한 헬렌 켈러는 육신의 장애를 이겨내고 손가락 끝으로 독서하는 법을 터득했다. 그는 터득한 독서법으로 성경을 읽으며 위로를 받았고, 섬세하고 예민한 감각과 감수성을 통해 영감 있는 독서를 할 수 있었다. 사생아로 태어나 온갖 학대를 받으며 자라온 오프라 윈프리도 독서를 통해 인간의 감정을 이해하고 증오 대신 따뜻한 가슴을 지닌 재치 있는 앵커로 거듭날 수 있었다. 그는 "나를 이만큼 만든 것은 신앙과 독서"라고 말할 정도로 책에 많은 영향을 받았다.

우리나라 인물로는 정치, 경제, 사회, 문화의 대가인 정약용이 있다. 정약용은 책을 많이 읽었을 뿐 아니라 500권이나 되는 책을 저술하기도 했다. 김대중 전 대통령은 고난 속에서 읽은 책을 통해 도전하는 정신을 키울 수 있었다. 가택 연금 시절에도 아침이면 단정하게 양복으로 갈아입고 지하실로 내려가 저녁이 될 때까지 책을 읽었다고 한다.

이들은 불우한 환경에서 오는 고통을 승화시키고 인생을 긍정적으로 바라보면서 성공적으로 인생을 마쳤다. 그들에게는 값진 인생을 살 수 있게 해준 책이 있었다.

사례. 신성회 독서모임 소감문

이현경(전주지역 신성회 지부장)

하나님께서 사람을 변화시키는데 사용하시는 도구를 크게 4가지로 분류할 수 있다. 첫째, 환경(고통)이고 둘째, 사람과의 만남이며, 셋째, 책과의 만남과 넷째, 영성훈련이라고 했다. 이 가운데 책과 사람과의 만남을 통해서 사람의 내면을 치유하고 살리는 선한 도구와 통로로서 하나님께서 신성회 독서 상담실을 30년 째 사용하시는 기관임을 믿고 확신한다.

목회자의 아내인 사모로 부르심에 순종하여 주님의 일을 감당함에 있어서 많은 부족함을 느꼈다. 지도자로서 건강한 내면의 치유가 더욱 필요하고, 중요함 또한 절감했다. 이런 생각 속에 자연스레 성장을 위한 변화를 더 갈망하게 되었다. 목사님 서재의 도서들을 비롯하여 관심 있는 주제의 책들을 혼자 보면서 도움 받으며 상담적 효과를 경험했고, 함께하는 독서 모임을 소원하며 기도하고 있었다.

그러던 중 2011년도 정동섭 교수님의 독서 치료 강의를 듣게 되었고, 이영애 사모님과의 만남을 통해 독서 치료의 중요함과 효과를 다시금 확신하게 되었다. 큐티 모임을 통해 이미 모이고 있던 사모님들이 독서 치료 강의에 함께 참석했고, 그분들을 중심으로 전주 사모 지부 독서 모임을 자연스럽게 시작할 수 있었다.

2020년 지금까지 독서모임을 지속해 오고 있다. 무엇보다 독서를 통한 나의 변화를 가장 가까이에서 지켜 본 것은 바로 가족들이다. 특히 남편은 독서를 통하여 서서히 긍정적으로 변해가는 나의 모습을 인정해

주었고, 독서모임을 적극 지지해 주고, 격려해 주는 가장 큰 응원자가 되었다.

하나님께서는 때마다 독서 모임에 필요한 분들을 모아 주셨다. 시기마다 적절하게 선정된 도서들의 주제를 중심으로 고민을 나누고, 공감하면서, 유익하고 행복한 만남으로 마음의 치유가 일어나게 하셨다. 새로운 지식과 지혜를 배워 가면서 객관적인 사고의 폭도 넓어졌다. 나뿐만 아니라 다른 회원들도 함께 성장했으며 지금도 계속 성장을 위해 함께 노력하고 있다.

인도자로서 모임을 진행하면서 적게는 3명에서 10명 이상 지속적으로 모였다. 다만 독서를 통한 치료의 효과가 금방 눈에 보여지는 일이 아니기에 애로 사항도 있고, 힘들고, 지쳐 외로움을 느꼈던 때도 있었다.

하지만 그런 어려움 속에서도 기도 가운데 만나게 하신 이 모임의 가치와 중요성을 알기에 줄을 놓지 않고 인내하며 계속할 수 있었다. 신성회 초기부터 헌신해 오신 회장님을 비롯한 임원들의 격려를 통해서 신성회 회원으로 연대감을 가지고 다시금 중심을 잡고 전진할 수 있는 동력을 얻었다.

앞으로 주님의 몸 된 교회를 섬기는 사모들의 독서 모임(유오디아 : 그리스도의 향기)이 다양한 분야의 양서들을 통해 객관적인 지식과 관점들을 배우고, 삶에 적용하면서 훈련하는 모임으로 발전하길 바란다. 주님의 사랑 안에서 서로를 세워 주며, 점점 성숙한 인격으로 자라감을 통해 선한 영향력을 주는 모임이 되길 원한다. 이 독서모임을 통해 우리가 그리스도의 향기를 풍기는 하나님의 사람으로 빚어지는 역사가 일어나길 기대하며 기도하면서 진행하고 있다.

전국 각 지부마다 헌신하시는 지부장님들의 하늘에 상급을 쌓는 수

고를 통해 회원들의 내면의 정신 건강의 치유가 일어나고, 아울러 사람을 살리는 일을 하는 신성회 독서 상담실 가운데 하나님의 선한 도우심의 손길이 함께하셔서 더욱 풍성한 열매를 맺게 하심을 믿고 기대하면서 마음으로 기도 한다. 나의 작은 기도에 응답하시어 신성회 독서 상담실과 만남의 복을 주신 하나님께 감사드린다. "모든 영광을 오직 하나님께만 올려 드립니다".

• 자존감 관련 서적
1. 이무석 [나를 사랑하게 하는 자존감]   김현실
2. 이무석 [나를 사랑하게 하는 자존감]   오영례
3. 조엘 오스틴   [잘되는 나]   허인숙
12. 월터 드로비쉬 [너자신을 사랑하라]   김병화

2부 소그룹 독서 상담의 이론과 실제 정인숙

사례. "10년 전에만 이책을 읽었더라면....." 이재희

1장 소그룹 독서 상담의 이론
    1. 독서활동, 독서상담, 독서치료의 차이
    2. 독서 상담의 성격과 내용

2장 소그룹 독서 상담의 실제
    1. 독서 상담 인도자의 역할
    2. 독서 상담의 실제적인 진행과정
    3. 독서 상담 인도자의 상담대화기술
    [부록1] 독서 상담 대화기술

3장 신성회 독서코칭　　장석경
    1. 코칭의 이해
    2. 코칭의 유사영역
    3. 신성회 독서코칭
    4. [체험형 독서모임 워크북] 활용 코칭
    [부록 2] 지도자용 독서코칭 기록노트

2부
소그룹 독서 상담의 이론과 실제

정인숙

2부

소그룹 독서 상담의 이론과 실제

정인숙(신성회회장, 신성회독서상담전문가)

사례. "10년 전에만 이 책을 읽었더라면……"

이재희(진주 칠암교회 사모)

"10년 전에 이 책을 읽었더라면 내 아이가 마음고생을 하지 않았을 텐데……." "그때 내가 이 책을 알았더라면 갈등을 잘 이겨냈을 텐데……." 이런저런 아쉬움이 독서모임마다 튀어나온다. "늦었지만 지금이라도 책을 읽고 나누면서 마음을 정리하고, 스스로 만든 속박에서 벗어나 새로운 시각으로 생각하게 된 것만도 얼마나 다행이냐?"고 말하는 회원들도 있다.

2004년 4월, 교회에서 독서모임을 시작했다. 홍성사 쿰 회원 가족인 나는 『책읽기를 통한 치유』가 출간되자마자 받아볼 수 있었다. 그때만 해도 저자와 만나서 독서모임을 하고 있는 신성회 회원들을 부러워하고만 있었다. 그런데 2004년 1월, 창원 극동 방송에서 독서치료 세미나를 개최하는 것이 아닌가? 기쁜 마음으로 달려가 4주 과정 강의와 워크샵에 참여했다. 그 과정에서 『개성 있는 자녀로 키우자』(플로렌스 리타우엔, 에스라서원)라는 책을 읽고 독후감을 나누는 시간이 있었다. 기질이 나와 다른 아들을 키우면서 엄마인 내가 힘들다고 생각했는데, 사실은 아들이 나보다 더 힘든 과정을 겪으며 자라고 있다는 것을 알고 아들에게 얼마나 미안했는지 모른다.

그래서 한창 자녀를 양육하는 젊은 엄마나 많은 성도에게 이런 기회가 있다면 정말 유익하겠다는 생각이 들었고, 교회에 독서모임을 만들게 되었다. 교회 앞에 게시판 광고를 보고 자원한 성도들이 모여 모임 두 개로 시작했는데, 지금은 네 개로 늘어났다.

주로 신성회에서 추천받은 책으로 한 달에 한 번 모임을 가진다. 정기적으로 함께 모여 책을 읽고 나누면 얻게 되는 유익이 많다. 나에게만 닥친 고통, 갈등이라고 생각했는데 다른 사람도 똑같은 경험을 하는 걸 보면, 고통과 갈등은 누구나 겪는 것이라는 생각에 용기가 생긴다. 마음속에 억압된 것을 말이나 폭소로 표출해내는 과정은 얼마나 큰 기쁨과 역동적인 치유가 일어나는지! 공감해 주는 사람들 때문에 위로와 힘을 얻기도 한다.

책에서 얻은 지식을 나누다 보면 머릿속에만 갇혀 있는 게 아니라 마음으로 공유하고 도전받게 되어 실제 생활에 자연스레 적용하게 된다. 자녀에게 거는 기대가 높아 속병을 앓는 대신 진정한 자유를 누리며 자녀를 계속 믿어주고 하나님께 맡기는 믿음, 남을 속박하는 말과 보이지 않는 굴레를 벗어버릴 수 있는 용기, 새로운 제안들을 듣고 자신감 있게 어려움을 이겨낼 수 있다.

나는 독서모임을 시작한 지 얼마 안 된 초보인도자다. 그러나 십 년 동안 백 여 권의 엄선된 책을 읽고 나눈다는 1차 목표를 달성하고 나면 어느새 성숙해져 있을 나를 기대하며 밝은 미래를 꿈꿔본다.

1장
소그룹 독서 상담의 이론

　신성회의 독서모임은 2020년 현재, 전국에 20여개 이상의 지역으로 모여서 진행되고 있다. 회원들은 매달 한 번씩 독서 모임에 모여서 자신의 삶을 나누는 과정을 통해 치유와 성장을 경험하고 있다. 회원들은 도서의 주제로 상호대화를 하면서 자신만 경험하는 것처럼 생각했던 어려움을 다른 사람들도 경험하고 있음을 보고 들으면서 많은 위로를 받는다. 또한 도서에서 제공하는 정보와 참여자들과의 상호작용을 통해서 성장하게 된다. 도서는 자연스러운 방법으로 자신을 표현할 수 있는 매개체로 참여자들의 경험과 생각을 이끌어 낸다. 그러므로 혼자 읽을 때와는 달리 소그룹으로 독서모임을 할 때 치유적 효과를 경험할 수 있다. 다섯 명 ~ 일곱 명 정도의 구성원이 가장 편안함을 주는 소그룹이다.

1. 독서활동, 독서 상담 및 독서치료의 차이

　같은 맥락에서 사용하고 있지만 독서활동과, 독서 상담 독서치료는 독서집단에서 혼용하고 있어서 이에 대한 차이를 알아볼 필요가 있다.
　독서는 '책을 읽음'이라고 국어사전에서 풀이하고 있으며, 혼자서 책을 읽는 과정을 의미한다. 독서는 언어를 도구로 하여 앎이 이루어지는 인지적 과정으로 언어를 통해 독자가 의미를 재구성하는 과정이다. 독서를 통해 의미를 재구성하는 과정이 개인이나 집단으로 이루어질 때 독서활동이나 독서 상담 또는 독서치료라고 부르게 된다.

독서활동이란?

좋은 책을 선정하여 책을 읽고 전체적으로 토론하는 방법으로 책이 매개체가 되어 상담의 저항을 최소화할 수 있다. 독서활동은 인간의 발달과정에서 다양한 주제에 적용이 가능한 폭이 넓은 상담이다. 본서에서는 독서활동을 사용한 집단 상담을 독서 상담이라고 부르며, 집단 상담의 전략과 기술을 사용하여 독서모임을 촉진하여 진행하는 것에 중점을 두고 있다. 집단 상담에 도서자료 매체를 접목하여 자신을 이해하고 수용하는 경험을 하게 된다. 집단의 경험을 통해서 생각과 감정 그리고 행동의 변화를 유도하는 가능성을 보여주고 있어 효과적이라고 할 수 있다. 자서전쓰기, 시, 유언, 비문읽기, 사망기사쓰기, 편지쓰기, 반성문, 기행문을 완성시키기 등을 독서활동이라고 할 수 있다.

독서 상담이란?

독서 상담은 여러 가지 상담 방법 가운데 하나다. 상담에는 전문상담, 또래상담, 목회상담, 공중상담, 예방상담, 전화상담, 자가상담, 지역사회상담, 단기해결중심상담, 결혼 및 가정상담, 전자매체상담, 인터넷 상담 등이 있다. 그중 오래된 상담이 독서 상담이다. 독서 상담이나 독서치료는 인생경험에 대한 은유를 제공하여 내담자가 생각과 감정을 표현하고 문제에 대처하는 새로운 방법을 배우게 한다.

독서 상담의 치료활동은 모임 안에서 자신을 나누고 지원받는 정도에 그친다. 그러나 상담과 관련이 있다거나 다른 활동을 할 수 있는 전문가가 아니어도 책이라는 도구를 유용하게 사용할 줄 알고 모임을 인도하는 역량을 갖춘 사람이라면 모임을 통해 치료적 역동이 일어난다는 장점이 있다. 특히 기독교와 심리학이 접목된 책을 선정하여 문제를 진단하고 해결책을 제시하는 식으로 독서모임에서 지원하는 실제적인 운영법을 통해 많은 치유가 일어나는 것을 볼 수 있다. 이를 독서 상담이라고 한다. 삶의 기술을 가르치는 책을 읽고 저자가 깨달은 삶의 지혜와 통찰을 우리 생활과 정신건강에 적용시키는 것이다. 특히 스트레스 관리, 결혼예비교육, 자녀교육, 부부문제, 의사소통훈련에 효과적이다.

비슷한 개념의 독서지도는 언어교육이나 국어교육과 맥을 같이한다. 어린아이를 대상으로 하며 독서 자체와 올바른 독서 방법에 흥미를 갖도록 도와준다. 한국에서는 독서지도가 독후감을 쓰거나 논술을 준비하는 데 초점을 맞추는 실정이다. 내담자가 자기진단(이해)과 자기용납을 도와주면서 감정을 순화시킬 때, 필요한 책을 읽도록 도와주기도 한다.

독서치료란?

의학사전에서 말하는 독서치료는 '신경증을 치료하기 위해서 책을 골라 읽는 것'으로 '문학을 사용하여 정신건강을 증진시키는 것'이다. 즉 책과 독자 사이에 일어나는 상호작용을 독서치료라고 한다.

독서치료(Bibliotherapy)란 말은 'biblion'(책, 문학)과 'therapeia'(도움이 되다, 의학적으로 돕다, 병을 고쳐주다)라는 두 그리스어에서 유래되었다. 발달과정에 문제를 지녔다거나 특정하고 심각한 문제를 가지고 있는 참여자가 다양한 문학 작품들을 매개로 하여 치료자와 일대일 또는 집단을 이루어 토론, 글쓰기, 그림 그리기, 역할극 등 여러 가지 방법으로 상호작용하는 과정을 통해 문제를 해결하는 데 도움을 받아 치료받고 성장하는 것을 뜻한다. 상담이나 심리치료에서 보조 자료로 사용되는 독서는 가장 인격적인 방법으로서 깊은 감정에까지 접근할 수 있는 치료 수단이다. 1930년대에는 정신병원에서 독서치료를 책을 읽는 활동으로 규정하였고, 1960년대에는 심리치료에서 임상하였다. 1978년 베리(Berry)는 독서치료를 목적에 따라 임상적인 것과 교육적인 것으로 구분했다.

2. 독서 상담의 성격과 내용

독서 상담 소그룹은 자조집단(self-help group)의 성격이 강하다.

독서모임 참여자들은 자신의 문제를 극복하는 경험을 갖기 때문에 자연스럽게 자기조력 독서로 이어지게 된다. 자조집단은 자신들의 공통된 문제를 서로 이야기하고, 격려하며, 도움을 주고받는 소그룹을 말한다. 대표적인 단체로는 단주회, 섭식장애자 모임, 정신장애인 가족회 등이 있다. 자조집단 참가자들은 자신들의 경험을 나누고, 서로에게 정서적 지지와 사회적 지지를 제공하며, 서로 배우고, 집단의 새로운 참가자에게 제안하며, 자신의 미래에 대한 어떤 희망도 발견하지 못하는 사람들을 위해 방향성을 제공해준다.

대표적인 임상적 독서치료 집단으로 '익명의 알코올 중독자들'(Alcoholics Anonimous: AA)이 있는데 이 모임은 알코올 중독에서 벗어나려고 하는 사람들을 위한 자조모임 집단으로 임상적인 측면이 강조되는 집단이다. 이들은 정기적으로 모임을 가지면서 『아직도 가야할 길』을 비롯해 알코올 중독자들에게 도움이 될 도서 『가족치유, 마음치유』등을 사용하여 모임을 갖고 있다.

발달적인 측면이 강조되는 책읽기를 통한 자조집단은 신성회 독서상담실이라 할 수 있다. 신성회는 이영애 대표의 체험을 바탕으로 20여 명의 주부들이 한 달에 한 권씩 책을 읽고 삶을 나누는 자조 모임으로 1990년 3월 대전에서 발족되어 현재까지 30년 동안 계속 독서모임이 전국적으로 진행되고 있다. 이영애 대표는 『책읽기를 통한 치유』, 『치유가 일어나는 독서모임』등의 책을 지도자들과 함께 저술하여 자조적 독서그룹의 인도자들을 양성 했다. 부산대학교 문헌정보학과 김정근 명예교수는 자가 치료 관점에서 독서치료의 효과를 연구하고 있는데 신성회의 독서치료를 체험형 독서치료라고 명명하였다.

내용적인 면에서 독서 상담을 통해 독서치유가 되려면 과정이 필요하다.
내적 치유의 문에 들어가는 것은 자신을 찾아가는 과정이다. 이런저런 상처와 좌절을 맛본 사람은 분노에 휩싸이게 마련이다. 보복심이 자라 언어폭력을 퍼붓다가 끝내 분을 못 이겨 폭력을 휘두르기도 한다. 심지어 죄를 저지르고 감옥에 가는 불상사가 생기기도 한다. 사람에 따라 분노를 폭발하지 못하고 감정을 억압하여 심인성질환을 얻기도 한다. 정신신체질환이라고 할 수 있는 편두통, 위궤양, 기관지 천식 등을 앓다가 나중에는 우울증이 발병하기도 하고, 불안신경증이나 불면증에 시달리기도 한다. 내적 치유가 되지 않아 나타나는 이 모든 증상은 자기 자신을 잃어버렸을 때 겪게 되는 어려움이다. 증상을 치료하는 데에는 한계가 있다. 근본적으로 자기 자신을 되찾는 사람은 몇 과정을 거치게 된다.

먼저 고통을 직면해야 한다. 알 수 없는 병으로 몸이 아픈 사람은 병원에 가서 진단을 받아야 한다. 원인도 모르고 병을 고치기란 쉽지 않다. 마찬가지로 마음의 고통을 치료하려면 무엇 때문에 고통스러운지 알아야 한다. 자기도 모르게 억압하다 보면 무엇이 문제인지 직면하지 못한다. 고통을 곱씹어서 직면할 수 있는 용기가 필요하다. 그럴 때에 그 고통을 재해석할 수 있다. 어떤 고통이든 그 의미를 직시하고 재해석할 수 있을 때 문제를 극복할 수 있다. 바꿀 수 있는 생각은 바꾸고, 바꿀 수 없는 것은 수용할 때, 우리는 다른 사람을 용서할 수 있고, 분노도 처리할 수 있다.

이렇듯 사람을 변화시키는 과정에서 먼저 바뀌어야 하는 것은 생각이다. 이때 책 내용이 생각에 영향을 준다면 태도(감정)의 변화를 기대할 수 있고, 태도가 바뀐다면 행동의 변화도 기대해 볼 수 있다. 따라서 행동이 습관을 낳고, 인격이 바뀌어 건강한 삶으로 이어지면서 결국 인생이 바뀌게 된다.

2장
소그룹 독서 상담의 실제

신성회의 독서모임은 각 지부당 4명 이상의 회원이 참여하는 소그룹으로 구성이 된다. 독서모임의 구성은 독서 상담지도자(인도자), 회원, 책의 세 가지로 되는데 이중에 가장 중요한 요인은 지도자라고 볼 수 있다. 그 만큼 지도자의 역할이 중요하다고 볼 수 있는데 지도자는 독서모임을 안전하게 보호하며 활발한 상호작용이 일어날 수 있도록 돕는 촉진자의 역할을 알고 훈련하는 것이 필요하다.

소그룹의 지도자와 회원이 상호작용하는 가운데 오고 가는 역동적인 힘들이 보이지 않는 변화를 이끌어내는 원천이 된다. 그러한 역동적인 힘이 방해를 받지 않고 활성화 되기 위해서는 소그룹의 자체적인 규준이 필요하다. 가장 중요한 규준인 비밀이 보장되고 서로 안전하게 모임이 진행이 되어야 하기 때문에 독서모임에서 필요한 독서상담자의 역할, 실제적인 진행과정과 독서상담 지도자의 대화기술을 알고 익히면 역동적인 독서모임으로 발전할 수 있게 된다.

1. 독서 상담지도자(인도자)의 역할

소그룹 독서 상담의 효과는 주로 지도자의 능력에 달려 있는데 훌륭한 인도자는 다른 사람의 말을 경청하며, 독서모임에서 주로 촉진자의 역할을 해야 한다. 지도자의 역할은 매우 중요하며 이를 구체적으로 보면 다음과 같다.

독서 상담지도자(인도자)의 역할은 참여자의 상황에 맞는 적절한 도서를 선정하여 그 내용을 삶에 잘 적용할 수 있도록 도와주는 데에 있다. 독서모임이 활발하게 운영된다면 독서 상담 기능도 잘 감당할 것이다. 따라서 독서 상담사는 인격감각을 발휘하여 그룹상담이 잘 운영되도록 촉진자 역할을 하면서, 회원이 적용할 수 있도록 격려해야 한다. 회원이 정체성을 회복하고, 새로운 소망과 비전을 나눌 수 있게 된다면 더없이 훌륭한 독서 상담의 진수를 경험하는 것이다. 그리고 삶이 변화하는 중심에 독서 상담이 있어서 자아가 힘을 얻고 능력을 발휘하게 된다면, 그는 치유되었다고 말할 수 있을 것이다.

첫째, 독서 상담의 시작을 돕는다.
지도자는 전체적으로 촉진자의 역할을 하지만 독서 상담이 시작되는 시점에서는 주도적인 태도를 취하는 것이 좋다. 인도자는 "지금 이 시간 우리 각자는 어떤 느낌이나 생각을 가지고 있습니까?" "우리 각자는 어떤 기대를 가지고 이 독서 상담에 참여하고 있습니까?" 라고 말하면서 독서 상담자 자신의 느낌이나 모임에 대한 기대를 이야기함으로 사람들이 느끼는 불안, 긴장, 수줍음, 갈등 등을 내려놓고 이야기하는 길을 튼다. 그래서 먼저 참여자들이 느낌을 간단하게 이야기하면서 모임에 집중하도록 촉진하는 것이 필요하다.

둘째, 독서 상담의 방향을 제시하고 소그룹 규준의 발달을 돕는다.
소그룹에서 "여기-지금(Here & Now)에 초점을 둔다." "느낌을 중심으로 이야기를 한다." 등으로 방향을 제시하면서, 소그룹에서 지켜야 할 규준을 제시하고 필요하면 서약서를 사용할 수도 있다. 규준이란 참여자들이 모임에서 느끼고 행동해야 할 표준이며 소그룹의 발달과 유지에 도움을 준다. 소그룹 규준의 예는 비밀보장하기, 비판하지 않기, 독점하지 않기, 대화 도중에 끼어들지 않기, 적극적으로 참여하기, 휴대폰을 진동으로 하기 등 그 소그룹에서 필요한 사항들을 정하면 된다.

셋째, 소그룹 독서 상담의 분위기 조성을 돕는다.
　독서모임의 주된 목적은 참여자가 스스로 문제를 해결하여 생산적인 인간으로 성장, 발달하도록 돕는 것이다. 따라서 허용적이고 안전한 분위기 조성이 지도자의 과업이다. 이를 위해 지도자는 스스로 권위주의적인 태도를 버리고 참여자의 느낌이나 생각을 이해하려는 진정한 태도를 보여야 한다. 또한 참여자들의 다른 의견을 존중해 주며, 무엇이 옳고 그른가에 초점을 두고 소그룹 활동을 하도록 격려하여 바람직한 분위기를 조성한다.

넷째, 행동의 모범을 보인다.
　바람직한 행동의 모범을 보이는 것(modeling)이 지도자의 가장 중요한 기능 중의 하나이다. 시범을 보이고 상호간에 탁 터놓고 직접적인 의사소통으로 상호작용을 촉진시키는 것이 중요하다.

다섯째, 의사소통 및 상호작용을 촉진시킨다.
　독서모임 인도는 독서모임으로 하여금 의사소통을 방해하는 요인을 찾아내어 원활한 관계를 발달시키도록 도와주는 일을 해야 한다. 지도자는 모든 참여자가 골고루 참여하도록 도와주면서 대화를 새로운 말로 반영시켜주고 공감하면서 기술적으로 도울 수 있다.

여섯 번째, 참여자를 보호 한다.
　독서 모임에서 혹시나 있을 수 있는 심신의 위험을 관리하여 참여자를 보호하며 보살피는 일을 한다.

일곱 번째, 시간을 잘 지켜서 종결을 돕는다.
　독서모임 지도자는 시간이 되면 정확하게 시작을 하며 끝나기로 정해진 시간의 15분 전 정도에 경험한 독서모임에서 배운 점, 느낀 점 등을 피드백을 나누며 정한 시간에 마쳐야 한다.

2. 독서 상담의 실제적인 진행과정
　소그룹 독서 상담은 참여자들이 매달 다른 책을 읽고 참여하여 책의 주제를 중심으로 독서활동을 하며, 진행과정은 시작단계, 전개단계, 종결단계의 3단계 흐름으로 이루어진다.

첫 번째, 시작단계에서 지도자는 간단하게 느낌나누기를 한다.
　지도자가 모범(modeling)으로 느낌을 나누면 참여자들이 돌아가면서 각자 느낌을 짧게 표현을 하는 것으로 진행을 한다. 예를 들어 "나는 지금 이시간이 기대가 되요." "나는 좀 불편해요." "나는 좀 떨려요." 등의 대화를 나누면서 집단의 긴장을 해소하고 분위기를 조성한다. 참여자의 말을 적극적으로 경청하며, 독서 상담 집단의 규준을 강조한다. 지도자는 책의 표지 그림, 표지 글, 저자서문, 목차 등을 간단히 정리하고, 전체적인 내용을 브리핑하며, 책에 대한 전체적인 느낌을 말한다. 필요하면 시나 에세이를 읽고 나누기도 한다.

두번째, 전개단계에서 지도자는 촉진자의 입장으로 진행을 하며 주도적인 발언을 자제한다.

　지도자는 모든 참여자가 책을 읽어온 것을 전제로 책 내용에 치중하여 책 요약으로 일관하지 않도록 유의한다. 각 장이나 전체적인 부분에서 지도자나 참여자는 자신이 감동을 받아 밑줄을 쳐온 한두 구절을 읽고 그 부분에 대한 자신의 삶의 경험을 나눈다. 참여자들은 상호작용하는 시간에 기록을 하거나 휴대폰을 만지지 않으며, 다른 사람이 말하는 도중에 끼어들지 않는다. 또한, 참여자는 지도자의 진행을 지적하거나 가르치려고 하지 말고, 존중하며, 수용해준다. 소그룹 독서 상담에서는 "그렇구나." "그렇지." 하고 고개를 끄덕이고 자세를 앞으로 하여 서로 수용하고 존중하는 말과 행동을 사용하도록 한다. 너무 말을 많이 하는 참여자는 시간제한을 주어 3분 이상 독점해서 말하지 않도록 하며, 적당한 시점에 요약, 정리하여 여러 사람에게 발언권이 가도록 한다. 특별한 경우에는 시간을 배려해 줄 수 있으며 말하고 싶어 하지 않는 참여자는 강요하지 말고 "PASS"를 사용해서 존중 받을 수 있도록 한다.

세 번째, 종결단계는 종결예정 시각의 15분 전 정도에 통보한다.

　"여러분이 오늘 독서모임에 참여하면서 느낀 점과 배운 점을 나눠주시면 좋겠습니다." 라고 말하며 마무리한다. 독서모임에서 책을 요약하며 삶의 경험을 나누다 보면 소홀히 하기 쉬운 단계이다. 하지만 오히려 책의 내용과 감정들을 정리하며 소그룹에서 얻은 감동들을 공유하는 시간이 될 수 있으므로 가장 중요하다고 볼 수 있다. 시간이 부족한 경우에는 자원하는 사람들을 중심으로 진행하며 모임시간에 듣기만 하고 적극적으로 참여하지 않은 사람, 처음 참여한 사람도 피드백을 나누도록 초대해서 말할 수 있도록 격려한다. 종결단계에서 가끔 새로운 주제를 제시하는 참여자가 있는데 이런 경우에는 새로운 주제로 연결되지 않도록 주의 하며 정해진 시각에 마치도록 한다.

3. 독서 상담 지도자의 상담대화기술

소그룹으로 모여서 독서모임을 할 경우에 대부분 지도자와 참여자, 참여자와 참여자 사이의 대화로 독서 상담이 진행이 된다. 성경에서 "사람마다 듣기는 속히 하고 말하기는 더디 하며 성내기도 더디 하라."고 하는 것처럼 독서모임의 대화는 듣기와 말하기를 사용해서 상호작용을 하며 말하기보다 듣기가 더 강조된다.

참여자는 모임에 참여하기 전에 책이 직면해주는 경험을 하기 때문에 인도자는 전문적인 지식이나 기술이 없이도 큰 부담이 없이 독서모임을 이끌어 나갈 수가 있다. 그러나 지도자의 역할이 중요하기 때문에 상담기술이 증진될 필요가 있다. 지도자가 몇 가지 핵심기술을 익힌다면 더 역동적인 독서모임을 경험할 수 있을 것이다. 지도자는 모임에서 주도적으로 말하며 일방적인 지시를 하기 보다는 오고 가는 대화의 내용을 잘 듣고 참여자들의 상호작용을 촉진하는 역할이 요구된다.

핵심 상담대화기술

소그룹 독서 상담에서 사용하는 핵심 상담대화기술을 한 단어로 표현하면 'PRAYS'로 표현된다.

> P(Prayer & attention): 기도하면서 관심기울이기
> R(Reflection): 반영하기
> A(Active listening): 적극적 경청하기
> Y(empathY): 공감하기
> S(Summery & Question): 요약하기와 질문하기

기도하기(Pray)

지도자는 독서모임과 참여자들, 모든 진행과정에 대해 기도하며 모임을 준비한다. 지도자 자신이 말하기보다는 잘 들어 경청하는 지도자가 되기를 기도하며 하나님께 전적으로 위탁하는 기도를 하는 것이 필요하다.

관심기울이기(attention)

지도자가 신체적으로나 심리적으로 참여자와 함께 할 수 있는 방법으로 지도자의 효율적인 관심은 참여자들이 함께 있다는 느낌을 갖게 하고, 서로의 말을 주의 깊게 경청할 수 있는 자세를 갖게 해 준다. 관심을 기울이기 위한 구체적인 기술을 이건(G. Egan)이 제시하고 있는데 참여자를 정면으로(Squarely) 바라보며, 개방적인(Open) 자세를 취하고, 이따금 상대방 쪽으로 몸을 기울이며(Lean), 좋은 시선의 접촉(Eye contact)을 유지하면서 편안하고(Relaxed) 자연스러운 자세를 취함으로써 참여자에게 관심을 표현할 수 있다.

반영하기(Reflection)

참여자의 느낌이나 진술의 정서적인 부분에 대해 지도자가 그 느낌의 원인이 되는 사건, 생각과 함께 다른 동일한 의미의 말로 바꾸어 기술하는 것이다. 이는 참여자가 전달하고자 하는 의사의 본질을 스스로 볼 수 있게 반사해주는 것이다. 참여자와 나눈 대화에 담긴 감정을 자신의 말로 바꾸어 되풀이해서 말해준다. "우리 아이 때문에 많이 힘드네요."라고 말하는 참석자에게 "자녀 때문에 마음이 어려우시다는 말씀이시군요."라고 대답하며 그 사람의 감정을 돌려준다.

적극적 경청하기(Active listening)

지도자가 참석자의 말을 귀담아 들어주는 행위이다. 참여자가 한 말을 파악한다는 것은 그의 몸짓, 표정, 그리고 음성에서의 섬세한 변화를 알아차리고, 저변에 깔려있는 메시지를 감지하고, 그의 말하지 못한 내용까지도 육감적으로 알아차리는 것을 포함한다. 의사소통 전문가의 연구에 따르면 사람들은 자기가 듣는 메시지의 25%만 경청한다. 그만큼 경청은 쉽지 않다. 효과적으로 경청하기 위해서는 다른 사람의 말을 평가하거나 추측하지 않고 들을 수 있어야 한다.

공감하기(empathy)

지도자가 참여자의 주관적인 세계를 감지하고 그에 걸맞게 효과적으로 말해주는 기술이다. 효과적인 공감을 위해서는 참여자의 생각과 느낌을 감지할 수 있도록 지도자가 그 참여자의 자리에서 역지사지하며 그의 입장에서 생각하고 느껴보아야 한다. 그리고 참여자의 생각과 느낌을 가장 잘 표현할 수 있는 단어를 찾아내 이해하고 있다는 사실을 구체적으로 직접 말해주어야 한다. 공감을 하는 방법은 "자녀문제 때문에 속상하시군요."라고 말해 주는 것이며, 참여자가 "그래요, 맞습니다." 라는 반응을 보이면 공감적 반응이 이루어진 것이다. 마음을 읽어주는 말이 가장 효과적이다.

요약하기(Summery)

신뢰감을 줄 수 있는 기술로 참여자의 말을 바꾸어 간단하게 정리해서 다시 말해주는 방법이다. 이는 단순한 의사소통 이상의 결과를 가져올 수 있다. 이 기술은 말이 많은 참여자나 참여자에게서 더 많은 정보를 이끌어내는데 유용하다. 주로 대화의 흐름을 지도자가 잡아야할 경우에 사용하며 대화를 독점하고 있는 말이 많은 구성원의 대화에 개입할 때, 독서모임과 주제가 어긋나거나 대화의 흐름이 주제와 달라질 때, 그리고 모임의 마무리 시간에 간단하게 한 문장으로 줄여서 이야기해 주면서 사용하면 독서모임의 진행에 유용하게 사용할 수 있다.

질문하기(Question)

독서모임에서 지도자는 책 내용을 바탕으로 질문하거나, 다른 내용을 더 알고 싶을 때 질문한다. 그 외 지도자는 특정 참여자의 문제와 관련한 구체적인 정보가 필요하거나, 문제를 보다 깊이 탐색하기 위하여 질문을 하는 경우가 있다. 질문은 폐쇄형 질문과 개방형질문이 있는데 폐쇄형질문은 답이 "네, 아니오."로 끝나는 질문을 말하며, 개방형질문은 육하원칙에서 '왜'를 제외한 '언제, 어디서, 누가, 무엇을, 어떻게'를 사용한다. 또한 직접질문과 간접질문이 있는데 직접질문은 물음표로 끝나는 질문이며, 간접질문은 마침표로 끝나는 질문이다. 예를 들어 "당신은 행복을 어떻게 생각하시는지 말씀해주십시오."와 같이 질문하는 것이다. 간접질문은 부드럽게 접근하는 방법으로 의문문이 아니라 서술문의 형태를 가진다. 얼핏 들으면 질문이라고 생각되지 않을 수도 있다.

그 외 필요한 상담대화기술
침묵다루기
지도자는 간혹 침묵에 맞닥뜨릴 때가 있다. 적극적으로 이야기를 나누려고 하지 않는 참여자에게 질문을 던졌을 때, 시간이 지연되는 경우가 그렇다. 이 경우, 겉으로 보기에는 침묵하고 있지만 사실 이 사람은 비언어로 말을 하고 있는 것이다. 굳이 말로 표현하면, "어떻게 말해야 할지 더 생각해야 하는데....... 고민이네요." "제가 이런 말을 하면 사람들이 어떻게 생각할지......." 등이 될 수 있다. 침묵이 길어지면 모임에 지장이 있지만, 지도자는 적어도 20~30초 정도는 기다려 주는 것이 좋다. 그리고 자기 이야기를 나누다가 눈물을 흘리거나 감정이 격해진 사람이 있다면 침묵으로 기다려주거나 손을 잡아주는 등 비언어적인 접촉이 더 효과적일 수 있다.

자기노출하기
독서모임에서 가장 많이 사용되는 기술로서 다른 기술들, 특히 반영하기와 함께 사용할 때 더 효과적이다. 지도자는 참여자와 비슷한 경험을 노출하여 참여자에게 친근감을 전달할 수 있고 더 깊은 이해와 신뢰를 쌓을 수 있다.

피드백 주고받기

상대방의 행동에 대한 자신의 반응을 솔직하게 이야기해 주는 과정이다. 사실적으로 말하되 가치판단을 하거나 변화를 강요해서는 안 된다. 구체적으로 행동을 관찰한 뒤에 자신의 감정을 이야기해서 사용하면 더욱 효과적이다.

촉진하기

지도자는 선장과 같아서 참여자들이 적극적으로 참여할 수 있도록 방향을 잡아주어야 한다. 자기 느낌을 솔직하게 말할 수 있도록 도와주고, 편안하고 수용적이며 신뢰할 수 있는 분위기를 만드는데 힘써야 한다. 그리고 참여자가 바람직한 방향으로 나아가려고 하면 격려와 지지를 보내고, 초청이나 도전을 통해서 되도록 많은 사람이 참여할 수 있게 한다.

행동 제한하기

참석자가 바람직하지 않게 행동할 때에는 제한해야 한다. 지나치다 싶을 정도로 질문을 하는 것은 방어기제의 한 형태일 수 있으므로 질문하는 의도를 깨닫게 도와주고 질문대신 진술을 할 수 있게 해야 한다. 그리고 모임과 상관없는 외부 이야기만 늘어놓는 것은 자기 이야기가 드러나는 것을 불안해하는 경우이므로 이야기의 초점을 자신이나 모임과 연결시키도록 도와주는 것이 좋다. 휴대전화는 진동으로 고정하게 하며 지도자가 모범을 보인다.

*참고도서:

김정진.『독서불패』. 자유로, 2005.

_____.『책과 소통한 사람들의 이야기』. 자유로, 2010.

김현희.『상호작용 독서치료』. 학지사, 2010.

이철수.『사회복지학 사전』. 혜민북스, 2013.

니와 우이치로. 이영미 역.『죽을때까지 책읽기』. 소소의 책, 2018.

G. Egan. 유계식 외 역.『유능한 상담자』. 시그마프레스, 2003.

이소라,『"자기조력도서의 평가기준 수립 및 자기조력 독서치료의 효과에 대한 연구."』. 충남대학교 박사학위논문, 2007

이형득 외 4인. 집단상담, 중앙적성출판사, 2002.

<부록 1> 독서 상담대화기술(PRAYS)

독서 상담대화기술	
"너희가 알지니 사람마다 듣기는 속히 하고 말하기는 더디하며 성내기도 더디하라(약 1장 19절)"	
P(Pray & attending): 기도하며 관심기울이기 R(Reflection): 반영하기 A(Active Listening): 적극적 경청하기 Y(empathY): 공감하기 S(Summry & Question): 요약하기와 질문하기	**P : 기도하며 관심기울이기** • 관심기울이기: 참여자들이 함께 있다는 느낌을 갖게 하고, 서로의 말을 주의 깊게 경청할 수 있는 자세를 갖게 해 준다. • 방법: 편안히 마주 앉아 눈을 맞추고 몸을 앞으로 기울이며 고개를 끄덕이는 등 관심을 표현하는 비언어적인 행동들
R : 반영하기 • 반영하기 : 상대방이 말한 내용이나 메시지를 반복하며 전달하고자 하는 의사의 본질을 스스로 볼 수 있게 반사하는 기술 • 방법: 참여자의 정서적인 부분에 대해 다른 동일한 의미의 말로 바꾸어 기술하는것 • "~했다는 말이야?", "그랬구나."	**A : 적극적 경청하기** • 적극적 경청하기: 말의 내용과 몸짓, 표정 그리고 음성의 변화를 알아차리고 저변에 깔려있는 메시지를 감지하고 말하지 못한 내용까지도 육감적으로 알아차리는 것 • 방법:상대의 말을 평가하거나 짐작하지 않기
Y : 공감하기 • 공감하기: 참여자의 주관적 세계를 감지하고 효과적으로 말해주는 기술로 상대방 입장에서 생각하고 느끼며 상대방의 생각과 느낌을 가장 잘 나타낼 수 있는 단어를 찾아내어 직접 말해준다. • 방법 : "~하니 ~하게 느끼겠어요."	**S : 요약하기와 질문하기** • 요약하기: 참여자의 말에 대해 말을 바꾸어 간단하게 정리해서 다시 말해주는 것으로 말이 많은 참여자에게 사용하여 대화의 흐름을 바꾸면 좋음 • 질문하기: 특정 참가자의 문제와 관련한 구체적인 정보가 필요하거나 보다 깊이 탐색하기 위하여 질문을 함 • 방법:개방형질문/폐쇄형질문, 간접질문(마침표로 끝나는 질문)과 직접질문, 육하원칙에서 '왜'를 제외한 질문하기

3장
신성회 독서코칭

장석경

1. 코칭의 이해

코칭은 개인이나 그룹을 현재 있는 지점에서 그들이 바라는 유능하고 만족스러운 지점까지 나아가도록 인도하는 기술이자 행위이다. 즉, 사람들이 자신의 비전을 확장하고, 자신감을 갖고, 잠재력과 기술을 개발하고, 목표를 향해 실천적인 발걸음을 내디딜 수 있도록 돕는 과정이다(게리 콜린스, 2004). 코칭의 핵심은 사람들을 구비시켜 현재 있는 곳에서 그들이 바라는 더 유능하고 성취감 있는 곳으로 가게 하는 데 있다.

2. 코칭의 유사영역

상담과 코칭은 내담자 혹은 코칭 받는 사람의 현재 상태를 발전시키기 위해 여러 방안을 사용한다는 점에서 비슷하다. 하지만 코칭은 기본적으로 성장과 변화의 동기가 유발된 사람들을 돕는데 초점을 두고, 심리적인 측면에 대한 탐색이나 해석보다는 행동적인 변화에 더 많은 비중을 둔다는 점에서 차이가 있다.

컨설팅과 코칭은 기업이 현재의 문제점들을 해결함으로써 건강한 기업으로 발전해 나아가려는 시도인데, 컨설팅은 컨설턴트 개인의 역량에 따라 성패가 좌우되는 일방 관계라면, 코칭은 코칭 받는 사람의 동기, 태도, 사고 등도 지대한 영향을 미치며, 둘 사이의 신뢰관계가 중요한 쌍방 관계라는 점에서 차이가 있다.

멘토링과 코칭은 변화와 진보에 초점을 두는 성장 지향적 관계이다.

하지만 멘토링과는 달리 코칭에서는 코치이가 코치를 닮아가기보다 자신의 모습을 발견하고, 개발시켜줌으로써 독특성을 가진 존재로 성장할 수 있도록 돕는 것에 초점을 둔다(이희경, 2005).

3. 신성회 독서코칭

신성회는 1990년 창립된 이래, 책을 매개로 리더와 참여자의 상호작용을 통해 서로 간 최대의 가능성과 잠재력을 이끌어내는 독서방법을 표방해 왔다. 책을 선별하거나 독서활동을 이끌어내는데 있어 정보나 지식을 제공하는 것도 중요하지만, 책을 매개로 하여 삶을 나누고, 그것을 통해 치유가 일어나는 영향력으로 현재까지 성장해온 자조적 집단이다.

경험중심이라 함은 자신이 가장 인상 깊게 남은 책 내용의 부분을 실제로 적용하는 것이다. 그리고 책을 다 읽는 것도 중요하지만, 완독을 하지 못할지라도 한 장씩이라도 나누어 읽고 요약하며 자신의 경험이나 정서, 현재의 생각, 기존 지식과의 연계성 등 과정중심의 진행으로 더욱 체화된 능력의 습득을 가능케 한다. 또한 상호작용을 통한 의사소통, 통찰 및 다양한 가능성을 생각해보는 풍성한 시간이 될 수 있다.

독서진행에 있어 인도자는 적절한 질문을 통해 참여자의 느낌과 기분, 감정과 정서를 나눌 수 있다. 상상력을 자극하여 "만일 내가 주인공이라면~" "내가 다른 선택을 한다면~" 등의 감각이미지를 활용하고, 역지사지의 감정이입도 중요하다. 자신이 느낀 점이나 교훈, 공감, 수용, 대안탐색 등을 통해 교재의 핵심이나 초점을 다양하게 끌어낼 수 있다. 실제 적용의 과정을 거치는 것도 중요하다.

신성회 독서코칭의 핵심은 참여자들이 스스로 목표를 설정하고 달성하도록 돕는 데에 있다. 과정중심의 진행을 간단히 살펴보면 다음과 같다.

첫째, 책을 즐기기: 즐거운 독서와 부담의 최소화
한권을 참여 회원들이 장별로 나눠서 요약하게 한다. 요약방법은 중요 내용을 줄긋기를 하고 그중에서 몇 부분을 함께 줄을 그으며 공유한다.
둘째, 경청·공감하기: 저자의 이론, 경험 또는 구성원의 의견을 듣고 나를 돌아보기
셋째, 통찰하기: 책 내용과 연결시켜 적용질문을 나누며 배우고 이해하기.
넷째, 적용하기: 새롭게 느끼거나 깨달은 것을 삶에서 적용하며 시도하기
다섯째, 기록하기: 중요한 깨달음을 정리하고, 배우고 결단한 점, 아쉬운 점을 메모한다. 도표나 줄을 그어서 표시해 둔다.

4. 『체험형 독서모임 워크북』 활용 코칭

『체험형 독서모임 워크북』은 전국의 신성회의 회원들과 독서모임에 관심을 갖고 있지만 쉽게 시작하지 못하는 분들을 위해, 당장 독서모임을 시작할 수 있도록 신성회 30년의 노하우를 담은 친절한 코칭북이다.
이 책의 중요한 가치로는, 가장 효과적인 책 20여권을 선별하여, 간단한 요약과 적용질문과 독후감을 수록하여 두려움 없이 가정에서, 직장에서, 교회에서 진행할 수 있도록 했다. 위에서 기술한 것처럼, 책을 읽고 내용을 한 시간정도 요약한 후, 참여자들의 능동적 활동을 이끌어

낼 수 있는 적용질문을 통해 효과적인 통찰을 얻어낼 수 있도록 코칭한다. 책을 한 권 다 읽어야 한다는 의무사항이 모임 참석의 필수조건이 아니다. 책을 완독하지 않으면 독서모임의 효과가 없다는 것은 편견일 수 있다. 바쁜 현대인들에게는 때로 부담 없이 그 장소에 참여만 해도 다른 분들의 요약과 나눔을 통해 삶의 지혜를 간접적으로 경험을 할 수 있는 기회를 얻게 되는 것이 신성회 독서모임의 효과성이다. 한권을 다 읽는 부담을 덜어주는 차원에서 참여자가 한 단원씩 나누어 읽고, 그 맡은 단원의 요약을 담당해서 나누다보면 한권을 어설프게 훑어 읽지 않고 한 단원을 집중해서 잘 읽히게 된다.

    신성회 독서모임은 각각 모임의 성격에 따라 다소 다르기는 하지만, 독서모임을 통한 소그룹 상담이 내적치유를 돕는다. 이런 체험을 독서문화에 알림으로써 독서코칭 역할을 하게 된 것 같다. 책을 가지고 리더가 무엇을 가르쳐주거나 통찰을 제공하기보다는, 책 내용을 매개로 적용질문과 삶의 이야기를 나누기 때문에 참여자들에게 주체적으로 책 읽기에 친근함을 갖는 동기부여를 할 수 있도록 안내한다. 과정 진행 중에 의미 있는 통찰을 이끌어낼 수 있는 적용 질문을 던져 생각, 감정, 의견을 나눔으로 풍성한 깨달음과 정화를 경험하는 코칭의 방법이 더욱 효과적이기 때문이다. 같은 책으로 여러 번 모이거나, 참여자가 달라지더라도 지루하지 않은 이유는 때마다 새로운 깨달음이 있고, 참여자에 따라 내용과 분위기가 완전히 다르기 때문이다.

    이런 독서코칭이 분위기와 상황을 효과적으로 이끌어가며 반응해야 하는 점에서 오랜 경험자들에게도 리더가 되는 것이 쉽지는 않기에 트레이닝 과정이 필요하다. 따라서 본 책은 독서 상담의 이론과 워크북을 합쳐서 구성했다. 따로 교육을 받지 않더라도 기본도서의 요약과 적용질문의 활용을 통해 책읽기에 관심과 애정이 있는 분이라면 당장 시작이 가능하도록 배려했다. 진행 방법에 있어서 정해진 것은 없으며, 소그룹 또는 독서모임 구성원들의 협의에 의해 진행한다. 직장이나 학교, 교회 등 짧은 시간의 만남을 통한 효과적인 책읽기의 모델들이 다양하게 진행될 수 있다. 상황에 따라서는 책의 요약을 참고해서 바로 적용질문을 활용하여 독서모임을 진행해도 좋은 나눔의 시간이 될 것을 확신하며 워크북을 첨가 했다.

1. 한 주에 한 단원씩 본 책의 적용질문을 참고로 하여 그 단원을 맡은 리더가 인도한다.
2. 책 한 권을 2-3개월에 나누어서 소그룹이 함께 읽는다.
3. 한 달에 한 권의 책을 인도자의 지도하에 진행하거나, 각자 단원리더를 세워 진행한다(현행 신성회의 보편적 방식)

워크북의 활용안내를 통해 4~5인부터 10명 내외에 이르기까지 '책의 적용질문을 나누는 독서모임'을 체험하는 독서문화가 더욱 더 활성화되기를 기대해본다.

*참고도서:
이희경. 『코칭입문』. 교보문고, 2005.
게리 콜린스. 양형주, 이규창 역. 『코칭바이블』. IVP, 2004.
서우경. 『크리스천 코칭과 상담의 비교 및 통합적 적용에 대한 효과성 연구』 2009. 33-60. 한국기독교상담심리학회지

• **결혼생활 관련 서적**

15. 최광현 『가족의 두 얼굴』　　　　　장석경
16. 이영애 『멋진 남편을 만든 아내』　　이영애
17. 이경채 『인생 레시피』　　　　　　이경채
19. 폴 투르니에 『서로를 이해하기 위해서』　오우림

<부록 2> 지도자용 독서코칭 기록노트 (샘플)　　　기록자:

신성회 수련회	장소: 공주묵상쉼터	일시:2018년 5월 29일 화, 20:00~21:30
도서명: 서로를 이해하기위하여	저자: P.투르니에	출판사: IVP
도입		
• 지도자는 이 모임에서 지켜야 할 사항인 비밀유지, 경청하기, 시간 지키기, 비판, 충고, 끼어들기 금지, 주제에서 벗어난 이야기 하지 않기, 독점하지 않기 등을 미리 이야기한다. • 시작하기 전 각자 1분정도 이 시간 참여하는 느낌과 기대를 나눈다. • 준비된 시나 좋은 글이 있으면 읽어준다. • 책에 대해서 전체적으로 나누고 책을 읽어왔는지 나누면서 지도자는 저자소개, 책 표지 그림, 목차, 서문 등을 소개한다.		
전개		
저서목적		
*	이해하기 위해서는 이해하기 원하는 마음이 있어야 한다. 적용질문: 나는 나의 배우자를 얼마나 이해하고 있는가?	
한줄 요약		
*	닿을 수 없는 섬 적용질문: 나의 배우자에 대해 이해가 안되는 점은 무엇인가?	
한줄 요약		
*	이해하기 위해서는 자신을 표현해야한다/ 용기가 필요하다/ 사랑해야한다. 적용질문: 나는 상대방의 말에 얼마나 귀를 기울이며 경청하는가?	
한줄 요약		
*	이해하기 위해서는 타고난 차이점 /남녀의 차이/사랑의 차이가 있음을 받아들이고 인정해야 한다. 적용질문: 나는 배우자와의 차이점을 얼마나 이해하고 있는가?	
한줄 요약		
*	이해하기 위해서는 과거의 중요성을 인식해야 한다. 적용질문: 배우자의 어린 시절을 얼마나 이해하고 있는가?	
한줄 요약		
*	온전한 이해는 예수그리스도께 개인적으로 복종할 것을 요구한다. 적용질문: 나의 결혼생활의 어떤 부분에 성령님의 터치가 필요한가?	
한줄 요약		
종결: 각자 배운 점, 느낀 점 나누기		
한줄 독후감:		
한줄 에센스:		

3부 집단상담의 치료적 요인 이소라

사례. 깊어지는 책 읽기 임대열

1장 집단상담의 치료적 요인
2장 어떤 책을 읽을 것인가

3부
집단상담의 치료적 요인

이소라

3부

집단상담의 치료적 요인

이소라(전 신성회 회장, 신성회독서상담전문가)

사례. 깊어지는 책읽기

임대열(대전 직장반)

저는 책을 좋아하지만 지식 축적과 남으로부터 인정받고 싶은 동기로 책을 읽었습니다. 그래서 TV에서 영화나 드라마를 볼 때도 메모를 하고, 새로운 것을 알고 싶어서 이곳저곳 수련회와 세미나도 부지런히 찾아 다녔습니다.

그런데 최근에 문제가 생겼습니다. 새로운 지식들이 인터넷에 가득하니 책읽기, TV보기, 세미나 참석보다 PC앞에서 검색하는 시간이 더 많아지게 되었습니다.

이러던 차에 독서 모임에 참석하던 아내로부터 책읽기 모임을 권유받았습니다. 그러나 토요일 마다 즐기던 테니스 모임을 정리하기가 쉽지 않았고, 남자가 혼자라서 꺼려지기도 했습니다. 하지만 책이 좋아서, 그리고 내 고집대로 살아왔던 시간을 정리하고 아내를 기쁘게 하고 싶어서 독서모임에 참여를 했습니다.

첫 모임에서 읽은 책이 헨리 나우웬의 "기도"였던 것 같습니다. 모임 참석 전에는 교수법, 리더십, 신앙 서적을 주로 읽었는데, 독서모임에서는 주로 마음에 대한 책들을 읽는 것이었습니다. 전에는 책을 읽을 때도 디베이트나 다른 교사들을 위한 연수용, 지적 탐구용으로 읽었는데, 독서 모임에서는 그냥 책을 읽는 것이었습니다. 계속해서 폴 트루니에의 책들을 읽으면서 남을 위해 읽었던 책읽기가 나를 위한 책읽기로 바뀌어 갔습니다.

넓어지고 높아지고 싶었던 책읽기가 깊어지는 책읽기로 변해 갔습니다. 그리고 가끔씩 책읽기를 통해 마음에 부딪힌 부분들은 기도제목이 되기도 했습니다.

혼자 책을 읽는다면 이런 유익을 얻지 못했겠지만 함께 같은 책을 읽는 멤버가 있어서, 무엇보다 많은 내공을 갖춘 리더가 다시 책을 읽으며 나눔의 길로 이끌어 주어서 책속의 향기와 빛이 어두웠던 내 마음을 밝아지게 해 주었습니다.

어느 토요일 자전거 타기를 좋아하던 아내는 독서모임을 자전거로 가자고 하였습니다. 승용차로 가자고 했지만 아내는 자전거를 타자고 했습니다. 몇 차례 옥신각신하다가 결국 자전거를 타게 되었습니다. 시간에 늦지 않기 위해 페달을 열심히 밟는데, 아내는 10분마다 쉬었다가 자고 합니다. 슬슬 짜증이 나고 아내에게 듣기 싫은 소리를 툭툭 던지기 시작했습니다. 아내는 "미안해" 하며 먼저 가라고 했습니다. 혼자 페달을 밟으며 "내가 왜 이렇게 짜증을 내는지 생각을 하게 되었습니다. 사실 독서모임에 늦는다고 큰 문제가 생기는 것은 아닙니다. 그런데 저는 모임에 늦으면 자주 아내에게 짜증을 냈습니다. 아이들이 어렸을 때도, 아이들 챙기는 것을 도와주기보다는 예배시간이나 약속 시간에 늦는 것에 짜증을 냈던 내 모습이 떠올랐습니다.

심지어 대학생 때 지하철을 잘 못 타서 강의에 늦게되자 혼자 울었던 기억이 났습니다. 고등학교 시절도 생각이 났습니다. 지각을 해서 선도반에 걸렸는데, 소리내어 울었습니다. 학생주임이 당황해 하고 불쌍히 여기면서 "괜찮다 시골서 통학하면 늦을 수도 있지" 하며 벌칙을 면해 주었습니다.

기억의 끈을 하나하나 잡아당겨보니 초등학교 시절 새벽 아버지 손에 이끌려 해뜨기 전에 들판에서 일을 하고 등교를 하다가 지각할 것 같아서 학교에 가지 못하고 밭두렁에 숨어 있었던 기억도 났습니다. 왜 그랬을까? 내가 그때 왜 그랬을까? 생각을 해 보았습니다.

어린 시절 형제가 많았던 우리집에서 저는 꾸중을 많이 들었습니다. 학교에 가면서 비로소 선생님들께 칭찬을 들었습니다. 선생님을 실망시키지 않기 위해 갖은 노력을 했습니다. 모범생, 착하고 재미있는 친구라는 이야기를 듣는 것이 인정욕구를 채우는 유일한 방법이였습니다. 그래서 지각을 하는 것은 견딜 수 없었던 것입니다.

여기까지 생각을 하게 되자 더 이상 혼자 자전거 페달을 밟을 수 없었습니다. 그 동안 내 속의 문제는 알지 못하고 아내만 힘들게 했구나하는 생각에 미안함과 눈물이 났습니다. 자전거를 멈추고 아내가 오기를 기다렸습니다. 늦었지만 잠깐 묵상했던 이야기를 하며 "미안하다"고 하고 아내 손을 잡았습니다. 독서모임에는 30분 이상 늦었지만 그날은 유난히 모임이 편안했습니다. 그리고 모임에서도 오면서 있었던 변화에 대해 나누었습니다.

그 이후 이런 작은 변화들이 일어나게 되었습니다. 저는 떠돌이 기질이 있어서 대전에 있으면서 서울에 가고 싶고, 서울에 가면 외국에 나가고 싶어했습니다. 그런데 이런 정착하지 못하는 생활방식에 변화가 왔습니다. 어디선가 읽은 "옮겨 심은 나무는 크게 자라지 못한다."는 글귀 때문이었습니다.

이 모든 변화가 독서모임에서 시작되었다는 것에 감사합니다. 이러한 독서 모임을 허락하신 하나님과 손을 잡아 이끌어준 아내, 모임을 인도해 주시고 때에 맞는 질문으로 내면의 여행을 할 수 있도록 이끌어 주시는 이소라 소장님, 김인숙 권사님, 1:1 미팅에서 내면의 오픈으로 이끌어 주셨던 김현실 선생님, 그리고 함께 해 주는 모든 동료님들께 감사를 드립니다.

저는 요즘 독서모임을 통해 책읽기의 새로움을 경험하고 있습니다. 그런데 다시 생각해보니 책읽기의 새로움이 아니라 새로운 나 자신을 발견하고 있습니다. 감사합니다.

1장
집단상담의 치료적 요인

2000년, 대학원에 입학했다. 대전 '생명의 전화' 상담원으로 봉사하다가 상담공부를 제대로 해봐야겠다는 생각이 들었기 때문이다. 석사논문을 쓰기 위해 자료를 수집하던 나는 정신과의사 어빈 얄롬이 말한 '집단의 치료적 요인'이라는 개념을 접하게 되었다. '집단상담 과정에서 어떤 요인이 사람들에게 도움이 되는가'라는 연구문제에 대한 대답으로 얻은 개념이었다.

얄롬은 집단상담에서 일어나는 치료적 요인으로 보편성, 공감, 희망의 고취, 집단응집력, 정보제공, 원가족 경험의 재구조화, 사회화 기술의 발달, 실존적 인식 등 12가지 요인을 찾아냈다. 이 요인 모두가 신성회 독서모임의 역동을 설명해주는 좋은 도구가 되지만, 몇 가지만 소개하고자 한다.

1) 보편성

보편성은 인간이 모인 집단에서라면 어디든 지극히 자연스럽게 발생하는 현상을 묘사하는 개념이다. 특히 상담이나 치료집단에서 인간이란 누구나 불행을 겪는다는 것을 공통적으로 인식하는 것을 말한다. 많은 사람, 특히 정서적인 어려움을 지닌 사람은 오직 자신만이 불행하다고 생각하는 경향이 있다. 끔찍하거나 용납될 수 없는 생각, 충동, 공상에 빠진 사람이 자신뿐이라고 여기는 것이다(I. Yalom, 1993). 자신만 그런 문제를 가지고 있다는 생각은 종종 사회적으로 고립되면서 더 심화된다. 이런 사람은 대인관계를 어려워하기 때문에 친밀한 관계를 통해 자신이 믿는 것이 진실인지 확인할 기회도 드물어진다.

상담집단에서, 특히 모임의 초기 단계에서 '나만 불행한 것 같아'라고 생각하는 사람에게 그런 생각이 잘못되었다는 것을 알려주는 것은 상당한 위안이 된다. 다른 사람이 비슷한 고민을 털어놓는 것을 들으면서 그들은 이 세상과 더 가까워진 것 같다고 고백한다. 누구든 다른 사람의 경험과 완전히 동떨어지게 생각하거나 행동할 수는 없다. 서로 경험을 솔직히 나누다보면 근본적인 부적절함이나 소외감, 심지어 성적인 비밀까지도 공통의 경험이 될 수 있음을 알게 된다.

보편성은 집단의 12가지 치료적 요인 가운에서 가장 초기에 발생하는 현상으로, 사람들이 경계를 풀고 신성회 모임을 안전하고 편안한 곳으로 여기는 순간을 만들어낸다. 지금 씨름하고 있는 문제는 자신이 모자라거나 별나서 생긴 것이 아니라 인간이기 때문에 누구나 겪을 수 있는 문제라는 것을 알게 되면 그 씨름이 훨씬 쉬워진다. 그러나 집단에서 보편성이 경험되기 위해서는 누군가 용기를 내어 자기의 연약한 부분을 먼저 드러내야 한다. 자기 문제를 부끄럽게 여기며 꼭꼭 숨겨온 사람에게는 엄청난 용기가 필요한 일일 것이다. 책이 이런 용기를 북돋워주거나, 함께하는 사람들이 본보기를 보여주기도 한다. 누군가 용기를 내 자기의 어려움을 토로하면, 비슷한 경험들이 봇물 터지듯 쏟아져 나온다. 그와 비슷한 경험을 하지 않은 사람들은 판단하지 않고 경청함으로써 따뜻한 수용을 표현할 수 있다.

2) 공감

공감이란 상대방이 느끼는 것을 그 사람의 입장에서 느껴보고 상대방에게 자신이 느낀 것을 언어로 표현해 주는 것을 말한다. 다시 말해 상대방의 이야기를 들으며 '내가 저 사람이라면 어떤 느낌일까'라고 생각해본 뒤 추측한 감정을 말해주는 방법이다. 공감은 가장 기본적인 상담 기술로서 내담자의 마음을 여는 중요한 도구이다. 어렵게 이야기를 꺼낸 사람에게 적절한 공감을 표현하면 그 사람은 자신이 이해받았다고 느껴 더 깊은 곳까지 자신을 공개하게 된다.

신성회 독서모임에서는 이러한 자기공개와 공감을 주고받는 데에 많은 시간을 할애한다. 보편성과 공감을 얻는 것만으로도 사람들은 모임을 매력적인 곳으로 인식한다.

또 누군가가 과거에는 극심한 어려움을 겪었지만 시간이 흐르면서 문제가 해결된 사례를 이야기하게 되면 자신도 그렇게 될 수 있다라는 기대와 소망을 품게 된다. 얄롬은 이것을 '희망의 고취'라고 불렀다.

그리고 자신이 겪었던 것과 유사한 문제로 고통을 겪고 있는 사람을 보면 어떻게든 돕고 싶다거나 위로와 격려를 해주고 싶은 강렬한 감정을 느낀다. 얄롬은 이런 현상을 '이타주의'라고 불렀다. 때로는 경험에서 우러나온 말로 위로하기도 하고, 책에서 읽은 구절을 인용하기도 하면서 어려움을 겪는 사람에게 관심과 사랑을 표현한다. 이러한 사랑은 받는 사람 뿐 아니라 주는 사람에게도 유익을 제공한다. 아들러는 우울증 환자에게 밖으로 나가 착한 일을 하라는 과제를 내주었다고 한다. 남을 돕는 이타행동을 하면 자기 문제가 작게 느껴질 뿐 아니라 주는 데서 오는 기쁨을 누릴 수 있기 때문이다. 정서적인 문제로 힘들어하는 사람들 중에는 스스로를 무가치한 존재라고 여기는 사람들이 많다. 다른 사람에게 도움을 줄 수 있다는 사실은 그에게 생기를 되찾게 하고 자존감을 높여준다.

누구나 아는 이야기 중에 천국과 지옥에서 식사를 하는 이야기가 있다. 두 곳 모두 풍성한 음식이 차려진 식탁이 있지만 천국에 있는 사람들만 음식을 배불리 먹고 지옥에 있는 사람들은 음식을 먹지 못한다. 왜 이런 차이가 생기는 것일까? 천국이든 지옥이든 사람들은 모두 팔을 구부릴 수 없다. 그런 팔로 제 입에 음식을 넣으려고 하는 지옥사람들은 음식을 하나도 먹지 못하지만, 서로에게 먹여주는 천국 사람들은 배불리 먹을 수 있는 것이 당연하다. 이 이야기는 이타주의의 유익을 단적으로 보여준다.

공감은 자기노출을 촉진하고, 자기노출은 카타르시스를 경험하게 한다. 무조건 자기 이야기를 털어놓는다고 해서 카타르시스를 느끼는 것은 아니다. 앞서 말한 것처럼 안전하고 수용적인 분위기 속에서 어떤 이야기를 해도 판단 받지 않으리라는 확신이 들 때 비로소 진정한 카타르시스가 일어난다. 카타르시스, 즉 감정의 해소는 외상적 경험이 있는 사람에게 반드시 필요하다. 외상적 경험이란 가까운 가족의 죽음이나 유기, 학대, 폭력을 경험할 때 오는 격렬한 정신적 동요로서, 지적인 통찰만으로는 치료되지 않는다.

집단상담이 개인상담보다 감정의 해소를 일으키기에 적합한 이유는, 상담집단이 하나의 작은 사회로 기능하기 때문이다. 시간이 흐르면서 상담집단에도 가족이나 사회 내에서 드러나는 경쟁, 높은 지위를 획득하려는 노력, 집단구성원의 배경과 가치관의 차이에서 오는 긴장이 발생한다. 이러한 긴장은 해소되어야 한다. 다시 말해 집단 속에서 느끼는 갈등을 솔직히 표현하고, 서로 정직한 피드백을 하며, 감정을 직면하여 건설적으로 표현하는 방법을 모색해야 하는 것이다.

2장
어떤 책을 읽을 것인가?

독서는 '어떤 책'을 '어떻게' 읽느냐로 귀결된다. '어떻게'에 대한 대답이 독서법이라면 '어떤 책'에 대한 답은 도서목록이다. '플라이북'은 독서추천서비스를 제공하는 회사인데 회원에게 맞는 책을 한 달에 한 번 우송해준다. 회원의 배경과 취향을 기초로 책을 선정하는 개인 맞춤식 서점인 셈이다. 이렇듯 책을 고르는 일도 하나의 전문직업이 되어가고 있다.

신성회야말로 사람 중심, 상황 중심으로 책을 선정하는 기관이라고 자부한다. 신성회 발족 초기 이영애 대표는 의료계에 종사했던 경험을 살려 약과 치료를 처방하듯 개인에게 맞는 책을 처방했다. 시간이 지나면서 특수한 문제를 가지고 신성회를 찾는 사람보다 예방과 교육을 위해 찾는 사람이 더 많아지면서 개인처방은 집단처방으로 대체되었다. 최근에는 많은 사람이 공감할 수 있는 보편적 주제를 택하고 있다. 그러나 여전히 주제별로 추천도서를 소개하는 일은 중요하고 꼭 필요한 작업이다. 『책읽기를 통한 치유』와 『치유가 일어나는 독서모임』의 추천도서목록 중 절판된 책이 많고, 신간과 개정판도 많이 나왔기 때문에 개정증보판에서는 새로이 업데이트된 추천도서목록을 실었다.

신성회 발족 초기에는 정신건강에 대한 이해를 돕고 정신건강을 증진할 수 있는 방법을 알려주는 책들을 주로 읽었다. 모티머 애들러의 분류에 따르면 이론서보다는 곧바로 실생활에 응용할 수 있는 실용서 위주의 책을 선정했다. 이러한 신성회의 도서선정방식은 이영식의 분류에 따르면 '정보제공형' 독서치료에 해당한다. 시간이 흐르면서 점차 영적 성장을 돕는 책이나 심리학 이론서, 철학에세이 등이 추천도서목록에 많은 자리를 차지하게 되었다.

애들러는 실용적인 책을 선정할 때 저자의 기본원리나 전제가 독자의 그것과 일치하는지 검토해야 한다고 말한다. 그러므로 그 기관의 철학이 무엇인지 알아야 독서모임에 맞는 책을 선정할 수 있다. 2016년 제정된 신성회 회칙에 명시된 신성회의 목적은 회원의 정신건강과 인격 성숙이다. 이 목적은 신성회가 읽는 책의 주제가 어떤 것이어야 하는지를 알려주는 지침이 된다. 이 목적을 달성하기 위한 방편으로 기독교적 세계관과 조화를 이루는 저작들을 사용한다는 것은 하나의 암묵적 전제였다. 그러나 현재에 와서는 비기독교인 저자가 쓴 책들도 많이 보고 있다. "오빌의 금도 금이다"라는 말처럼 모든 진리는 그것이 누구에게서 나온 것이든 그 근원지는 하나님이라고 믿기 때문이다.

동서양의 인문고전은 기독교 작가가 쓰지 않았다 해도 인간성을 고양하는 데 큰 도움을 준다. 이러한 고전들을 읽으면 역사의식과 사회의식이 길러져서 보다 넓은 안목으로 사회현상을 바라볼 수 있게 된다. 따라서 신성회도 차츰 인문고전으로까지 독서범위를 넓혀 가면 좋겠다는 것이 나의 바람이다.

도서 선정자들에게는 책의 난이도에 대한 문제도 고민거리이다. 『본깨적』의 저자 박상배는 책을 잘 안 읽던 사람이 독서를 습관으로 만들기 위해서는 쉬운 책을 10권 이상 읽어야 한다고 말한다. 어느 정도 독서습관이 형성된 후에는 7대 3의 비율로 쉬운 책과 어려운 책을 교대로 읽는 것이 좋다고 권한다.

집단적인 독서를 하는 신성회에서는 난이도의 기준을 정하기가 더 어려웠다. 전반적으로 독서수준을 하향평준화하면 독서수준이 높은 사람에게는 책읽기가 싱겁고 지루한 일이 될 수 있고, 전반적으로 상향시키면 책이 어렵다는 불평이 나올 수 있다. 나의 경험으로는 책이 쉬워서 불평하는 사람은 없었다. 다만 리더로서 회원들의 독서수준이 향상되기를 원하는 욕심에서 의도적으로 난해한 책을 보기도 했다.

"훌륭한 독자가 되기 위해서는 자기 힘 이상의 난해한 책과 맞붙지 않으면 안 된다. 이런 책이야말로 독자의 마음을 넓고 풍부하게 해준다. 훌륭한 책일수록 독자의 노력을 배신하지 않는다. 영원한 진리를 깊이 인식하게 해주는 책은 힘껏 몰두해도 아직 읽어내지 못한 것이 남아 있는 듯한 생각이 든다. 이런 종류의 책을 재독했을 때 기묘하게도 책이 퇴색되어 보이는 경우가 있다. 무슨 일이 일어난 것인가? 독자의 정신이 성장하여 책의 키를 뛰어넘었기 때문이다." -모티머 애들러

도서선정에 대해 마지막으로 하고 싶은 이야기는 책읽기를 만병통치약으로 생각하지 말라는 것이다. 간혹 특정 문제별로 처방도서를 목록화해서 손쉽게 개인별 도서처방을 할 수 있게 요청하는 사람들을 만났다. 한두 권의 책을 읽고 심리적인 문제가 해결되기를 바라는 것은 잘못된 태도이다. 특정 주제로 많은 책이 나와 있지만 그 사람에게 적합한 도서가 어떤 것인지는 그 사람에 대한 충분한 이해와 민감한 안목을 가지고 판단해야 한다. 일단은 풍부한 도서목록을 구비하고 있어야 그 사람에게 적합한 책을 추천할 수 있을 것이다.

• **심리, 내적치유 관련 서적**

4. 알란 로이 맥기니스 『사랑과 우정의 신비』　이소라

5. 게리 채프먼의 『5가지 사랑의 언어』　　김순희

6. 폴 투르니에 『강자와 약자』　　　　　　이소라

10. 김주환 『회복탄력성』　　　　　　　　문주호

4부 독서상담의 목적과 방법 권영희

나의 이야기 : 독서모임을 통한 은퇴부부 성장여정

1장 독서상담의 목적과 방법
2장 독서상담의 구체적인 기술   김경혜

4부
독서상담의 목적과 방법

권영희

4부

독서상담의 목적과 방법

권영희(신성회독서상담전문가)

나의 이야기 : 독서모임을 통한 은퇴부부 성장 여정

은퇴 후 우리 부부는 새 생활에 적응하느라 갈등이 최고조에 달했지만 회원들 앞에서 점잖게 있었다. "두 분은 우리의 롤 모델입니다." "어떻게 늙어가야 할지를 보여줍니다. 우리 부부도 그렇게 늙어가고 싶어요." 모든 회원들이 남편을 환영하고 존경했다. "이렇게 모임에 참석하시고…… 존경스럽습니다. 요약도 참 잘 하세요. 말씀하시는 것이 도움이 됩니다." 그는 우쭐해졌다. 젊어서는 말이 없고 다른 사람 말도 듣기 싫어 했지만, 늙어가니까 자기 말할 때는 신이 나고 다른 사람이 말 할 때는 불편한 표정을 하고 있는 그를 여자 회원들이 칭찬하다니 속이 상했다.

어느 날 남편이 내가 좋아하는 오디 나무를 베어 버린다고 모진 소리를 해서 마음이 상할 대로 상했다. 그런데 책모임을 같이 나가야 했다. 일주일 째 남 대하듯이 대했는데 함께 차를 타고 모임에 가야하는 것이다. 그 때 읽은 책은 이관직의 『성경과 분노의 심리』였다. 힘들다. 이 일을 어떻게 할꼬. 남편이 아내를 위해줘서 백점으로 올라갔다가, 고함지르고 화를 내면 마이너스 백점으로 내려가는 것이다. 마음이 풀리기까지는 '나 메시지'를 표현할 시간이 필요했다.

　아직 마음이 얼어있어서 함께 가면서도 말이 없었다. 모임 중 그가 갑자기 자기는 하나님과 아내 한 사람만 있으면 된다고 말하는 것이었다. 내게 화를 내서 미안하다고 말하는 게 먼저인데 회원들 앞에서 당황스러웠다. 남들이 들으면 무슨 영문인지 모를 것이다. 모두 나를 부러워하고 남편을 칭찬하고 그는 존경받을 것이다. 이렇게 모임을 같이 하면 어려운 일도 있다.

　휴 미실다인의 『몸에 밴 어린 시절』을 통해 우리 부부는 어린 시절이 평생 영향을 끼친 것을 알 수 있었다. 내가 남자를 믿지 못했고 남자가 여자보다 잘난 체 하는 것을 인정하지 않은 것은 알코올 중독자인 친정 아버지의 무책임함으로 밥을 굶으며 고생한 어린 시절에 겪은 고통 때문에 생겨난 것이었다. 더구나 친정어머니는 "열 아들보다 네가 낫다" "네가 사업하는 걸 보니 치마 두른 남자구나" 하셔서 정말 내가 그런 줄로 알았으니, 나의 교만과 불신으로 인해 남편은 남편대로 매우 힘들었을 것이다.

　남편은 어린 시절 농부인 부모님의 고생을 보고 자랐다. 부모님이 밤 잠 안자고 일해도 먹고살기 힘든 것을 보고 자기가 사장이 되어 가족을 먹여 살려야겠다는 일념으로 열심히 공부하고 일을 했다. 잠시도 쉬지 않았고 시아버지처럼 돈을 아꼈다. 지금도 돈을 아끼려고 내가 난방을 올리면 끄고, 전기 불 끄고 에어컨과 선풍기를 껐다. 서로 다른 우리는 모든 면에서 인내와 사랑이 필요했다. 함께 잘 살기 위해 무던히도 노력했고 독서모임은 남편과 나 서로를 이해시키는 장이 되었다.

　『미움 받을 용기』를 읽고 그는 화를 많이 냈다. 내가 자기 경계를 넘어온다는 것이었다. 그 책에서 자기 경계선이라는 말이 많이 나오는데,

나의 관심이 구속이 되는지 나를 밀어냈다. 독서 회원들과 내 친구들에게 나의 아내는 자기 마음대로 한다, 남편을 구속한다, 그렇게 비난해서 내 얼굴이 화끈거렸다. "그래, 험담하고 마음 편해진다면야 참고 들어줄게요, 실컷 해 보소. 나도 당신 없는데서 당신 욕 많이 했거든" 그러며 참고 앉아 있었다.

그런데 『아직도 가야할 길』을 읽으면서 사랑은 "자기 자신이나 또는 타인의 정신적 성장을 도와줄 목적으로 자기 자신을 확대시켜 나가려는 의지"라는 문구를 읽었을 때 그는 혼란스러워했다. 자기 영역을 넓히고 자신의 경계선을 넓히지 않으면 사람은 성장할 수 없고 사랑하는 것이 아니라는 것을 배운 것이다. 사랑하는 일은 그 사람에게 관심을 가지는 것이고, 그 사람에 대해서 근심하며, 성장을 위해 시간을 내주는 것이라는 사실을 알고 남편의 평소 생활과는 달라 마음이 불편한 듯이 보였다. 내면에 굳어진 타성을 뛰쳐나오기 힘들었을 것이다. '건전한 결혼은 오직 강하고 독립된 두 사람 사이에서만 존재할 수 있다'는 책의 한 부분을 오래 전에 읽고 나도 남편에게 의존하지 말고 남편 때문에 일희일비하지 않으려고 스스로를 훈련했다. 그런데 그는 회원들 앞에서 은근히 아내인 내가 강해서 싫다는 점을 내비쳤다. 함께 그 부분을 읽으니 아내를 이해하는 폭이 넓어졌을 것이다.

하여튼 73년 오월, 라일락이 피어있는 교정에서 데이트한 이래 만만찮은 강적 두 사람이 만나 살아온 지 어언 45년이 되었다. 이제는 가장 좋은 친구, 영혼의 동반자가 되어 함께 한 세월 중 가장 좋은 세월을 보내고 있다. 여전히 티격태격, 부족하고 더디지만 성찰하고, 각성하면서 꾸준히 갈 것이고 포기하지 않을 것이다. 결국은 우리가 겪는 문제와 갈등을 두려워하지 않고, 회피하지 않으며, 해결을 위해 서로의 감정을 살피는 시간을 들일 것이다. 성령으로 새롭게 된 우리, 하나님의 말씀과 지혜로 날마다 죽고 다시 살면서 그 위에 스콧 펙의 말처럼 '계속해서 변화하며 새로운 방식으로 다시 태어나'고 있다. 책은 직접 말하지 않아도 간접적으로 말하고 온유하게 우리를 깨우쳐준다. 우리가 자주 망하고 쓰러질 것 같으면서도 오뚝이처럼 다시 일어나 웃으며 감사하며 살아가고 있는 것이 바로 기적이며 우리가 이해할 수 없는 은총이다.

1장
독서상담의 목적과 방법

1. 독서 상담의 목적

독서 상담의 궁극적인 목표는 우리 삶의 변화이며 우리가 더 성숙한 삶을 살 수 있도록 돕기 위한 것이다. 우리가 성숙한 삶을 살아야 하는 이유는 우리가 성숙한 만큼 남을 도울 수 있기 때문이다. 그래서 나만 성숙하게 사는 것이 아니라 다른 사람들과 더불어 다 같이 성숙해지는 것이다.

신성회의 독서모임은 여러 가지 분야의 책 중에 특별히 정신건강에 관련된 도서를 선정한다. 그 중에서도 인간이해, 결혼생활, 자녀교육, 대인관계 등에 관련된 도서를 선정하고 매달 모여서 자신의 삶의 경험을 나누며 모임을 가지는 과정에 독서를 통한 변화와 성장을 경험하게 된다. 이런 신비한 일이 일어나는 과정을 구체적으로 살펴보면 먼저 책을 통해 기존에 갖고 있던 생각과 가치관에 책을 통한 새로운 정보와 작가의 견해가 영향을 준다. 그리고 독서모임에서 함께 삶을 나누는 다른 사람의 경험을 들으면서 참가한 회원들의 삶에 변화가 시작이 되는 것이다.

그런데 성장으로 가는 여정에 성장을 가로막는 여러 가지 요소가 있는데 기본적으로 자신의 상처나 편견 및 부정적인 생각 등이 장애물이 될 수 있다. 구체적인 장애물들을 보면 거짓된 생각, 판단하는 마음, 자신이나 다른 사람에 대한 분노, 저주하는 마음, 비난하는 마음, 불안한 마음, 무지한 생각, 편협 된 마음, 조급함, 절망적인 생각, 실패에 대한 두려움, 지식에 대한 부담감 등등 여러 가지가 있을 수 있다. 이러한 마음들에 대해 효과적인 책읽기를 하며 생각의 관점을 긍정적으로 바꾸어 수용, 이해, 축복, 격려, 평강, 지혜, 관용, 여유, 소망, 성공에 대한 생각으로 변화하면서 실행하게 된다면 성장으로 가는 길이 활짝 열리게 될 것이다. 자신의 성장을 가로막는 여러 가지 장애물들을 독서모임에서 하나씩 넘어 가면서 자신이 이해가 되는 성장의 여정을 시작하게 되는 것이다. 삶의 변화와 성장을 이루기 위해서 독서 상담을 통해 이루고자 하는 다섯 가지 목적이 있다.

1) 자신에 대한 통찰을 갖도록 하는 것이다.

책을 읽는 동안 자신 안에 숨겨져 있는 것들을 발견하고, 파악하게 해주며 자신 안에 있는 상처나 분노, 욕구를 표면화 할 수 있도록 해주는 것이다. 자신과 같은 문제를 가지고 있는 사람들의 기본적인 동기에 대한 이해, 자신의 행동에 의해 생긴 어려움들을 알 수 있도록 해주는 것이다.

그래서 독서모임 안에서 책을 읽는 동안 자신이 미처 알지 못했던 분노와 수치감, 욕구들을 발견했다고 표현하는 사례가 많이 있다. 또한 책을 통해 과거의 의미 있는 순간들을 되새겨 봄으로써 자신의 새로운 장점을 발견하기도 하고, 과거의 경험으로 인해 현재의 삶의 모습을 갖게 된 것에 대해 감사하기도 하며 어려웠던 과거의 순간을 떠 올리는 것이 현재의 문제들에 대한 해결책을 얻는데 도움이 된다는 것을 깨닫는다.

2) 정서적인 카타르시스를 경험하게 하기 위한 것이다.

카타르시스란 책을 읽는 사람들이 책 속의 등장인물과 같은 느낌을 경험할 때 등장인물과 자신을 동일시함으로써 자신들의 긴장을 정화시키고 순화시킴으로써 그들 자신을 더 잘 이해할수 있도록 도와주는 것이다.

독서모임 안에 남편과의 문제가 심각했던 한 자매의 경우 자신과 처지가 비슷했던 책 속에 나오는 인물의 삶, 감정, 생각, 행동들을 읽으며 자신만 그런 것이 아니라는 자신의 고립된 상태에서 벗어나면서 등장인물을 통해 자신의 문제를 인식하고 등장인물과 관련하여 자기 문제를 내 놓고 표현할 수 있는 용기가 생겼다.

사람들은 지금 현재 자신이 겪고 있는 문제와 감정들이 자신만이 경험하는 것이라고 느낄 때 불안하게 된다. 그러나 참여자가 다른 사람도 자신과 비슷한 어려움을 겪고 있으며 비슷한 감정을 경험한다는 것을 알게 되면 안도감을 느낀다. 그리고 독서 모임 안에서 격려까지 받게 되면 자신이 생각하는 것만큼 자신의 감정이 잘못된 것이 아니라는 것을 알게 된다.

3) 문제를 해결할 수 있도록 도와주기 위한 것이다.

책을 읽음으로 현재 겪고 있는 정서적인 혼란에 잘 대처하도록 자신의 문제를 해결하기 위해 토론을 할 수 있도록 도와서 본인이 혼자서는 미처 생각하지 못했던 문제들에 대한 해결책을 제시함으로 도와줄 수 있다.

먼저 언급했던 남편과의 문제가 심각했던 자매의 경우, 자신의 문제를 내 놓고 토론 했을 때 이미 그와 비슷한 경험을 했던 다른 사람들로부터 여러 가지 해결책을 들을 수 있었고 그 중에서 본인이 할 수 있는 방법을 선택할 수 있었다.

4) 다른 사람들과 더 좋은 관계를 갖도록 하기 위한 것이다.

책을 읽고 나눔을 통해 자신이 직면하는 어려움이 자신만이 겪는 것이 아니라 다른 사람들도 비슷한 문제에 직면하고 있다는 것을 인정함으로써 개인적인 고립감을 해소시켜 더 깊은 우정을 쌓아갈 수 있도록 해준다. 그래서 독서모임 안에서 각자의 느낌을 다른 사람들과 공유함으로 더 깊은 유대감을 경험 할 수 있게 된다.

5) 다른 특별한 문제에 봉착했을 때 정보를 제공해 줄 수 있기 위한 것이다.

책을 읽음으로써 독자들이 실생활에서 직접 고통을 겪지 않고도 상상을 통하여 문제 상황을 분석하며 다양한 해결을 할 수 있도록 돕는다.

독서 모임 안에 있는 사람들이 지금 현재는 겪고 있지 않는 이혼이라든지, 배우자의 외도, 자녀문제에 관해 책을 보며 앞으로도 겪을 수도 있는 독특한 변화들에 대하여 미리 정보를 제공해 줌으로 문제가 발생했을 때 잘 적응할 수 있도록 도와준다.

또한 참여자들에게 그런 문제가 있는 주위사람들을 이해하고 도울 수 있도록 격려한다.

6) 변화와 성장을 위한 것이다.

간혹 자신이 이해가 되지 않았던 부분이 책을 통해 깊이 깨달아지는 성찰의 과정에 이르는 경우가 있다. 자신을 성찰하게 되면 새로운 각오를 가지고 삶의 현장에서 실천을 하면서 자신의 인격적인 변화와 성장이 일어나게 되는 것이다. 이러한 변화는 간간히 우리가 인생의 여정을 갈 때 맞닥뜨리는 고통에 회피하기보다 직면을 하게 되면서 고통을 재해석하고 자신에게 있는 편견을 수정하면서 전보다 더 건강하게 살아나가게 되는 원동력이 될 수가 있다.

    효과적인 책읽기를 통해 우리는 정보를 얻게 되고 그 책 안에 있는 저자의 지식과 지혜를 통해 세상을 보는 다양한 눈을 가지게 되며 통찰력을 기르게 된다. 지성과 더불어 영성에도 다양한 시각을 가지고 접근을 하게 되는 지혜가 길러진다고 볼 수 있다. 이러한 효과적인 책읽기를 위한 자세는 열린 마음과 깨어있는 자세가 기본적으로 필요하다고 보겠다. 책읽기를 통해 얻어진 자신에게 의미 있는 것을 잘 적용을 하며 책에 대해 무조건적인 수용보다는 저자의 시각과 나의 시각의 차이점을 발견하고 또한 이에 따른 문제제기가 있어야 효과적인 책읽기라고 볼 수 있다.

*참고도서:
한기채,『삶을 변혁시키는 책읽기』
이영애 외,『치유가 일어나는 독서모임』

독서모임에 대한 체크리스트

- 당신은 주로 어떤 종류의 책 읽기를 좋아합니까?
- 당신은 어떤 목적을 갖고 책을 읽었습니까?
- 당신이 감명 깊게 읽은 책은 무엇입니까?
- 당신의 현재 책읽기 습관과 앞으로 개발하고 싶은 책읽기 습관은 어떠합니까?
- 책 표지의 글, 들어가는 말, 추천사에서 새롭게 인식되는 문장들이 있습니까?
- 독서모임을 통해 책을 읽어야할 이유를 더 열거해 본다면?
- 당신은 누구와 독서모임을 형성할 수 있을까요?
- 당신은 어떻게 독서모임을 발족시킬 수 있습니까?
- 당신은 어떤 분야의 책들을 읽고 싶은지요?
- 당신이 독서모임에서 기대하고 바라는 것이 있습니까?
- 당신이 경험한 독서치유 이야기를 해봅시다.
- 독서인도자로서 갖추어야할 덕목은 어떤 것들이 있을까?
- 구체적으로 어떻게 독서모임을 인도하고 싶은지 아이디어를 공유해 봅시다.
- 당신이 독자적으로 개발하고 싶은 독서모임 활동은 어떤 것이 있을까요? (예) 시만 읽는 모임, 노인들의 동화 읽기 모임, 편지쓰기모임 등등
- 앞으로 독서모임을 통해 당신이 비전을 키운다면 어떤 소망이 있습니까?

2장
독서상담의 구체적인 기술

김경혜(신성회독서상담전문가)

참석자 유형에 따른 독서상담모임

독서모임에 참석하는 사람들 가운데에는 평범한 삶을 살아가며 누구나 성장하고 발달하면서 겪을 수 있는 어려움 때문에 고민하는 사람이 있는가 하면, 그 사람만의 독특한 정서적 어려움으로 힘들어하는 사람도 있다. 인도자는 독서모임 참가자 유형에 따라 모임 진행 방법과 나눔의 내용을 적절히 조절해야 한다. 모임에 잘 적응하지 못하는 사람들은 집단적인 독서모임이 적절하지 않을 수도 있다.

발달적 독서상담모임

발달적 독서상담모임은 예비교육과 지식 전달에 더 집중하기 때문에 임상적 모임보다 책 내용을 나누는 데 더 많은 시간을 할애한다. 인도자는 각 발달단계에 따라 일어날 수 있는 갈등과 발달과업을 숙지하고 있어야 한다. 각 발달단계에 따른 특징과 문제는 다음과 같다.

성인전기(장년기): 만 20-23세~35-40세

신체적으로 25-30세 사이에 절정을 이루었다가 조금씩 감퇴하는 시기다. 인지적으로는 이분법 사고를 하고 흑백논리를 가지고 있기 때문에 대인관계에서 문제가 되기도 한다. 에릭슨은 이 시기에 이루어야 할 과업과 위기를 '친밀감 대( ) 고립감'이라고 묘사한다. 친밀한 관계를 맺으려면 희생과 양보가 있어야 한다. 정체성이 바로 이런 관계를 맺는 능력을 좌우하는데, 이 정체성은 보통 청년기에 획득된다. 일반적으로 이 시기에 결혼을 하고, 자녀를 출산하며, 양육한다. 하지만 이런 새로운 역할에 적응하는 데 어려움을 겪기도 한다.

성인 중기(중년기): 만 35-40세~55-65세

신체적으로 여성은 폐경기를 맞으며, 남성은 갱년기 증세가 나타난다. 심리적으로는 중년의 위기를 경험한다. 한편 보통 자녀들이 이 시기에 사춘기를 겪게 되기 때문에 이에 따른 어려움이 늘어난다. 에릭슨은 이 시기에 '생산성 대 침체성의 위기'를 경험한다고 보았다. 인생을 지루하고 따분하게 여기는 사람, 불평불만을 일삼는 사람, 다음 세대를 위해 할 수 있는 게 아무것도 없다고 생각하는 사람들이 바로 전형적인 침체성을 보여준다. 다 자란 자녀들이 가정을 떠나 '빈 둥지 증후군' 때문에 우울증에 시달리거나, 봉양하던 노부모가 돌아가시는 데 따른 정서적 어려움을 경험하기도 한다.

성인후기(노년기): 만 60-65세 이상

노년기에는 신체쇠약과 건강저하, 퇴직과 그에 따른 수입 감소, 배우자의 사별, 조부모로서의 새로운 역할에 적응해야 한다. 이 시기에는 '통합감 대 절망감의 위기'를 경험하게 된다. 지혜롭게 극복하기만 한다면, 인생을 바라보는 지혜로운 시각을 터득할 수 있다. 그리고 자신이나 자신의 부모, 그리고 자신이 살아온 인생이 완전하지 않다는 것을 현실적으로 인정하고 수용하게 된다. 즉 자신과 자신의 부모는 나름대로 최선을 다해 인생을 살아왔다고 인정한다. 하지만 과업을 성공적으로 이루지 못했을 경우에는 인생에 대한 후회와 절망, 비탄에 빠질 수 있다.

임상적 독서상담모임

임상적 독서상담모임은 발달과업에 실패했거나 외상 경험이 있는 사람, 역기능 가정에서 성장한 성인아이에게 적합한 모임이다. 따라서 발달적 독서상담모임과 비교해 볼 때 지지그룹이나 회복그룹 성격이 더 강하다. 참가자들이 자신의 경험과 생각, 감정을 나눠도 되겠다고 느낄 수 있도록 긍정적이고 허용적인 분위기를 만들어야 한다. 그러기 위해서는 모임을 시작하기 전에 비밀을 보장할 것, 다른 사람의 발언을 비판하거나 판단하지 말 것, 다른 사람이 발언하고 있는데 끼어들지 말 것, 조언이나 충고는 본인이 원하는 경우에만 할 것, 원하지 않을 경우에는 발언하지 않아도 될 권리가 있다는 것 등의 주의사항을 고지해야 한다.

임상적 독서상담모임은 역기능 가정에서 성장한 성인아이에게 순기능 가정을 경험할 수 있는 장소가 되어야 한다. 참가자들이 재양육과 재구조화를 경험하고 연습할 수 있어야 하기 때문이다. 흔히 역기능 가정이 암암리에 강요하는 '말하지 말 것, 신뢰하지 말 것, 느끼지 말 것'이라는 규칙에서 벗어나 자신의 생각과 감정을 있는 그대로 느끼고 표현하며, 신뢰를 경험할 수 있는 장이 되어야 한다. 임상적 독서상담모임은 책이라는 도구를 통해 일반 지지그룹이나 회복그룹보다 더 큰 치료효과를 기대할 수 있다는 장점이 있다.

독서에 필요한 기술

독서를 할 때에는 그 책이 하는 말을 수용하는 자세를 가져야 한다. 마치 저자를 직접 만나 이야기하거나 강의를 듣는다는 기분으로 책과 저자를 존중하면서 스펀지가 물을 흡수하듯이 책을 읽어야 한다. 단, 무조건 수용하는 것이 아니라 객관적이고 변증법적인 관점으로 읽는 것이 중요하다. 흔히 공감하는 부분에만 밑줄을 그으며 읽는 경우가 많은데, 자기 발전을 위해서는 공감하거나 동의하지 않더라도 받아들여야 할 부분을 분별하여 수용하는 자세가 필요하다.

책 전체를 관통하는 주제를 파악해야 한다는 것을 염두에 두고 읽어 나간다. 그리고 '저자는 왜 이런 주장을 할까?' '나라면 어떻게 생각했을까?' 등의 질문을 자신에게 던지면서 읽는 것이 좋다. 읽은 내용 중에 중요하거나 감동이 되는 것은 따로 적어두어 보관하는 것도 좋은 습관이다. 떠오르는 생각이나 감정들을 책 여백에 적어두면 모임에서 나눔을 할 때 유용하다. 단어를 정의하는 부분이 나오면 집중해서 의미를 파악하는 것이 책 내용을 이해하는 데 도움이 된다.

독서를 할 때 무엇보다 중요한 것은 '적용'이다. 생활에서 어떻게 실천할지 생각하면서 읽거나, 주변 사람에게 전해 주면 좋은 부분을 보면 암기해서 전해 주는 것도 책을 효과적으로 이용하는 한 방법이다.

독서상담모임 인도에 필요한 기술
독서상담 전략
대화를 이끌어내기 위한 개입

독서상담모임에서 나누는 대화는 치료를 촉진하는 매우 중요한 요소다. 인도자는 모임이 진행되는 동안 대화를 이끌어내기 위해 적절하고 다양하게 개입해야 한다. 대화를 효율적으로 이끌어가게 해주는 전략은 여러 가지가 있겠지만, 우선 책에 나타난 지적 주제보다는 독서하는 과정에서 참가자들이 경험한 감정이나 생각에 초점을 두어야 한다. 책은 도구에 지나지 않기 때문이다.

　대화에 개입하는 형태는 크게 '지시적 개입'과 '비지시적 개입'으로 나뉜다. 그중 비지시적 개입은 언어를 쓸 수도 있고, 비언어적인 표현을 사용할 수도 있다. 언어를 사용하여 비지시적으로 개입할 경우에는 개방적 질문이 유용하다. 개방적 질문이란 "이 책을 읽으면서 어떤 느낌이 드셨나요?" "저자의 주장에 대해 어떻게 생각하세요?" 등 참가자가 단순하게 '네' 혹은 '아니요'로만 반응하지 않도록 유도하는 질문이다. 대화를 촉진하기 위한 언어적 개입이 항상 질문 형태를 가져야 하는 것은 아니다. "그런 느낌을 받으셨군요" "무슨 말씀인지 알겠어요"와 같은 긍정적인 격려도 좋은 방법이다. 때로는 적극적으로 경청하는 공감기술을 사용하여 긍정적인 격려를 할 수도 있다. '적극적 경청'이란 참가자가 한 말을 인도자가 판단이나 해석 없이 반복해서 진술해 주는 것을 말한다. 예를 들면 "이 부분을 읽으면서 어렸을 때 억울하게 야단맞은 일이 떠올라 힘드셨다는 말이군요"라고 말하면서 마치 메아리처럼 다시 확인해 주는 것을 말한다.

　참가자의 표정이나 태도, 몸가짐 등을 잘 파악하고 해석하는 것도 중요하지만, 인도자가 비언어적 표현을 효과적으로 사용하여 대화를 이끌어내는 것도 매우 중요하다. 눈 맞추기, 미소를 짓거나 고개를 끄덕거려서 수긍하고 공감한다는 것을 보여주는 자세 등은 비언어적으로 참가자를 격려하고 긍정하는 효과적인 도구가 될 수 있다. 인도자가 사용할 수 있는 또 하나의 강력한 도구는 '침묵'이다. 침묵을 전략적으로 사용하기란 어렵지만 그 효과는 매우 크다. 침묵은 참가자가 깊은 감정이 담긴 말을 꺼낼 때 가장 좋은 방법일 수 있다. 참가자가 문제에 집중하고 있는 생산적인 침묵 상황이 되면 인도자는 집중을 방해하거나 감정의 흐름을 깨지 않도록 말없이 기다려줘야 한다. 정말 진지한 순간에는 고개를 끄덕인다거나, 티슈를 건네준다거나, 등을 두드려주거나, 손을 잡아주는 가벼운 신체접촉 등 감정을 실은 침묵이 말로 표현하는 것보다 훨씬 효과적이고 적절한 개입이 될 수 있다.

모임을 인도할 때는 보통 허용적인 분위기를 위해 비지시적 개입을 사용하는 것이 바람직하다. 하지만 때로 지시적 개입이 필요할 때도 있다. 모임에서 나누는 대화가 방향감각을 잃고 산만하게 진행될 때, 참가자들이 유난히 저항적인 표현으로 반응할 때, 한 사람이 대화를 독점하고 있을 때, 모임 분위기가 허용적이지도, 긍정적이지도 않은 방향으로 흘러갈 때 인도자는 분명한 말이나 질문을 사용하여 모임 방향을 올바르게 바꿀 수 있어야 한다. 지시적 개입으로는 다음과 같은 것이 있다.

- "근원가정에서 했던 역할들을 나누던 중이었는데, 누가 더 나눠보시죠"
- "아까 말하던 것과는 좀 다르네요. 어떻게 된 것인지 좀 더 구체적으로 이야기해 줄래요?"
- "저자 생각에 대해 어떻게 생각하시는지 알겠어요. 하지만 다른 분들은 조금 다르게 생각할 수도 있으니 같이 들어보는 것이 도움이 될 것 같아요"
- "나누고 싶으신 게 많으신가 보네요. 하지만 다른 분들도 이야기할 기회를 드려야 할 것 같아요."

참가자의 반응에 대해 부정적인 성격을 띤 개입을 해야 할 경우에는 마지막 예와 같이 첫 문장을 감정이입적 표현으로 시작하는 것이 좋다.

초점 바꾸기

대화가 더 이상 생산적으로 진행되지 않거나 토의거리가 고갈되었을 때는 대화의 초점을 다시 정해야 한다. 이를 '재초점화' 내지는 '초점 바꾸기'라고 한다. 재초점화를 할 때에는 인도자가 그때까지 나눈 문제들이나 진행내용을 다시 한 번 알려주는 것도 좋은 방법이다. 또한 시와 같은 대체자료를 이용하거나 편지 쓰기, 찬양하기처럼 창의적인 활동을 할 수도 있다.

마무리

계획한 시간 안에 마무리 짓는 것은 예정한 시간에 모여 시작하는 것만큼 중요하다. 독서모임에 대한 신뢰를 쌓을 수 있기 때문이다. 마무리하는 시간에는 책이나 대화를 통해 얻게 된 통찰이나 느낌, 제기된 문제들을 참가자들이 통합하여 표현하고 삶에 적용할 수 있도록 도와주어야 한다. 몇 마디로 독서모임을 요약하거나, 때로 독서모임에서 진행된 것을 적용하거나 평가하는 질문을 하는 것도 좋은 방법이다.

*참고도서:
이형득, 『집단상담』 중앙적성출판사.
정옥분, 『책읽기의 즐거운 혁명』 학지사.

• **자녀양육 (부모역할) 관련 서적**

7. 제임스 돕슨 『자신감 있는 자녀로 키우자』　　　이재희
13. 변상규 『자아상의 치유』　　　박혜숙
18. 존 가트맨·남은영 『내 아이를 위한 사랑의 기술』　　　정인숙
20. 전혜성 『섬기는 부모가 자녀를 큰 사람으로 키운다』　　　김상식

5부 독서모임 인도자의 준비 노현미

모여서 함께 나누는 신성회 독서모임의 소중함 김영숙

1장 독서모임 인도자의 요건과 성장목표
2장 책을 효과적으로 활용하는 방법
3장 독서모임 인도를 위한 실제적인 지침과 참고사항
[부록3] 독서 상담 일지

5부
독서모임
인도자의 준비

노현미

5부

독서모임 인도자의 준비

노현미(신성회독서상담전문가)

사례. 모여서 함께 나누는 신성회 독서모임의 소중함

김영숙(대전2반, 신성회독서상담전문가)

    제가 신성회에 처음 발을 들여 놓은 것은 지인의 소개로 지금부터 약 11년 전 신성회 독서상담학교에 참석하여 시작 되었습니다. 1주일에 1권의 책읽기가 쉽지는 않았지만 다시 학창시절로 돌아간 듯 열심히 좋은 책들을 읽은 기억이 납니다.
    결혼 전에도 독서를 좋아했나 잘 기억이 나지 않았지만 결혼 후 아이들을 키우면서 내가 부족하고, 많은 것을 모르고 있다는 생각을 하게 되었습니다. 그래서 대학교 평생교육원에 상담을 배우러 다니기도 했습니다. 그 무렵 신성회 독서모임을 알게 되었습니다. 책을 통해 나의 많은 고민들이 풀리기 시작했고, 어느 누군가 대답해주기 어려운 것을 책을 통해서 알게 되었습니다.
    책 읽는 재미를 느끼며 열심히 필독서 목록의 책을 읽으면서 몰랐던 것을 알아가는 것 뿐 만 아니라 나 자신을 들여다볼 수 있는 눈이 생기면서 나를 사로잡고 있는 상처들과 대면할 수 있었습니다. 또한 나의 연약함을 자각 할 수 있었으며 독서량이 늘어나면서 나의 내면의 힘을 키울 수 있었습니다.

나 자신에 대한 자존감이 조금씩 살아나면서 대인관계의 불편함도 점점 줄어들었습니다. 좁았던 시야가 책읽기와 나눔을 통해서 차츰 넓어지게 되었고, 나 자신에게 더 정직할 수 있었습니다.

신성회 독서모임 몇 년이 지난 후 인도자로서 책임감이 생기면서 책읽기와 함께 우리 반 회원들의 변화와 유익을 살필 수 있게 되었습니다.

거의 모든 분들이 말하기를 각자 책을 읽고 모여 나눌 때 마치 다른 책을 여러 권 읽은 느낌이며 혼자 읽을 때 미처 알지 못했던 것들을 알게 되어 많은 유익이 있다고 이야기 했습니다. 시간이 지날수록 책의 내용들을 자기 자신의 삶에 적용하는 능력이 생기면서 가정에서 자녀들과 남편과의 관계가 좋아졌다고 말했습니다. 또한, 살아가면서 생기는 문제에 대하는 태도가 바뀌면서 결과는 당연히 좋아지는 자신을 보며 책읽기의 결과였다고 이구동성으로 이야기 하고 있습니다.

그리고 지인들이 힘들어하는 문제를 보고 우리가 읽은 책을 권하여 도움을 주기도 하고, 당연히 자녀들이 성장하는 시기에 맞게 좋은 책을 권할 수 있게 되었습니다. 또한 지금까지 살아오면서 잘 알지 못했던 자신의 본래의 기질과 성향을 알게 되면서 지난 시간을 돌아보는 계기도 되었으며, 다양한 종류의 책을 읽으면서 우리의 주변지식도 넓어지고 우리들의 인격향상과 정서적인 개발에 많은 도움을 받고 있습니다.

인간의 심리에 대한 책을 읽으면서 나 자신뿐 아니라 다른 사람들을 더 잘 이해하게 되었고, 무엇보다 관계의 어려움을 많이 극복하게 되었습니다. 보다 어려운 책읽기에 도전하면서 함께 읽는 유익을 극대화 할 수 있었고, 건강에 관한 책읽기를 하면서 각자의 적용과 경험을 나누면서 특별한 효과도 보았습니다.

제한된 시간에 책읽기 나눔을 할 때 시간을 적당히 사용하여 다른 사람을 배려하는 마음도 배우게 되고, 어려움에 처한 회원의 사연에도 위로하며 격려하는 시간들 가운데 친목도 자연스럽게 이루어졌습니다.

사람을 알아가고 이해하고 수용하는 것이 책읽기를 통해서 가능하다는 것이 감사하고 소중한 일이었습니다. 거의 모든 회원들이 신성회 모임에 함께 하게 된 것이 인생을 살면서 여러 선택 중 가장 잘한 일중의 하나라고 말하고 있으며 오랜 시간 함께 하고 있습니다. 우리주위에는 좋은 책들이 많이 있고 우리는 그 책들을 읽을 준비가 되어있습니다.

만약 어떤 사람이 새로운 일을 시작하거나 어떤 취미를 갖기를 원한다면 우리는 이렇게 말 할 것입니다.

"그렇다면 그와 관련된 책10권을 먼저 읽고 시작 하십시오"

나이가 들어가는 것을 막을 수 없고 시력이 예전 같지 않지만 책과 함께 늙어가고 싶다고 많은 회원들이 말을 하고 있습니다.

1장
독서모임 인도자의 요건과 성장 목표

신성회 독서모임에는 세 가지 요소가 있다. 책, 모임, 인도자다. 그리고 하나님이 이 세 가지를 사용하셔서 기적을 만드신다.

첫째, 어떤 책을 읽느냐다. 이것은 독서모임의 핵심이다. 그리고 책을 어떻게 활용하는가도 중요하다. 이 주제는 여러 곳에서 다루기 때문에 넘어가기로 한다.

둘째, 모임이다. 모임에서 함께 책을 읽지 않았다면 나는 이렇게 오래, 지속적으로 책을 읽지 못했을 것이다. 그리고 그 효과도 아주 미미했을 것이다. 지금도 나는 책을 읽는 것이 쉽지 않다. 텔레비전을 보는 것이 더 좋고 편하다. 그런데도 그 오랜 기간 동안 책을 읽을 수 있었던 것은 모임에서 다른 사람들과 함께 읽었기 때문이다. 이런 나도 읽는다면 책을 못 읽을 사람은 없을 거라고 생각한다.

물론 처음에는 많이 읽지 못했다. 반쯤 읽고 갈 때도 있고, 겉장만 보고 갈 때도 있었다. 그럴 때마다 인도자는 괜찮다며 격려해 주었다. 그래서 부담 없이 모임에 지속적으로 나갈 수 있었다. 책을 조금 읽고 독서모임에 참석해서 책 내용이나 내용과 관련된 고민을 진단하고 해결한 이야기를 나누는 회원들에게 귀 기울이다 보면 나도 책을 더 보고 싶은 마음이 많이 들었다. 좀 낯설고 어려운 심리 용어를 많이 쓰는 책도 술술 읽히면서 내 과거, 그리고 현재의 나를 진단할 수 있었다.

지금까지 이야기한 것들은 독서모임이 가진 영역 중에서도 작은 부분일 뿐이다. 영역을 이야기했을 뿐이다. 사실 독서모임은 그 이상의 의미를 갖는다. 상처받은 치유자들이 치유자가 되어 순수한 사랑을 나눠

주고, 진정으로 마음에서 우러나온 공감을 보여주며, 때로는 새로운 양육자가 되어 치유와 성숙으로 가는 길에 동행해준다.

지금도 생생하게 기억나는 사람이 있다. 나보다 나이가 몇 살이나 더 많은 그 회원은 나를 친구처럼 대해 주고 반겨주며 내 얘기를 들어주고 내 편이 되어주었다. 그때까지 나는 수평적인 관계에서 우정을 맺는 것에 서툴렀다. 물론 겉으로는 자연스러워 보이려고 애썼기 때문에 사람들이 눈치 채지 못했을지도 모르지만 내 마음속에서는 늘 전쟁을 치르고 있었다. 책을 읽고 나서야 내가 왜 그런지 알게 되었다. 그리고 그 무렵, 그 회원의 도움으로 수평적 우정을 맺는다는 것이 어떤 것인지 배웠다. 나를 있는 그대로 받아주고, 인정해준 회원들 덕에 내 자존감도 점점 높아졌다.

혼자서도 얼마든지 책을 읽을 수 있다. 그러나 독서모임에서 함께 읽는 것과는 많은 차이가 있다. 이 점은 임상을 통해서도 드러난다. 지금까지 만난 사람들 가운데에는 나보다 더 많은 책을 읽고, 더 많은 책 제목을 기억하는 사람들도 있었다. 그들은 한결같이 책은 많이 읽었지만 무슨 내용이었는지 기억 나지 않으며 그다지 실제적인 도움도 되지 않았다고 말했다. 그 말은 해석과 적용이 잘 이루어지지 않아서 책을 통해 얻을 수 있는 효과를 충분히 누리지 못했다는 뜻이다. 모임에서 함께 책을 읽을 때 보완할 수 있는 부분이 바로 이것이다. 물론 혼자 책을 읽고 문제를 진단하는 것도 어느 정도는 가능하다. 그러나 혼자서나 개인상담을 통해 집중적으로 진단하는 것과 달리 시간을 두고 다른 사람과 함께 직간접적으로 진단해 나가는 것은 정확한 진단을 내릴 수 있다는 장점이 있다. 뿐만 아니라, 다른 사람이 내 문제를 진단해 준 것이 아니기 때문에 자신에게 맞는 적절한 치료와 적용 방법을 훨씬 적극적으로 찾을 수 있다.

셋째, 인도자다. 준비된 인도자일수록 책과 모임을 잘 활용하여 회원들을 치유와 성숙의 길로 인도할 수 있다. 함께 모여 좋은 책을 읽어도 인도자가 잘 준비되어 있지 않다면 그 효과를 제대로 누리지 못할 수도 있다. 그런 면에서 볼 때, 신성회는 시간이 지날수록 인도자들이 점점 발전하고 있다. 독서상담을 하려는 많은 교회와 단체에서 인도자 양성과정을 개설해 달라고 요청해 왔다. 그래서 독서상담학교를 열어 8주 동안 인도자 양성 기본과정을 시작했다. 그 후, 2년 동안 전국 각 곳에서 이 훈련과정이 진행되었고, 교회와 도서관, 극동방송국, 상담관련 연구소, 가정사역 관련 기관들을 도울 수 있었다.

독서상담에서 인도자의 중요성

독서상담은 책과 모임이라는 훌륭한 도구를 갖추고 있다. 하지만 도구가 아무리 좋아도 그것을 사용하는 인도자가 제대로 준비되어 있지 않고, 도구에 대한 이해와 도구를 다루는 기술이 없으면 독서상담의 효용성이 떨어지게 마련이다. 물론 처음부터 다양한 전문적 자질과 인격, 기술을 갖출 수는 없다. 신성회 독서모임 인도자들은 대부분 평범한 주부였지만 지금은 독서상담 분야에서 전문가가 되어 독서모임 인도뿐 아니라 인도자를 키우는 독서상담학교 강사로도 활동한다. 평범한 사람이라도 오랫동안 한 가지 일에 매달리면 전문가가 된다는 말을 잘 보여주는 예라 하겠다. 독서상담 인도자는 처음부터 인도자로 양성되는 것이 아니라 회원으로서 꾸준히 배우고 경험하며 성장해 나가야 잘 준비될 수 있다.

독서모임 인도자가 갖추어야 할 요건

인도자의 요건은 사실 그리 어렵지 않다. 독서모임을 통해 자기치유와 성숙을 경험하는 가운데 자연스럽게 길러지기 때문이다. 신성회를 만나 독서모임에서 함께 책을 읽은 지 1년이 되어갈 무렵, 나는 내 문제가 무엇인지 알게 되었다. 일단 문제가 무엇인지 진단하자 곧이어 시작된 치유에 가속이 붙더니 2년 정도 지나자 꽤 많이 치유될 수 있었다. 그리고 때마침 기초반을 인도하게 되었다. 물론 미숙했지만, 짧은 시간에 이론만 간단히 배운 것이 아니라 처음부터 내가 직접 경험한 일들이었기 때문에 인도자로서 갖추어야 할 기본적인 부분들만으로도 인도할 수 있었다. 기초반을 인도하면서 연구반 회원으로 참석해서 계속 배워나갔기 때문에 치유와 성숙도 계속 일어났다. 또 인도자의 모습도 자연스럽게 갖출 수 있었다. 이제 제시할 여섯 가지 요건은 완벽한 인도자를 요구하기 위해서가 아니다. 물론 완벽한 인도자일수록 실제적인 독서상담 효과도 높아지겠지만, 이 요건들을 목표로 삼고 나아가면 많은 도움이 된다는 것을 말하려는 것이다.

자기치유 경험과 건강한 자존감

가장 필수적인 인도자 요건이다. 물론 완벽해지라는 말이 아니다. 온전하게 치유되어 아무 문제가 없을 정도로 높은 자존감을 지닌 사람은 한 사람도 없을 것이다. 어떤 방법을 사용하든 먼저 기본적인 치유의 결과로 얻는 건강한 자존감이 있어야 한다. 그렇지 않으면 방법에만 치중하여 공부하듯 독서모임을 인도하게 되고, 마음이 성숙해지고 진심으로 공감하며 올바르고 긍정적인 관점으로 격려하지 못한다. 모임에 참여하는 회원이나 인도자에게 어려운 일이 생기면, 함께 헤쳐 나가지 못하고 도중에 포기하기도 한다. 공격과 비난에 대해 유연하게 대처하여 버릴 것은 버리고 취할 것은 취하며 자신과 독서모임의 성숙을 위해 적절히 넘겨야 하는데, 그 일에 구멍이 나게 되는 것이다. 회원들은 서로 의지하고 우정을 나누되 심하게 의존하는 관계가 되어서는 안 된다. 또한 인도자는 조용하면서도 강한 동반자가 되어주되 주도하고 조정해서는 안 된다. 그렇기 때문에 인도자 자신의 치유와 건강한 자존감은 필수이다.

신성회에는 인도자가 여러 명 있다. 신성회 정신에 모두 적극 동의하고, 치유받고, 성숙해가는 과정을 함께 겪은 사람들 사이의 깊은 우정, 진정한 동지애를 나누고 있지만, 특성과 인도하는 색깔, 중시하는 강조점은 저마다 조금씩 다르다.

하나님과의 관계

치유와 성숙의 주체는 하나님이시다. 책도, 독서모임도, 인도자도 너무나 중요한 도구지만 말 그대로 도구일 뿐이다. 이 도구들을 사용해서 진정한 치유를 일으키시는 분은 하나님이시다. 인도자가 진정한 치유자 되시는 하나님을 제대로 인식하지 못하거나 무슨 도구를 통해서든 하나님이 일으키신 치유를 경험하지 못했다면, 모임 회원들을 하나님께로 인도할 수 없다.

책에 담긴 좋은 내용은 잘 전달할 수 있다. 사람들을 충분한 나눔으로 이끌어 많은 대화를 나누게 할 수 있을지도 모른다. 하지만 진정한 치유의 역동을 일으키시는 하나님께 민감하지 않다면, 그분이 일하실 때 주께 자리를 내드리는 방법을 알 수 없다. 치유자 되시는 하나님을 모르거나, 경험하지 못했거나, 신뢰하지 않으면, 내 경험과 내 방법, 내 판단을 가장 중시하게 되어 결국 내가 준비한 것밖에 주지 못한다.

나도 처음에는 그런 적이 많았다. 책을 몇 번씩이나 읽고 밤새워 준비한 것을 나눠주면서 사람들의 마음을 열고, 치유할 사람이 바로 나인 것처럼 인도했다. 그리고 회원들이 인도를 잘한다고 칭찬해 주면 흐뭇해했다. 물론 지금은 다르다. 철저히 준비하는 것은 여전하지만, 항상 이런 마음을 갖는다.

"하나님, 오늘 의도하신 일을 하나도 남김없이 이루시옵소서. 제가 하나님의 마음과 행하심에 협력자로 동참할 수 있는 은혜를 부어 주시옵소서. 치유자와 인도자의 자리로 주님을 초청합니다. 마음껏 일하시옵소서."

그리고 내가 준비한 것을 바탕으로 인도하면서 주님이 일하시는 것을 본다. 주님이 사람들의 마음을 여셔서 만지시고 위로하실 때면 충분히 일하실 수 있도록 기다린다. 그리고 묵묵히 축복하면서 주님이 더 일하시도록 마음속으로 간구한다. 내가 나서서 그 일을 마무리하려 들거나 심리적인 방법으로 공감하고 피드백하는 일은 자제한다. 물론 그렇게 하는 것이 잘못되었다는 말은 아니다. 단지 창조주 하나님이 상처 입은 자녀들의 감정과 기억, 생각을 치료하시기 위해 임하셔서 그들을 품에 안으시고 일하실 때 우리가 할 수 있는 가장 좋은 협력은 그 자리를 내어드리고 감사하며 찬양하는 것이라는 뜻이다.

책 내용을 죽 짚어가면서 서로 마음을 나누는 동안 주님은 그렇게 일하신다. 혼자서 책을 읽을 때 일하시기도 하는데, 이런 일을 경험한 회원들은 모임에 와서 나누기도 한다. 그럴 때면 나는 그 일에 대한 심리적인 해석을 자제하려고 노력한다. 그리고 주님이 하신 일에 감사하며 그들을 축복하고 격려한다.

치유가 일어난 사람은 하나님과의 관계가 달라진다. 특히 하나님과의 관계가 어려웠던 것이 상처와 관련 있다면, 치유가 일어난 후 영적으로 깊이 깨닫고 성숙해진다. 근본적으로 하나님과의 관계가 달라지고 영적으로 더 성숙할 수 있는 발판이 생기면, 묵상을 해도, 성경을 읽어도, 예배를 드려도, 기도를 해도 과거와 많이 달라진다. 하나님과의 친밀함, 특히 정서적 친밀함이 놀랍게 회복되어 인격적인 하나님을 경험한다. 물론 이런 것은 하나님과의 관계나 영적 성숙에서 아주 작은 영역일 뿐이다. 그러나 어린 시절, 엄격한 아버지나 권위자에게 상처를 경험한 사람은 하나님과의 정서적 친밀감을 형성하지 못하는 경우를 본다. 그런 경험이 진정한 영적 성숙을 얼마나 방해하는지 놀라울 정도다. 신앙생활을 오랫동안 해왔어도 진정한 변화나 성숙한 믿음이 없는 성도들 가운데에도, 그리고 그런 성도들을 바라보는 목회자들 가운데에도 참 안타깝고 답답한 경우가 많다.

나는 강도 높은 제자훈련을 하는 교회에서 성장했다. 20년 넘게 다양한 방법으로 성경을 공부하고, 암송하고, 경건의 시간을 훈련하며, 실천하고, 그 삶을 가르치는 인도자로 살아왔다. 하지만 머리로 아는 하나님과 내가 느끼는 하나님은 늘 달랐다. 머리로는 사랑과 긍휼의 하나님, 나를 잘 아시고 사랑하시는 하나님을 알고 있었지만, 실제로는 하나님이 엄한 선생님이나 인색한 스크루지 할아버지 같다고 느꼈다. 늘 다른 사람을 더 사랑하시고, 더 열심히 하라고 말씀하시는 듯했다. 좀처럼 인격체 되신 하나님과 친밀해지지 않았다. 성경을 통해 하나님의 인격과 성품을 공부해도 머리에서 더 이상 마음으로, 내 삶으로 내려오지 않았다. 『상한 감정의 치유』, 『아직도 아물지 않은 마음의 상처』를 읽으면서 내 속에 실제로 하나님을 걸러내는 필터가 있다는 것을 알았다. 필터는 원래 이물질을 걸러내는 도구인데, 내 경우에는 너무나 소중한 하나님의 사랑을 걸러냈던 것이다. 상처로 생긴 심리적 필터였기 때문이다. 내가 6살 때 아버지가 돌아가셨다. 인생에서 아버지가 꼭 필요한 시기를 아버지 없이 보내야 했다. 아버지라는 존재는 내게 '이론'( )일 뿐이었다. 우울질이던 어린 시절부터 권위자들과 관계를 잘 맺지 못했고 많은 상처를 받았다. 엄마가 아빠 역할까지 하려고 많이 노력하셨지만 역부족이었다. 세상은 힘없는 젊은 과부가 자식 둘을 지켜낼 수 있을 만큼 만만한 곳이 아니었다.

엄마도 외할머니가 두 번 결혼하셔서 마음고생을 하시며 투쟁하듯이 세상을 사셨다. 생활이 아니라 생존일 때가 많았기 때문에 가끔 폭발적으로 화를 내셨다. 나와 동생은 엄마의 자존심이자 미래이고 희망이었다. 나에게 거는 기대가 많으셨던 것도 당연했다. 엄마는 자신도 모르는 사이에 칭찬과 비교, 격려와 조종으로 나를 대하셨고 우울질이던 나는 그런 엄마의 태도를 비관적으로 해석하면서 열등감과 비교의식을 만들어갔다. 그냥 사랑받고 싶었다. 내 모습이 어떠하든 있는 그대로 받아들여지고 싶은 마음이 간절했다. 『몸에 밴 어린 시절』을 읽으면서 엄마의 양육태도와 내가 자란 환경이 지금의 많은 부분을 형성했다는 것을 알게 되었다. 그런 나를 하나님이 독서상담을 통해 다시 만나주셨다.

> 도적이 오는 것은 도적질하고 죽이고 멸망시키려는 것뿐이요 내가 온 것은 양으로 생명을 얻게 하고 더 풍성히 얻게 하려는 것이라(요 10:10)

사단은 우리의 어린 시절부터 도둑같이 살며시 들어와서 우리 인생을 훔쳐가고 정서적·영적으로 죽이려고 온갖 노력을 한다. 아버지의 외도로 나도 엄마 뱃속에서 죽을 뻔했지만 하나님이 지켜주시고 세상으로 내보내주셨다. 외롭고 사랑받고 싶을 때, 내 편이 필요할 때, 아빠가 필요할 때 하나님은 대체 뭘 하셨냐고 물은 적이 있다. 그때 하나님은 내게 이런 감동을 주셨다.

"네가 만들어지기 전부터 너는 내 마음속에, 내 눈 속에 들어 있었다. 너를 형상화해서 세상으로 보냈을 때, 네 목숨이 위협당하고 두려움과 공포, 엄마의 분노와 절망을 함께 맛보며 고통 중에 있을 때 태중에 있는 너를 내 한 손으로 감싸서 지켰다. 세상에 나와서 네가 외롭고 열등감으로 고통당할 때 나는 언제나 네 옆에서 너를 바라보았다. 나는 너를 인정했으며 내게 너는 소중했으며 목숨을 버려 널 건질 만큼 너는 사랑스런 아이란다. 특별하고 소중한 내 사랑하는 아이야!"

하나님은 당신께 가까이 가지 못하게 하는 방해물을 제거하시기 위해 책과 신성회로 나를 도우셨다. 그렇게 하나님과의 관계를 근본적으로 개선하셨다. 그 후로 하나님이 진짜 아버지같이 느껴졌다. 아니, 그 이상이었다. 하나님이 너무나 친밀하게 느껴졌고 늘 내게 머리를 맞대고 속삭이시며 "애야~"라고 부르시는 것 같았다. 그전에 하나님을 생각할 때마다 떠올리던 이미지와는 전혀 다른 이미지의 하나님을 만났다. 이것은 만들어진 이미지가 아니었다. 내 속에 육신의 아버지에 대한 이미지도 없는데 어떻게 하나님 아버지의 모습을 만들어낼 수 있었겠는가?

치유가 일어나면 하나님과 관계가 달라진다. 주님을 만나기 전 15년 간 신앙생활 보다 그 후 몇 년 동안 나는 실제적으로 훨씬 더 성장했다. 그리고 지금까지 하나님과 맺은 인격적 친밀함으로 나는 정서적 친밀을 넘어 길고, 넓고, 깊게 하나님을 만날 수 있었다. 하나님을 인격적으로 알아가면서 하나님을 향한 신뢰도 점점 커가고 있다. 이렇게 하나님과 친밀한 관계를 맺고 독서상담을 인도하면서 하나님이 진정한 치유의 주체이시며, 우리 자신보다, 그 어떤 인도자보다 갇히고 포로 된 하나님의 사람들에게 참 자유를 주고 싶어 하신다는 것을 알 수 있었다. 주님은 죽은 자를 살리시며 없는 것을 있는 것같이 부르시는 능력을 지니신 신실한 분이시기에 하나님을 의지할 수 있다.

군산에서 모임 두 곳을 인도하고 있는데, 하나님이 그중 한 모임에서 일으키시는 치유와 성숙의 역동을 보면서 나는 하나님의 성품을 더 확신한다. 물론 신성회 안에서도 보는 일이다. 지금까지 보아온 일이다. 어떤 도구이건 하나님이 사용하시면 우리는 참 자유를 누릴 수 있다. 따라서 인도자가 도구에 의존하지 않고 도구를 사용하시는 하나님을 신뢰하며 의지할 때, 이사야가 선포한 말씀을 사람들의 삶 속에서도 보게 될 것이다.

> 주 여호와의 영이 내게 임하셨으니 이는 여호와께서 내게 기름을 부으사 가난한 자에게 아름다운 소식을 전하게 하려 하심이라. 나를 보내사 마음이 상한 자를 고치며 포로된 자에게 자유를, 갇힌 자에게 놓임을 전파하며(사 61:1)

치유받은 치유자의 마음과 태도

처음에는 인도자의 마음이란 과부 사정 홀아비 안다는 말처럼 그저 내가 경험해 본 아픔을 공감하는 것이라고 생각했다. 그러나 시간이 지나면서 다른 관점으로 보게 되었다. 바로 예수님의 마음이다. 내가 이전에 겪은 일을 지금 겪고 있는 사람을 향한 공감을 넘어 하나님 아버지의 마음으로 바라보게 되었다. 순수하고 고결한 동기로 사람을 돕는 진정성보다 더 깊은 마음이다. 이 마음은 하나님 아버지가 지니신 마음으로, 사단이 하나님의 사람들에게 끼치는 독한 상처와 억압을 향한 거룩한 분노, 상한 갈대를 꺾지 않으시며 꺼져가는 심지를 끄지 않으시는 아버지의 마음을 말한다. 상처에 갇힌 영혼에게 앞에서 끌거나 뒤에서 미는 친구가 아니라 옆에서 같이 가주는 친구의 마음이다. 신성회는 누가 누구를 가르치거나 밀지 않는다. 함께 서 있다. 아버지의 마음으로, 치유받은 치유자의 태도와 심정으로!

단체나 교회의 사람 수를 늘리기 위해 사람들을 몰아가서는 안 된다. 교육과 전도라는 목적으로 독서치유모임을 해서도 안 된다. 순수한 목적으로 독서모임을 시작해도 자연스럽게 교육과 전도로 이어진다. 그러나 그것은 결과다. 독서모임의 목적은 치유 받은 치유자로서 하나님 아버지의 마음을 품은 치유의 동반자가 되어 갇힌 자를 자유케 하는 것이어야 한다.

상담과 관련된 주변 지식

신성회는 주부들로 시작된 모임이다. 상담을 전문적으로 공부한 사람들이 아니라 치유와 성숙이 필요한 사람들로 구성되었다. 물론 지금은 상담을 전문적으로 공부하는 인도자들도 있다. 그러나 평범한 주부들이 자기 문제를 해결하고, 자신처럼 도움이 필요한 사람을 도우려는 신성회의 목적은 처음이나 지금이나 변함이 없다. 나도 평범한 주부로서 10년 넘게 심리와 상담 관련 서적을 읽었다. 물론 심리학이나 상담 전문 서적은 아니지만 많은 도움이 되었다. 그리고 더 나아가 기회가 있을 때마다 상담학회나 상담관련 단체를 다니며 배우기도 했다. 짧은 시간 배워서 얻은 것이지만 인간과 상담에 관한 이런 주변지식들은 책을 읽을 때든 독서모임을 인도할 때든 많은 도움이 된다.

2장
책을 효과적으로 활용하는 방법

상담과 치유에서 목적인 개인이나 집단에게 책은 자아를 더 잘 이해하여 문제를 해결하도록 돕는 효과적인 매개체이자 도구다. 정신과에서도 약물 치료와 함께 다른 치료수단(동물, 식물, 향기, 운동……)을 처방하면서 좋은 책을 권해 주면 훨씬 좋은 결과를 낳는다는 사실은 이미 잘 알려져 있다. 아무리 좋은 책이라도 읽지 않거나, 중요한 부분을 놓치고 읽는다면 그 효과는 감소하게 마련이다. 인도자는 자신뿐 아니라 독서모임 회원들의 유익을 위해서라도 책을 잘 활용하는 능력을 기르는 것이 중요하다.

첫째, 인도자 자신의 유익을 위해서 읽는다.

인도자가 되어 처음으로 독서모임을 인도한 날이 생각난다. 회원으로서 책을 읽을 때는 아무 생각 없이 내가 좋은 것만 찾아 읽으면 그만이었는데 인도자가 되어 준비할 때는 그렇지 않았다. '어떻게 인도할까?' '책 내용을 잘 파악해야 하는데……' '어떻게 하면 회원들한테 이 점을 잘 요약해서 전달할 수 있을까?' '어떤 질문으로 마음을 길어 올릴까?' 등을 생각하니 잠이 오지 않았다. 밤을 새서 책을 두 번 세 번 읽고 내용을 파악하여 질문을 만들던 기억이 난다. 그런데 그보다 더 큰 고민이 있었다. 그전에는 책을 읽으면 나 자신에게 도움이 되는 내용이 너무 많았는데, 정말 모든 이야기가 다 내 얘기 같고, 하고 싶은 얘기도 너무 많았는데 인도자가 되고 나니 머리에는 온통 인도할 내용만 가득하고 마음은 허전했다.

그러나 점점 시간이 지나면서 인도자로서 책을 잘 활용하는 길은 먼저 인도자 자신에게 유익하고 도움이 되는 부분을 발견하고 그것을 나누는 것임을 알았다. 그리고 나서 책 내용을 좀 더 본격적으로 파악하여 회원들이 깨닫는 것 이상을 줄 수 있도록 준비하는 것이다. 처음 책을 대할 때에는 인도자 자신에게 도움이 되거나 새롭게 알게 된 것에 줄을 치고, 특별히 더 마음에 와 닿은 부분에 중요표시를 하고, 나중에 그것을 나누는 식이다.

둘째, 읽을 때에는 인도할 내용을 생각한다.

처음 인도할 때는 아주 기본적인 내용만 요약하거나 인도자가 좋았던 내용을 위주로 나눈다. 이렇게 하면서 조금씩 내용을 파악해 나가면 부담스럽지 않게 인도할 수 있다.

나는 책을 처음 읽을 때 한 장을 두 번 이상 반복해서 읽는 훈련을 했다. 처음에는 개인적으로 좋은 부분을 찾으며 편하게 읽는다. 그리고 다시 읽을 때에는 좀 빠른 속도로 그 장의 주제를 가장 잘 표현한 내용을 찾아 핵심을 간단히 요약해서 기록해 둔다. 그리고 그 장의 큰 제목과 작은 제목들을 연결해 본다. 그러면 그 장의 주제가 잡힌다. 그렇게 해서 정리한 요약을 그 장 앞부분에 적어둔다.

주로 나는 책을 읽으면서 내 느낌이나 생각을 적어두는 경우가 많다. 그리고 내가 인도하는 책이 아니어도 기억해야 할 중요한 부분을 보면 내 말로 고쳐서 짧게 요약하는 버릇이 있다. 머리에서 간단히 요약, 정리되어야 기억하기 쉽고, 기억해내야 할 때 내게 도움을 주기 때문이다.

처음에는 두 가지를 동시에 하는 것이 어려울지도 모른다. 우선 자신에게 좋은 것을 우선순위로 삼고 읽다보면 인도를 위한 준비도 될 것이다. 그리고 내게 좋은 것이 풍성할수록 더 많은 것을 나눌 수 있다. 그럴 때 모두의 마음이 열리고 치유와 성숙의 역동도 일어난다.

이 부분을 읽으며 논술을 준비하는 것 같다고 느꼈을 수도 있다. 실제로 논술을 이런 식으로 준비하는지는 모르겠지만 이 방법은 내가 좋아서 책을 읽고, 내게 너무나 유익했던 책을 통해 나와 같은 필요가 있는 사람들에게 그 유익을 되도록 많이 나누고 싶은 마음에서 이렇게도 해보고 저렇게도 해보며 터득한 것이다.

준비된 인도자는 회원들이 나누는 것보다 더 풍성한 것을 준다. 그래야 한다는 강박관념을 가져서는 안 되겠지만, 그렇게 하려는 순수한 마음으로 책을 활용하는 인도자와 함께하는 사람들은 정말 유익하고 행복할 것이다. 그런 생각은 인도자 자신에게도 유익하다.

나는 기초반을 인도하면서 2년 동안 읽은 책을 다시 볼 수 있는 유익을 누렸다. 세계적인 석학들이 수십 년간 이론과 임상을 통해 검증한 실제적인 책들을 어떻게 한 번만 보고 다 파악할 수 있겠는가! 다시 책을 읽어보니 그전에 놓친 수많은 보화를 발견할 수 있었다. 그중에서도 스캇 펙의 『끝나지 않은 길』은 외우고 싶을 정도로 너무 좋았던 책이다. 여름방학 때 아이들과 함께 시원한 도서관에 하루 종일 죽치고 앉아 책을 공부하다시피 읽었다. 이미 여러 번 읽은 뒤였는데도 또 다른 많은 것을 얻었다. 마치 오랫동안 알고 지낸 저자와 만난듯한 느낌도 맛보았다. 이 책은 특히 사랑과 희생에 대한 가치관을 새롭게 정리하는 데 많은 도움이 되었다. 사랑과 희생이 자기 확장과 얼마나 깊은 관련이 있는지 정확이 알게 되면서, 내 가치관과 감정, 행동에 큰 영향을 주었다.

책 전체를 한눈에 본다.

책 전체를 한 눈에 보기 위해서는 서문이나 추천사, 책 겉표지 등을 참고하여 그 책에서 말하려고 하는 주제나 초점을 파악해야 한다. 그리고 각 장마다 짧게 요약한 내용과 목차를 연결해 보면 전체 내용이 그려진다. 목차를 통해 책 전체를 한눈에 꿰어보는 것이다. 모든 책을 이런 방식으로 읽지는 않지만, 유익하고 좋은 책은 일부러 이렇게 읽는다.

생각은 말이나 글로 표현하지 않으면 더 이상 확장되거나 인식되지 않고 없어져버린다. 미리 질문을 준비해 오면 회원들의 생각을 말로 표현함을 도울 수 있다. 이런 표현이 치유를 돕고 마음이나 생각을 확장시켜 균형을 잡도록 도와준다.

3장
독서모임 인도를 위한 실제적인 지침과 참고사항

소모임 인도에 대한 이해와 경험

교회에서 소모임 인도 경험이 있는 사람이라면 누구나 독서모임을 인도할 수 있다. 친교를 목적으로 사람을 만나서 이야기하는 것과 서로 다른 필요와 성향을 가진 사람이 모여 이야기하는 것은 다르기 때문에 소모임 인도에 대한 기본적인 지식이나 경험이 있는 것이 좋다. 10년 넘게 독서상담을 하면서 인도자가 기억해야 할 점을 정리해 보았다.

인도를 위한 간단한 지침

기본적인 것이기 때문에 새로울 것은 없다. 그러나 아무리 근사한 방법도 실행하지 않으면 맺히는 열매가 다르다는 것을 아는 것이 중요하다.

모이기 전(책과 대조할 것)
- 책을 선정하여 미리 공급한다. 책 선정은 매우 중요하다. 특히 새로운 모임을 시작할 때는 더욱 그렇다. 회원들의 필요에 맞는 책을 선정하는 것은 치유나, 모임의 지속과 아주 밀접한 관계이기 때문이다. 모임을 처음 시작할 때는 회원 모두가 관심을 갖고 있는 분야의 책을 선정한다. 가정이나 부부관계, 자녀양육, 기본적인 심리학 서적 등이 좋다. 신성회 추천도서 목록을 참고하기 바란다.

- 모임 일주일 전, 최소한 사흘 전에 참여자에게 미리 전화를 한다. 기본적인 일이지만 잘 안 되는 일이기도 하다. 연구반은 휴대전화로 문자를 보내기도 하는데, 직접 전화를 걸어 대화하면서 동기를 부여해 주고 격려해 주는 것은 효과가 다르다. 마음은 있지만 우리의 연약함으로 어떤 일을 잘하지 못할 때, 인도자에게 걸려온 전화 한 통이 큰 힘이 될 수 있다.

- 책 내용을 충분히 파악하고 나눌 내용과 질문들을 준비한다. 어떤 때는 밤을 새워가며 책을 읽기도 했다. 너무 바빠서 책을 충분히 소화하지 못하고 참석할 때도 간혹 있었지만, 인도자가 최선을 다해 책을 읽고 준비하는 것은 회원들보다 자기에게 유익하다. 그리고 그것은 당연한 책임이다.

- 모임 당일에는 미리 도착해서 준비한다.

- 간식을 준비한다.

- 제시간에 시작한다(효과적인 긴장감을 주고 모임의 중요성을 높인다).

- 20-30분간 안부를 묻고 마음을 여는 대화를 나눈다.

모임을 시작하며
- 회원들이 책을 얼마나 읽어 왔는지 파악하고, 상황에 맞게 어느 정도 요약하고 나눌 것인지 결정한다.

- 책 전체에 대한 느낌과 소감을 간단히 들어보며 모임을 시작하는 것도 좋다. 그러면 초점을 어디에 맞추고, 어느 부분을 보완해야 할지 파악할 수 있다.

- 질문과 나눔을 통해 책에 담긴 내용을 더 깊이 이야기하며 역동이 일어나도록 인도한다. 인도자가 먼저 자신을 적절히 노출한다면 회원들이 책과 관련된 문제나 생각을 나눌 수 있도록 도와줄 것이다.

- 시간을 적절히 배분하여 되도록 책 전체를 다룬다. 나눔이 풍성하다면 핵심적인 장만 다뤄도 된다.

- 모임시간은 2시간-2시간 30분을 넘지 않도록 하고, 시작하는 시간과 끝나는 시간을 지켜주는 것이 좋다. 회원들의 시간사용을 배려하는 뜻도 있고, 이런 공적인 긴장감이 모임을 기대하게 만들기도 한다.

- 한 사람이 지나치게 대화를 독점하지 않도록 조정한다. 정해진 시간만큼만 사용하는 것을 원칙으로 한다. 참석자는 정해진 시간에 맞춰 대화하는 능력이 신장되고 그런 모임 속에서 통찰을 얻는 힘도 기를 수 있다.

모임을 마치며(책과 대조할 것)
- 끝으로 참여가 적었던 회원들에게 전체적인 소감을 물어보는 것도

좋다. 마음이 열리지 않았거나 소극적이어서 잘 참여하지 못한 것일 수도 있으므로 관심을 보여주고, 최소한의 자기표현을 할 기회를 주는 것이 좋다. 이때, 강요하거나 억지로 말하게 하려고 들지 말라. 그러나 대부분 기회를 주면 말을 하기 때문에 마지막에 소감을 물어보는 것이 좋다.

- 다음 책을 소개하고 과제를 주어 동기를 부여한다. 다음 책을 소개하는 것은 매우 중요하다. 꾸준한 기대와 모임의 지속성에 큰 도움이 되기 때문이다. 특히 이제 막 시작한 모임에서는 책 소개가 반드시 필요하다.

- 식사를 하고 헤어져도 좋다. 좀 더 편안한 분위기에서 책과 관련된 대화를 나누다 보면 더 깊은 친밀함과 신뢰를 쌓을 수 있다.

- 그리스도인이 대부분인 모임에서는 시작할 때와 마칠 때 기도를 하는 것도 좋다. 나는 기도하는 것을 원칙으로 삼지는 않았다. 일상생활에서나 독서모임에서나 주님이 다스리시길 늘 바라는 내게 모임에서 기도를 하고 안하고는 그리 중요하지 않기 때문이다. 단, 성령이 특별히 기도로 모임을 시작하거나 끝내기 원하신다는 감동이 있다면 기도하는 편이다. 이것은 인도자의 재량에 따라 결정할 수 있다.

그 외 참고사항
- 토론(나눔) 주제의 경계

되도록 책 내용이나 질문에서 벗어나지 않도록 한다. 벗어났을 경우에는 지혜롭게 개입하여 다시 방향을 잡아나가야 한다.

• 토론(나눔) 기회를 골고루 주기
나눔의 기회는 골고루 주는 것이 좋지만, 참여도가 낮을 경우에는 적극적으로 자신을 개방하고 솔직하게 나누는 회원에게 기회를 더 주는 것이 좋다. 전체적으로 마음을 열고 참여하려는 동기를 높일 수 있기 때문이다. 그리고 누군가가 나눈 내용이 모두에게 도움이 될 경우, 책 내용을 다 다루지 못하거나 나눔의 기회가 한쪽으로 치우치더라도 그 사람에게 기회를 주는 것이 치유와 성장의 역동을 일으키는 데 도움을 준다.

• 호칭
호칭은 구성원을 파악하고, 그리스도인과 비그리스도인, 직분 등을 구분하는 데 유용하다. 그러나 독서모임 회원들이 어떤 호칭방식을 편안하게 여기는지 의견을 수렴하여 결정하는 것이 좋다.

• 모임에서 일어나는 갈등을 지혜롭게 처리하라.

• 신뢰할 수 있는 분위기 만들라.

• 독서모임 회원들에 대해 잘 알아야 한다.

• 독서모임을 하는 동안 인도자는 회원들이 모임에서 일어나는 치료

요인을 얼마나 지각하는지를 면밀히 살펴보아야 한다. 그래서 상대적으로 잘 지각하지 못하는 치료요인이 있다면 질문이나 요청, 격려, 모델링 등을 통해 발생을 촉진해야 한다.

- 회원이 나눈 내용을 듣고 해결책이나 충고를 길게 늘어놓는 것은 비효과적이다.

- 인도자가 나서서 주도권을 쥐고 설득하며 이해시키고 가르치면 역동성이 떨어진다. 독서상담은 책 내용을 통해 간접적으로 자신을 스스로 진단하고 수용하며, 모임을 통해 자신을 개방하여 자기성장과 문제해결을 돕는 활동이기 때문이다. 필요하다면 나중에 잠깐 개인상담을 하는 방향도 좋다.

- 간헐적으로 피드백을 받아보라. 경험보고서 형식을 취하되 무명으로 받으면 독서상담모임의 필요와 개선사항 등은 물론 인도자 자신을 평가해 보는 기회도 되므로 발전을 모색하는 좋은 촉진제가 된다. 좋은 점을 먼저 듣고 난 후 아쉬운 점을 듣는 방향으로 한다. 물론 이런 평가가 절대적인 것은 아니다. 그러나 비판을 받아들이는 마음은 인도자 자신과 회원, 모임이 성장하는 데 반드시 필요하다는 것을 잊지 말라.

- 책 한권을 다 읽어 오기 힘든 상황에선 책을 장별로 내용을 요약해 오도록 한다. 이때, 인도자는 시간을 잘 배분하여 여러 명의 요약 시간을 잘 선도해야 한다. 끊고 맺는 운영의 묘를 발휘해야 한

다. 참여도가 높아지기도 하지만 이런 방식을 부담스러워하는 사람도 있을 수 있다. 또는 자기가 맡은 부분만 읽어오는 사람도 많다. 그럴 경우 맡은 부분만 공부하듯이 읽어 와서 책 전체 내용은 모르는 문제가 생긴다. 그래서 나는 이 방법을 가끔 사용한다. 이 방법을 사용할 경우에는 회원들에게 책을 다 읽어오되 맡은 부분만 인도하는 것이라고 미리 각인시킨다. 책임을 분담했는데도 아무런 연락 없이 빠지는 사람도 있다. 이런 경우를 대비해서 인도자는 책을 모두 읽고 준비해야 한다.

- 정기적인 독서모임 외에 봄, 가을에 친교모임을 하는 것도 좋다.

- **인간이해 관련 서적**

8. 고든/게일 맥도날드『마음과 마음이 이어질 때』	이현경
9. 정동섭『자존감 세우기』	양은진
11. 조신영『쿠션』	김은정
14. 스캇 펙『아직도 가야할 길』	권영희

[부록3] 독서 상담 일지　　　　　　　**기록자:**

모임 장소		인도자	
참가자			
진행내용	책 이름: 저자:		
평가	독서집단 역동: 특기사항: 기타:		
다음달 모임	일시:　　년　월　일　시 책:		

6부 독서상담의 인간이해와 마음치유
장석경(신성회독서상담전문가)

사례.
신성회 독서모임에서 경험한 관계치유 김형미(신성회독서상담전문가)

1장. 독서상담의 인간이해
2장. 독서상담의 마음치유

6부
독서상담의 인간이해와 마음치유

장석경(신성회 독서상담전문가)

6부

독서상담의 인간이해와 마음치유

장석경(신성회독서상담전문가)

사례. 신성회 독서모임에서 경험한 관계치유

김형미(신성회독서상담전문가)

제가 신성회에 발을 들여 놓게 된 것은 2002년 7월쯤입니다. 처음 기초반에 들어와 책을 읽고 나누는 모임에 참석했을 때 그 시간들이 제게는 삶에 산소를 공급받는 시간처럼 자신감이 상승하고 즐거워지는 시간들이었다고 기억합니다.

큰아이가 초등학교 입학할 즈음 저는 제 내면에서 더 이상 스스로 해결할 수 없는 정서적 위험을 느끼고 있었습니다. 나 스스로 놀랍도록 내 안에 차오르는 분노를 주체할 수 없었습니다. 1988년 1월 크리스찬 치유목회 연구원에 등록을 하고 2년간 상담공부를 하면서 나 자신을 이해하고 부모님을 이해하는 시간을 가지면서 분노의 문제가 해결 되었습니다. 그러나 시간이 흐르면서 이론적으론 알지만 또 다시 나를 낙담시키는 문제들, 열등감, 고립감, 외로움, 그리고 거절감 등의 문제들은 쉽게 해결되지 않았습니다. 이해되고 배울 때는 괜찮은데 다시 내 마음속에 일어나는 감정들을 겪으면서 한 두 번의 내적치유 세미나 치료 프로그램으로 되지 않을 것 같아 가정사역상담학교에 가족치유 마음치유를 강의하러 오신 이영애 사모님을 알게 되어 신성회에 참석하게 되었습니다.

전 사람들과 어울려 정서적 관계를 나누는 것에 어려움이 있었습니다. 제 마음은 전혀 그렇지 않은데 내 감정을 어떻게 표현해야할 지 몰랐습니다. 제가 감정을 느끼는 방식은 대부분 사람들에 대한 지식과 이해를 바탕으로 한 것이었습니다.

어려서부터 저는 아버지께 항상 훈계로 양육을 받았습니다. 아버지는 자주 "생각을 해라" "머리를 써라" "이렇게 해야 하고 저렇게 해야 한다" 하셨습니다. 제가 보기에 아버지는 무슨 일에든 당당하고, 자신이 넘치셨고, 무슨 일이든 완벽하게 해내는 분이셨습니다. 어린 저에겐 아버지가 두려운 분이셨고 복종해야할 대상이었습니다. 엄마의 품은 저의 피난처였고 세상에서 가장 안전하고 따뜻한 곳이었습니다. 엄마는 따뜻하고 친절한 분이었습니다. 그렇지만 그런 엄마가 중 3때 돌아가셨습니다. 그때 제가 살아왔던 세계가 무너졌습니다. 아버지와 관계는 정서적 교감이 없었습니다. 저는 사춘기였고, 내성적인 성격으로 그때의 충격을 잘 처리하지 못했습니다. 깊은 상실감과 우울함, 슬픔의 정서가 마음깊이 자리를 잡게 되었습니다. 저 혼자만의 세계에 고립되었습니다. 그 후에 새 어머니가 오시고 고등학교 3년간이 제게는 슬픔과 고립의 시간들로 남게 되었습니다. 정체성에 혼란도 있었고 가정 내에도 마음 아픈 사건들이 있었습니다.

대학 1학년 때 주님을 만나고 새 삶이 시작되었습니다. 결코 나를 떠나지 않으시고 영원히 함께 하시는 피난처인 예수님을 만났습니다. 저는 주님의 사랑으로 다시 태어났고 주님이 주시는 은혜로 삶의 어려움들을 헤쳐 나왔습니다. 제게 정서적 문제가 발생한 것은 결혼 후 아이를 양육하면서 부터였습니다. 큰 아이에게 저의 아버지 모습이 보였기 때문입니다.

　그 이후에 저는 아까 말씀 드린 바와 같이 치유의 여정에 들어서게 되었습니다. 처음 이곳에 왔을 때 이영애 사모님은 너무 많은 지지와 격려를 해 주셨습니다. 사모님의 지지와 인정, 신뢰가 제겐 얼마나 큰 의미였는지요. 신성회 독서모임치유과정은 저에게 딱 들어맞는 과정이었습니다. 감정을 표현할 줄 모르는 저는 사람들 앞에 처음부터 자신을 노출해야하는 부담이 없었습니다. 그저 책을 통해서 많은 사례들을 간접적으로 경험하면서 자신을 진단하게 되었고, 혼자서 자신의 문제에 직면하는 시간들을 가지게 되었어요. 그러면서 사람들 앞에 자신을 드러내고 표현하는 시간을 갖게 되었습니다. 또한 책을 읽어가면서 전문상담자인 저자들의 인도를 따라가며 하나님의 치유를 경험한 적도 많았습니다. 자녀교육과 관련된 책을 통해 자녀와의 관계가 개선되고 건강하게 세워져 가고 있습니다.

　무엇보다도 신성회 독서모임 그 자체가 또한 치유의 역동을 일으키는 핵심 축이었습니다. 상처는 관계에서 온다잖아요. 관계에서 온 상처는 관계로 회복된다잖아요. 오랫동안 함께 모임에 참여하면서 저는 서로를 있는 그대로 나누어 주는 사람들이 있다는 것은 정말 행복했습니다. 모임이 있는 날엔 기대와 설렘이 있습니다. 정말로 반갑고 보고 싶은 회원들 때문에 때론 책을 읽지 않고도 나옵니다. 이 모임을 통해 저는 자존감을 회복하고 나의 장점들을 발견하게 되었습니다. 오래 신성회에 속해 있다 보니 2급, 1급, 그리고 어느새 전문가의 자리에 와 있습니다. 전문가란 말을 듣기엔 너무 아니라는 생각이 들지만, 독서모임에 참여하다보니 그렇게 되네요. 제가 이 자리에 있는 이유는 이 모임이 제게 너무나 가치 있기 때문입니다. 함께한 우리 회원들, 내 인생의 어느 시점에 있을 때에든 이분들이 내 옆에 있어 주었으면 좋겠고 그러면 제가 더 행복해 질 것 같아서요. 무얼 해서가 아니라 그냥 서로의 마음을 나누는 관계이기에 그저 그 이름만 들어도 마음속에 미소가 번지고 행복해져요. 또 제가 오래도록 이 자리에 있는 이유는, 계속해서 하나님이 주신 지혜와 통찰력을 얻은 저자들의 글을 통해서 하나님을 더 깊이 더 넓게 알아가고 싶어서이기도 하죠. 우리 신성회의 책들은 결국은 우리 모두를 하나님과의 깊은 관계 속으로 이끌어 가고 있음을 알게 됩니다. 제가 속해 있는 연구1반은 처음엔 전문반으로 시작되었다가 회원들의 욕구에 맞추며 연구반으로 개칭 되었습니다. 저희는 그룹원들이 거의 5년 이상의 독서모임 경험을 가지고 있어서 처음에는 일반 상담서적읽기부터 시작하였다가, 지금은 때론 테마별로, 때로는 저자별로 책을 선정하여 읽고 있습니다. 폴 투르니에 시리즈, 현용수 자녀교육 시리즈, 스캇 펙의 『끝나지 않은 길』 시리즈, 몇 년 전에는 존 비비어 시리즈를 읽었고 내년엔 C. S. 루이스 시리즈를 읽을 예정입니다. 물론 중간 중간에 그동안 읽었던 책 중에 다시 읽고 싶은 책을 선정해서 읽기도 합니다.

저는 아직도 인격적으로나 영적으로나 공사 중입니다. 그래서 할 수 있는 한 신성회 회원으로 있으려고요. 그건 어느 누구를 위해서가 아니라 저 자신을 위한 선물이라고 생각해요. 우리는 이 땅에서 살아가는 동안 많은 정서적, 영적도전에 직면하게 될 것이라고 생각합니다. 그 여정에 주저앉지 않도록 힘을 주고 혹시 주저앉을지라도 함께 옆에서 지켜봐주고 일어날 때까지 기다려 주는 친구가 우리 신성회라고 생각합니다. 이영애 사모님이 그러셨고 우리 회원들이 그랬습니다. 저도 그런 회원이 되려고 합니다. 어려운 것이 아닙니다. 그냥 그 자리에, 늘 모임이 있는 그 자리에 있으면 되는 것 같더라고요. 모임에 참석해서 내가 겪고 있는 이야기, 아픔, 갈등, 혼란 등, 내 마음을 이야기 하면, 누군가가 들어주고 아파해주고 격려해주는 것 같았습니다. 때로는 아무 말 없이 듣기만 해 주어도 내 삶을 함께 짊어져주는 것 같더라고요. 함께 나누고 나면 내 삶의 무게가 가벼워지더라고요. 그래서 저는 모임에 열심히 참석합니다. 책을 다 못 읽어도 그 사람의 삶에 제가 함께 있기 위해서, 제 삶에 우리 멤버들을 초대하기 위해서요. 그렇게 우리 연구 1반은 사랑을 쌓아가고 있습니다. 들어주셔서 감사합니다. 사랑합니다. 축복합니다.

1장 독서상담의 인간이해

우리 주위나 세계적인 인물들 중에는 독서를 통해서 인생의 반전을 경험한 사람들이 있다. 위대한 독서광들의 성공 스토리를 적은 김정진의 『독서불패』에서 세종대왕, 나폴레옹, 링컨, 정약용, 에디슨, 헬렌 켈러, 오프라 윈프리 등 유명한 인물들이 독서를 통해 자신을 계발한 이야기가 적혀있다. 특히 세종대왕은 백독 백습을 통한 독서로 세계적인 문자인 한글을 발명하는 위대한 인물이 된 것을 볼 수 있다. 독서불패의 속편인 『책과 소통한 사람들의 이야기』에서는 평생 책과 소통한 7명의 독서가를 소개하고 있다. 황희, 프랭클린, 연암 박지원, 톨스토이, 헤세, 보르헤스, 오바마에 이르기까지 책을 통해 지혜와 능력을 얻은 사람들의 이야기를 통해 독서의 힘을 느낄 수 있다.

또한 1세대 IT 벤처 창업가 김범수 ㈜카카오 이사회의장은 "독서는 굉장한 행운이다. 1~2시간만 투자해도 저자가 평생을 바쳐 얻었던 깨달음과 지식을 들을 수 있다."라며 독서를 예찬한다. 김 의장은 매일 책 읽는 습관을 가져 매일 오전 7시부터 온전히 책읽기에 할애해서 2007년부터 2000여권 책을 읽고 한해 100~200권의 책을 정독하고 있다고 소개한다. 그 외에도 많은 사람들이 독서를 통해 그들의 인생이 변화하고 힘을 얻은 경험들을 가지고 있다.

그러면 어떻게 인간을 이해할 수 있을까? 진단과 성찰을 할 수 있으려면 고려할 사항이 있다. 근원가정을 이해해야 한다. 근원가정이란 우리가 자라난 가정을 말한다. 우리는 이곳에서 사랑을 받으며 성장하든지 아니면 갖가지 상처를 입으며 자란다. 아버지가 술을 많이 마신다거나 외박을 일삼는다거나 툭하면 소리 지르며 구타하는 가정에서 성장한 사람도 있다.

　아니면 자녀의 욕구는 외면한 채 일중독에 빠져 대화도 나누지 않고, 엄격하고 권위주의적인 아버지 밑에서 자란 사람도 있을 것이다. 부모 가운데 누군가 이단에 깊이 빠져 이혼한 가정에서 자란 후유증을 가진 사람도 있을 것이다.

*참고도서:
『가족치유, 마음치유』(팀 슬레지, 요단),
『성인아이 문제와 독서치료』(김경숙, 한울아카데미)

　기질을 이해하고, 성격이나 인격이 성숙하는 정도가 다름을 알아야 한다. 요즈음에는 MBTI 검사를 통해 진단하는 16가지 성격유형에 대해 모르는 사람이 거의 없을 것이다. 우리는 보통 '환경에 어떻게 적응했느냐'를 통해 인격이 어느 정도 성숙한지를 판단한다. 이 기준은 환경과 학벌, 기타 대인관계에 타고난 기질을 어떻게 적용했느냐를 보는 것이다. 더 자세한 내용은 아래 추천도서를 읽어보길 바란다.

*참고도서:『기질플러스』(플로렌스 리타우어, 에스라서원)

　남녀가 다르다는 것을 이해해야 한다. 사람은 남자와 여자, 두 가지 성(　)으로 나뉜다. 이렇게 다른 성을 가지고 있기 때문에 갈등이 생기는 것이 당연하다. 우리는 상대방의 성은 생각지도 않은 채 서로 다르다는 이유로 갈등하고 싸운다. 서로 부족한 부분을 보완하고, 나와 다르다는 사실을 인정한다면 큰 갈등이나 불편함 없이 공존할 수 있을 것이다.

*참고도서: 『화성에서 온 남자, 금성에서 온 여자』 (존 그레이, 동녘라이프)

가치관과 습관, 기호가 다르다는 것을 이해해야 한다. 우리는 모두 다른 가정에서, 부모에게 영향을 받으며 자라기 때문에 가치관과 습관도 다르다. 우리는 결혼한 배우자가 자기와 똑같이 생각하고, 느끼고, 행동하길 바라며, 그렇지 않을 때는 불평한다. 나에게 내 방식이 있는 것처럼 상대방도 그만의 방식이 있다. 서로 인격을 존중하면서 여유 있게 대처해 나갈 일이다.

*참고도서:

『성취심리』 (브라이언 트레이시, 씨앗을 뿌리는 사람)

『사랑만으로는 살 수 없다』 (아론 벡, 학지사)

영적 성숙이 다르다는 것을 이해해야 한다. 사람마다 신앙의 정도나 믿음을 성숙시키는 방법이 다르다. 우리는 자신이 쓴 안경으로 세상을 해석하려고 한다. 하지만 사람들은 다른 색깔 안경을 쓰고 있다. 내 안경은 빨간색이지만 다른 사람이 쓴 안경은 파란 선글라스일 수 있다. 서로 다른 두 개의 시각이 아니라 하나님의 관점으로 상대방의 믿음을 바라보려고 해야 한다. 이단이라는 안경을 쓴 사람은 예외로 하더라도, 근본적으로 정통 신앙을 지닌 성도 사이에서 믿음을 바라보는 사소한 견해 차이는 받아들일 줄 알아야 한다. 믿음을 바라보는 시각이 다르다는 이유로 상대방을 판단하고, 원수처럼 지내고, 관계까지 깨뜨리는 것은 가슴 아픈 일이다. 서로 믿음 안에서 시험받지 않도록 사랑으로 기도해 줘야 한다.

*참고도서:

『영성에도 색깔이 있다』(게리 토마스, 도서출판 CUP)

『차이를 넘어선 사랑』(제럴드 L. 싯처, 성서유니온선교회)

심리적인 면과 환경을 통한 인간이해 외에 뇌기능의 변화도 고려해야 한다. 최근 뇌에 대한 연구가 활발해지면서 독서를 통한 뇌의 자극이 뇌기능의 변화를 증진한다는 이론을 주장하고 있다. 미국의 '인간 가능성 성취연구소'(The Institutes for the Achievement of Human Potential)는 중증 뇌장애를 연구하며 치료하는 기관이다. 이 연구소의 글랜 도만(Glenn Doman)박사는 중증 장애아를 치료하는 프로그램을 운영하고 있으며, "뇌는 사용하는 대로 성장한다"(The Brain Grows By Use)라고 주장한다. 그는 중증 뇌장애 아동인 토미를 책 읽어주기로 치료하며 양질의 자극에 반복적으로 노출할 때 뇌에 새로운 회로가 생기는 것을 증명하여 뇌장애를 극복하는 실례를 보여주었다. 글렌 도만의 두뇌발달회로를 보면 두뇌는 선천적으로 학습하기를 좋아하며, 책을 매체로 하는 독서치료는 두뇌 친화적이다. 또한 정보의 유입과 보관 및 표현에 적절한 기본 전략을 가지고 있다.

독서를 통해 습득된 정보가 뇌를 통해 어떻게 처리되는지를 보여주는 이영식(2006)의 '정보처리 과정으로서의 독서행위 모델'은 '수용—처리—표현'의 과정을 거치는 것을 보여준다. 시각, 청각, 촉각, 후각, 미각의 오감을 통해서 독서를 통한 정보가 수용되면 뇌에서 선택, 연상, 분류, 종합, 기억, 연결, 비교, 추론, 분석 등으로 재구성하여 쓰기, 말하기, 손사용, 모방 등으로 실제 적용을 하며 표현된다.

2장 독서상담의 마음치유

상처난 마음

인간의 기억 속에는 과거의 아픈 상처가 남아 있어, 우리의 사고와 대인관계에 깊은 영향을 미쳐, 타인이나 자신을 보는 태도에서 나타나므로, 이에 대한 마음의 이해와 상처난 감정의 치유가 필요하다.

사람의 마음속에 상처가 자리하면 자신의 가치를 불인정하게 되고, 완전주의를 추구하거나, 지나친 예민함(supersensitivity)으로 실패나 선택에 대한 두려움이 커지고, 우유부단한 성격이 될 가능성이 높다.

치료에 관한 성경적 원리(일반적 원리)는 첫째, 문제를 똑바로 직시하기. "너희 죄를 서로 고하며 병 낫기를 위하여 서로 기도하라(약 5:16)", 둘째, 문제의 책임이 자신에게 있음을 인정하기. 셋째, 고침 받기 원하는지 자신에게 스스로 묻기, "이르시되 네가 낫고자 하느냐(요 5: 6)"넷째, 문제 가운데 있는 모든 사람과 자기 자신을 용서하기, 다섯째, 문제의 핵심이 무엇이며, 그것을 위해 어떻게 기도할지를 성령님께 구하기이다.

역기능 가정과 성인아이

역기능 가정이란 정상적인 가족기능을 하지 못하는 가정으로, 권위와 질서가 없는 혼돈된 가정(the chaotic family), 지나치게 권위적인 경직된 가정(tne rigid family), 밀착된 가정(the enmeshed family), 유리된 가정(the disengaged family)이 있다. 역기능가정의 특징은 알코올이나 약물 등 중독·강박문제가 있는 가족에게 관심이 집중되므로 감정표현을 제한하고, 명백한 문제가 있음에도 공개적인 대화를 회피하며, 자녀들에게 희생양이나 대리 배우자 등의 파괴적인 역할을 하게 한다. 이로 인해 자녀의 성장발달에 필요한 적절한 양육을 제공하지 못하여, 외부세계와 단절되어 있거나 가정내 비밀이 많다.

역기능 가정에서는 미해결된 어린 시절의 문제로 성인아이가 양산될 수 있다. 부모의 학대로 어린 시절을 상실한 자녀들은, 어린 시절의 고통에 갇혀 지배받게 되므로, 건강한 성인으로 기능하지 못하는 경우가 많다.

이들은 어린 시절부터 놀이보다는 계획을, 양육 받기보다는 부모를 돌본다. 또한 어려서부터 자신의 기본적인 필요들을 스스로 채우고, 현실에 대한 자신만의 관점을 발전시켜, 두려움도 혼자서 감내한다.

어른이 되어서는 끝나지 않은 놀이에 대한 욕구로, 자신을 어른으로 여기는데 갈등을 겪는다. 또한 어린 시절의 고통 속에 갇혀있거나, 그것에 의하여 지배 받기도 한다. 부모에게 의존 혹은 도망하려 하며, 정상적인 것에 대하여 확신을 갖지 못하고, 인정받는 것에 대한 강박적 욕구가 있다

성인아이의 공통된 특징은 소외감(alienation), 자기 정죄 의식(self-condemnation), 긴장감(tention), 불신(distrust), 왜곡된 하나님관(blurred spiritual vision)을 들 수 있다.

성인아이 치유

책 읽기와 독서모임을 통한 지원그룹 안에서의 치료 경험이다. 독서상담 그룹은 다양한 상황과 고통을 경험한 참여자들이 모인 안전한 환경에서, 책을 매개로 하여 문제를 파악하고 통찰의 경험을 하며, 자신의 문제를 솔직하게 드러내 놓고 말할 수 있는 분위기를 제공하는 것이다.

성인아이 치유그룹은 과거의 상처를 다루는 법을 배워야 한다.

- 과거에 직면하기
- 잃어버린 부분들을 돌아보기(생일파티, 자신에게 놀이허용)
- 긍정적인 어린시절 기억하기(좋은친구, 장소, 편안한 친척, 믿어주었던 사람, 성공·성취한 경험)
- 충동적 행동이나 중독증을 극복하기
- 대상이 되는 가해자를 용서하고 분노를 해소하는 법을 배우기

성인아이에게는 과거의 고통에 직면하고 고통을 직면할 수 있는 용기가 필요하고, 그 고통을 안겨준 사람을 용서할 수 있는 사랑이 필요하다. 치유는 영적, 신체적, 심리적, 사회적 측면을 포함하는 전인격적 접근이어야 한다. 어린 시절로 다시 되돌아갈 수는 없으나, 하나님의 자녀가 되는 기쁨과, 건강한 소통을 통해 과거의 고통에서 자유롭게 될 수 있다.

첫째, 하나님의 자녀가 된다는 것은 자유의 선물을 받게 되는 것을 의미한다.
- 롬 8:15~21   종의 영(사탄) VS 양자의 영(성령)
- 고후 5:17   새로운 피조물
- 요 1:12~13   하나님께로서 난 자

둘째, 하나님의 자녀가 된다는 것은 당신이 안전함을 의미한다
(롬8:31~39)
- 감정을 경험하는데 안전하다.
- 하나님을 의지하는데 안전하다.
- 평안한 순간을 경험하는데 안전하다.
- 나의 고통을 보는데 안전하다.

셋째, 하나님의 자녀가 된다는 것은 당신이 상속자가 됨을 의미한다.
- 하나님께서 나를 사랑하심을 믿는다.
- 하나님께서 나를 다스려주심을 믿는다.
- 나는 예수 그리스도를 통하여 하나님 앞에 정결하게 되었음을 믿는다.
- 나는 나와 함께 하시는 하나님을 의지하고 아무 것도 두려워하지 않는다.
- 나는 하나님의 자녀이며 자유와 안전과 자녀의 권리를 소유하고 있다.

역기능의 굴레를 깨기 위한 3단계 접근

첫째, 독서모임 인도자는 역기능 가족이 억압된 분노, 수치심, 슬픔, 상처의 감정표현을 할 수 있도록 도와주어야 한다.

둘째, 가족구성원 혹은 독서모임 구성원이 '인지적 재구성'에 참여하도록 돕는다

셋째, 집단 구성원들이 대화기술, 자기절제, 파괴적인 관계의 청산 유도, 중독증상을 버리도록 격려하여 '행동의 변화'를 경험하도록 도와주어야 한다.

고통스러운 자신의 과거치유

사람들은 기억 속에서 지워버리고 싶은 아픈 경험을 가지고 있다. 그 기억은 시간이 흘러도 치료될 수 없고, 다른 곳은 감염시켜서 상태를 악화시킨다. 특히 역기능 가정에서 유아기, 아동기, 청소년기를 거치며 생

긴 상처는 더욱 그렇다.

고통스러운 기억은 현재에 영향을 준다. "시간이 모든 상처를 치유한다"는 말은 사실이 아니다. 어린 시절의 상처, 모멸감, 미움, 공포는 치유 받아야 하는 기억이다.

고통스러운 기억은 영적, 정서적 에너지를 소모시킨다. 고통스러운 기억은 무엇인가 잘못되었다는 느낌과 두려움으로 자신을 통제할 수 없게 만든다. 또한 고통스러운 기억을 되살리게 하는 감정·상황을 피하고 누르기 위해 남에게 또는 자신에게 거짓말하는 법을 배우거나, 현실을 부인하게 만든다.

기억나지 않는 고통의 기억 치유되지 못한 과거의 기억은 하나님과의 관계를 방해하여, 온전함을 이루는데 장애가 된다. 과거의 가장 고통스러운 기억들은 자신도 모르는 사이에 그것을 차단하고 생각나지 않는 기억으로 만들기 때문이다. 이들은 성인아이의 특징을 가지고 있으며, 어린 시절에 대해 전체적으로 잘 기억하지 못한다. 특별한 장소(방, 뜰, 집)나 사건에 대해 고통의 감정(걱정, 두려움, 분노)을 경험하거나, 감정을 전혀 느끼지 못한다. 분노·우울 등 제한된 감정만으로 살아왔기에 기쁨, 평안, 감사에 대한 적절한 감정을 느끼지 못한다. 자신의 감정을 부인하는 것은 고통스러운 기억을 다루는데 커다란 장애물이 된다.

기억나지 않는 고통의 회복을 위한 방법 타인의 고통스러운 어린시절의 경험에 대한 이야기를 들을 때, 잃어버린 기억을 발견할 수 있다. 또한 자신의 두려움, 감정, 문제 등을 정확히 표현하며, 자신의 어린 시절을 지켜본 사람들의 이야기를 들어보고, 어린시절의 장소를 되돌아보거나, 살던 집, 학교, 놀이터, 친구, 일기장 등을 통한 정서적 여행은 성장에 도움을 준다. 정서적인 고통이 너무 강하고 기억들이 너무 깊이 묻혀있다면, 독서모임이나 개인상담을 통해 치유가 가능하다. 도움을 받는 다는 것은 연약하다는 표시가 아니라 용기있는 행동이다.

고통스러운 과거의 기억 치유하기 말하지 않은 은밀한 비밀이 있다면 우리는 비밀을 지키기 위한 엄청난 에너지를 소비하게 될 것이다. 아픔을 다른 사람에게 이야기할 때 그것은 치유를 위한 커다란 발걸음을 시작한 것이다. 안전한 환경·사람에게 비밀을 말할 때 당신을 지배하던 고통스러운 기억을 은폐키 위한 에너지는 약화될 것이다. 감정을 숨기는 것도 많은 에너지를 소모시킨다. 두려움, 분노, 수치심 등의 감정에 솔직해지고 건강한 방법으로 그것을 표현할 때 용서를 가로막는 장애물을 제거할 수 있다. 또한 상처를 준 사람들에 직면하여, '나 전달법'을 활용하여 사랑 안에서 진실을 말한다.

용서하기

누구나 부모님으로부터, 친구로부터, 사랑하는 사람들로부터 받은 상처 하나쯤은 가슴 속 깊이 묻어둔 채 살아간다. 이런 상처는 은연중에 분노로 미움으로 한이 되고, 사탄의 쓴 뿌리가 되어 우리의 성품과 내면에 악영향을 일으킨다. 용서는 영혼의 상처를 치유하는 능력이며, 또 그 과정을 통해 우리 자아를 성장시킬 수 있다.

용서란 개인적으로 깊고 부당한 상처를 준 사람에 대해 갖는 부정적 사고(판단), 감정, 행동반응을 극복하고 상대에 대해 긍정적 사고, 감정, 행동반응을 하는 것이다.

용서하지 않은 마음이 내 안에 계속 머무를 때, 다음과 같은 특징을 드러낸다.

- 자신을 저주하는 사람이 된다(자학, 열등감, 무가치, 수치심, 거절감,

두려움, 증오).
- 남을 공격하는 사람이 된다(분노, 복수심, 비판, 경쟁심, 지배욕, 독선적, 자기중심적).
- 삶에 대한 부정적인 말과 행동을 한다(타인을 공격하고 깎아내림).
- 우울증과 강박증적 사고가 뒤따른다.

용서의 필요성

용서하지 못하면, 하나님의 용서가 나 자신에게 체험되지 않는다. 그 결과 우리의 마음은 나쁜 성격을 형성, 미워하는 자를 닮아가게 되고, 끝없는 죄의 파생을 끊을 수 없으며, 공동체를 깨트리고 분열시킨다. 또한 미움의 쓴 뿌리가 나서 나 자신도 다른 사람도 괴롭게 하는 삶을 살게 되어 신앙의 성장을 경험할 수 없고 하나님의 은사가 발휘되지 못한다.

용서하기 어려운 이유 상대에 대하여 시기·질투하는 마음이 자리하고 있거나, 내 안에 같은 죄가 있을 때이다. 또한 하나님의 용서를 깊이 인식하지 못하거나(마18:22), 하나님의 약속을 모르고 내가 심판하려는 마음이 용서를 가로막는다(히10:30)

용서에 대한 바른 이해

용서를 잊는 것으로 이해한다. 용서는 잊는 것이 아니고, 오히려 상처를 정확히 기억하고 직면하고 이해함으로서 그 상처를 치료하는 것이다. 진정으로 용서가 이뤄졌다면 과거의 아픔을 기억하고 얘기하고 떠올리면서도 아프거나 괴롭거나 고통스럽지 않아야 한다.

용서는 화해하는 것과 다르다. 용서는 개인적인 반응으로서 자기내면에서 이루어지며 자기가 치유되는 것인 반면, 화해는 상대방과의 관계가 개선되는 것이다. 화해는 용서의 결과가 될 수 있다. 상대는 상처를 주고도 알지 못하는 경우도 있다. 진정한 용서를 거쳐야만 화해로 갈 수 있다.

용서는 부정하는 것이 아니다. "사람이 살다보면 그럴 수 있지, 뭘 그런 것을 가지고……" 등 감정을 하찮게 여기거나, 너무 괴로워서 자신의 감정을 부정·억압하는 것은 분노가 되어 언제 폭발할지 모른다. 아픔을 그대로 느끼고, 내가 부당한 것 괴로운 것을 있는 그대로 인정하며 고통을 느끼며 극복해나가는 것, 그대로 그 과정을 밟으면서 치료해 나가는 것이 필요하다. 용서는 상처 입은 사람이 상처 입힌 사람을 향해 주체적으로 하는 것, 즉 나 자신이 하는 것이다.

용서는 변명이 아니다. 용서가 가해자를 변명해주는 것으로 이해하기도 한다. 변명이란 가해자가 책임질 바가 아니라고 말하는 것이다. 그러나 용서는 상처를 직면하고 공정한 판단을 하여 상대방에게 있는 책임을 보는데서 시작된다.

용서는 상대방의 행동을 묵인, 무관심해 버리는 것이 아니다. 시간이 흐르면 상처로 인해 생긴 분노가 줄어드는 것으로 이해한다. 그러나 용서는 능동적 행동이며, 에너지가 많이 소모되는 과정으로, 분노를 느끼면서도 점차 자신과 상대방을 해방시켜주는 개인 내적인 투쟁이다.

허위용서 상대방보다 내가 우월하다는 의식으로, 실제로 용서하지 않고서 진정으로 용서했다고 생각할 수 있다. 이 같은 거짓용서는 대체로 반동형성, 부인, 투사와 같은 심리적 방어기제의 형태로 나타난다. 진정한 용서는 상대방을 공동체의 같은 구성원으로 환영하고 상대와 자신 모두를 공평하게 존중될 가치 있는 존재로 바라보게 한다. 앞에서는 잘

해주고 문제가 없는 것처럼 하고 뒤에서는 욕하는 경우도 허위용서이다.

용서의 과정
- 분노: 부정적 감정, 증오
- 회피: 상대를 만나고 싶지 않음, 대인관계능력이 위축
- 침체: 기쁨이 사라짐, 움직임이 줄어듦, 우울,
- 성찰기: 나 돌아보기. 나의 장단점을 인정(처음에는 상처에 고착되어 다른 것을 보지 못함).
- 대처

활동전략: 화초 가꾸기, 걷기, 울기, 빨래, 운동, 수영
심리적 전략: 마음 바꾸기, 자기 성찰하기, 마음 다스리기, 뉘우치기
신앙적 전략: 기도, 종교서적 읽기
이완전략: 신체이완, 명상, 잠자기, 음악듣기
- 회복: 내면의 1차적 용서가 발전되면 화해까지 간다.

용서전략

상처를 입힌 사람과 사건에 대하여 인지적으로 재해석한다. 새로운 눈으로 바라보는 것이다. 상처를 준 사람에 대해 계속적 사고를 통해 공감하기 또한 동정심이나 측은한 마음을 발달시킨다(John Patten: 용서는 발견이다). 그러면서 자신과 상처를 준 사람이 비슷한 존재라는 사실을 통찰하게 한다. 상대방도 연약하며 부족하고 잘못을 저지르기 쉬운 인간이라는 것을 깨닫게 한다. 상처를 받은 사람이 자신의 상처를 흡수하여 해소하도록 한다. 마지막으로 상처로 인해 변화된 자신을 수용한다.

용서의 3단계

1단계 하나님께 먼저 당신 자신의 죄에 대해 용서를 구하라(마7:3, 요일 1:9). 나의 죄를 하나님께 물어보고, 생각나는 것은 합리화하지 말고 정직하게 자백하라. 그것이 당신이 새로워지는 길이다.

2단계 당신 자신을 용서하고 용납하라. 하나님이 나를 용서하셨는데 스스로 나를 용서·용납하지 못한다면 그것은 교만과 불신앙이다. 하나님은 당신의 죄악을 다 용서하시고 기억지 아니하신다(히10:17).

3단계 나에게 상처를 입힌 사람들을 용서하라. 나에게 상처를 입힌 자들을 용서하고 사랑하는 것은 하나님 말씀의 완성이다. 우리가 하나님께 이렇게 큰 용서와 사랑을 입었다면 이제는 우리가 그 누군가를 용서해 줄 차례이다(마18:22, 35).

독서상담에서의 활용방법

첫째, 보내지 않는 편지(자기의 상처, 아픔과 부딪혀보기) 그 개인을 향하여, "당신의 행동 때문에 나는 너무 고통스러웠다. 그래서 난 당신이 죽기를 바랐다"는 솔직한 마음, 비참함, 서러움, 억울함과 갈등 등의 자신의 속마음을 편지글로 써본다. 그후에 상처 주었던 상대방에게 하고 싶은 말을 솔직하게 적어본다.

둘째, 상대방의 입장이 되어서 나에게 편지 쓰기 상상력 발휘하여, 그 당시 그 사람의 입장이 되어 나에게 해주고 싶은 말을 해준다. 상대방 입장이 이해되는 계기가 될 수 있다.

셋째, 빈의자 기법(역할극) 내게 부당한 피해를 주었다고 생각하는 사람을 적고, 그 상황 그 말과 행동이 나에게 어떤 상처를 주었는지 당시 나의 감정 생각 행동이 어떠했는지 당시에 경험한 아픔을 느끼고 거기에 맞는 적절한 치유를 한다.

넷째, 녹음기에 녹음해보기 상처는 드러나야 치유된다. 이 과정을 거치면서 자신이 치유된다.

다섯째, 신뢰할 수 있는 타인에게 고백 아픔을 믿을 만한 사람에게 이야기하면서 감정을 풀어주고 정리하는 것이 좋다.

축복하기

모든 사람에게 중요한 것은 축복이다. 축복은 "너는 없어서는 안 돼", "너는 특별해", "너는 필요한 사람이야", "너는 귀중한 사람이야,"라는 메시지를 말한다. 축복은 부모님뿐만 학교 선생님, 모든 이웃, 친척, 친구, 직장상사도 축복을 주는 역할을 할 수 있다. 성장과정에서 부모의 축복여부가 우리의 삶 속에 계속해서 생생하게 살아있게 될 것이다.

역기능 가정에서 축복은 공개적으로 억제되며 "너는 틀려먹었어, 너는 별 필요 없는 사람이야, 나는 네가 맘에 들지 않아"라는 메시지를 주로 받는다. 축복은 조건적이며, 부분적이며 차별적으로 느껴져 상처를 주게 된다.

잃어버린 축복을 회복하기 자신이 가정을 벗어난 상태에서 축복을 찾는 건강한 방법은 첫째, 자신이 아직도 떠나온 가정의 축복을 구하고 있다는 것을 인정하기. 둘째는 찾을 수 없는 곳에서 축복을 찾는 것을 중단하기. 셋째, 찾을 수 있는 곳에서 축복을 찾기이다.

축복을 나눔

부모로부터 축복을 받지 못한 경우 축복에 대한 굶주림으로 다른 사람에게 인정받기를 노력하거나, 지나치게 자기중심적인 사람이 된다. 자신의 정서적인 상처가 치유되기 시작할 때 축복으로 나아갈 수 있다. 타인을 축복해주기 위해 그들에게 손을 뻗칠 때, 당신이 축복 받은 사람이라는 느낌이 증대될 것이다.

- 부모님이 나에게 전해주었던 축복의 말들을 적어보기.
- 내가 축복할 수 있는 사람의 명단을 적어보고, 축복을 원하는 이름 옆에 그들에게 해주고 싶은 축복의 말을 적어보기.
- 축복하는 말의 예

"당신은 참 좋은 사람입니다."
"당신의 표정이 참 밝아요."
"당신의 정직함에 감탄했습니다."
"당신과 함께 있으면 참 편안합니다."
"당신의 진실한 마음이 와 닿았어요."
"당신은 참 용기있는 분이십니다."

독서상담의 인간이해와 마음치유를 통해 자기 이해와 타인이해를 돕고 의사소통능력을 증진시킨다. 학습을 통한 행동의 변화가 구체화되어 자아성장 및 자아실현을 경험하고, 결국에는 영적 온전함을 향해 나아가게 된다.

*참고도서:

『어떻게 사람을 변화시킬 수 있을까』 정동섭(요단)

『가족치유·마음치유』 팀 슬레지(요단)

『상처받은 내면아이 치유』 존 브래드 쇼(학지사)

『상한 감정의 치유』 데이빗 A 시멘즈(두란노)

『독서치료 어떻게 할 것인가』 이영식(학지사)

7부 체험형 독서모임 워크북 (요약/적용질문)

1. 이무석 『나를 사랑하게 하는 자존감』   김현실
2. 이무석 『나를 사랑하게 하는 자존감』   오영례
3. 조엘 오스틴 『잘되는 나』   허인숙
4. 알란 로이 맥기니스 『사랑과 우정의 신비』   이소라
5. 게리 채프먼 『5가지 사랑의 언어』   김순희
6. 폴 투르니에 『강자와 약자』   이소라
7. 제임스 돕슨 『자신감 있는 자녀로 키우자』   이재희
8. 고든/게일 맥도날드 『마음과 마음이 이어질 때』   이현경
9. 정동섭 『자존감 세우기』   양은진
10. 김주환 『회복탄력성』   문주호

11. 조신영 『쿠션』　　　　　　　　　　　　　　　김은정
12. 월터 드로비쉬 『너 자신을 사랑하라』　　　　김병화
13. 변상규 『자아상의 치유』　　　　　　　　　　박혜숙
14. 스카트 펙 『아직도 가야할 길』　　　　　　　권영희
15. 최광현 『가족의 두 얼굴』　　　　　　　　　　장석경
16. 이영애 『멋진 남편을 만든 아내』　　　　　　노○○
17. 이경채 『인생 레시피』　　　　　　　　　　　이경채
18. 존 가트맨, 남은영 『내 아이를 위한 사랑의 기술』　정인숙
19. 폴 투르니에 『서로를 이해하기 위하여』　　　오우림
20. 전혜성 『섬기는 부모가 자녀를 큰사람으로 키운다』　김상식

부록4 독서모임을 위한 적용질문지 모음

[워크북 활용에 대한 안내]

우리 신성회 회원들은 일단 회원이 된 뒤에 독서모임 참여와 인도자가 되는데 거의 5년, 10년 이상 독서모임을 인도하는 분들이 약 3분의 2정도가 된다.
독서모임이 좋아서 함께하고 독서상담 학교를 통해 많은 전문가가 배출되었다.
독서모임 인도자 훈련은 함께 받았지만, 우리 모두는 다 개성이 다르기에..
각자의 본문요약과 적용질문을 나누는 것은 가치관에 따라서 다를 수가 있음을 인정해서 일정한 틀과 일관성 없는 적용질문을 그대로 실려 드렸다.
이런 인도자의 역량에 따라 적용질문에 차이점이 있음을 독자들은 잘 인식하셔서.. 독자들 자신들도 독서모임을 인도하실 때 참고하시라고 공유차원에서 공개하는 것임을 밝힌다. 다양하고 개성 있는 창의적인 열린 질문들에 마음을 여시고 독서모임을 풍성한 대화시간으로 만들어 가시길 바라며 즐거이 워크샵에 함께 해주시기를 기원드린다.

7부
체험형
독서모임
워크북 (요약/적용질문)

장석경(신성회독서상담전문가)

7부

체험형 독서모임 워크북

1. 이무석의 『나를 사랑하게 하는 자존감』

김현실(신성회독서상담전문가, 대전직장지부)

책 요약

1장 우리 모두에게 있는 열등감

1) 자존감과 열등감은 관점의 문제다

자신을 소중하게 어떤 일이든 해낼 수 있다는 자신감을 가진 사람은 자존감이 높다. 반면에 열등감이 있는 사람은 자신을 "나는 못난이야." "나는 무능해."라고 믿는다.

자존감과 열등감은 외적인 조건의 문제가 아니라 자신을 바라보고 있는 관점의 문제다. 같은 고졸이라도 자존감이 높은 사람은 떳떳하고 당당하지만 열등감을 가진 사람은 수치스럽고 창피하게 여긴다.

2) 자존감이 높은 사람들의 특징

(1) 자기 신체에 대한 만족도가 높다. 자신의 얼굴, 체중을 마음에 들어 한다.

(2) 남의 감정을 파악하는 공감 능력이 높아서 상대방의 평가에 객관적이고 합리적으로 대처할 수 있으며 대인관계가 원만하다.

(3) 자신감 있고 변화에 대처하는 좋은 리더가 된다. 미래에 대해 희망적이기 때문에 성공 경험도 많이 한다.

2장 우리 힘으로 어쩔 수 없는 것에 대한 열등감

1) 선천적 조건에 대한 열등감과 극복방법

외모, 키, 집안, 지능 등은 내가 선택한 것이 아니라 타고난 것이다. 우리의 노력으로 바꿀 수 없는 선천적 조건 때문에 생긴 열등감이 모든 열등감의 60%를 넘는다. 이런 선천적 조건에 대한 열등감을 해결하는 첫 단추는 조건이 썩 마음에 들지는 않지만 그것이 나를 이루고 있음을 인정하는 것이다.

(1) 외모 열등감

외모 열등감은 주로 다른 사람의 평가에 의해 생기는 경우가 많다. 당신을 비난하거나 무관심하게 대하거나 남과 비교하는 말을 들었을 때 그것에 휘둘리지 말자. 그런 평가를 하는 타인도 완전한 자가 아니다. 누구에게나 웃는 모습이나 표정 등 예쁘고 아름다운 모습이 있다. 그 모습을 발견해 보자.

(2) 집안 열등감

무식하고 가난한 아버지, 불행한 집안에 대한 열등감을 극복하려면 자신의 불행했던 과거를 다른 시선으로 볼 수 있어야한다. 어려운 현실이 현재의 자신이 되기까지 긍정적인 요소로 작용했음을 기억하며 감사하는 마음을 가진다.

(3) 키와 성기 열등감

남자들에게 치명적인 약점으로 여겨질 수 있는 키와 성기에 대한 열등감은 남과의 비교의식에서 비롯되는 경우가 많다. 다른 사람보다 잘나고 멋지지 않아도 만족스럽게 살 수 있다.

(4) 벗겨진 이마에 대한 열등감

벗겨진 이마 자체는 추악한 것이 아니다. 스스로 자신의 벗겨진 이마를 부끄럽게 여기는 관점이 문제다. 용기가 나지 않는다면 아내나 가족에게 먼저 노출한 뒤 격려와 지지를 받아 보자.

3장 과거의 경험때문에 생기는 열등감

1) 후천적 조건에 의한 열등감과 극복방법

(1) 능력 열등감

유년기에 패배 경험은 없는지 조용히 자신을 성찰하고 분석해볼 필요가 있다. 그리고 완벽하지는 않지만 부족한 부분을 노력으로 채우며 산다면 그것이 건강한 인생이다.

(2) 가난 열등감

먼저 자신이 가난하다는 것을 인정해야 한다. 그리고 가난에 집중하지 말고, 인생의 목표를 정하고 이를 이루기 위해 몰두하는 것이 열등감 극복의 좋은 방법이다.

(3) 학벌 열등감

고졸이라서 열등감을 가지는 사람은 '고졸이 창피해'가 아니고 실은 '나는 창피한 인간이야'가 문제의 핵심이다. 학벌 열등감으로 고통이 심하다면 학교를 가는 것도 좋다. 그런데 근본적인 치료법은 학벌 한가지로 자신을 평가하지 않고 자신을 전체적으로 평가하는 것이다.

(4) 실직과 자존감

실직으로 우울하고 앞길이 막막해도 자존감까지 잃어서는 안 된다. 실직으로 인한 아픈 경험을 능동적으로 극복하고 나면 스스로 자랑스럽게 느껴지고 자존감은 더욱 높아진다.

(5) 성폭행이나 왕따 같은 트라우마로 인한 열등감

아픈 현실이지만 이렇게 결심해 보자. '왜 하필 내 인생에서 이런 일이 일어났는지 이해할 수 없고 분하다. 인정하겠다. 그렇지만 더 이상 이문제로 내 인생을 낭비하지 않겠다.' 라고.

(6) 자위행위로 인한 열등감

자위행위의 욕구가 생길 때 억누르지만 말고 인생의 꿈을 위해 건전한 일도 함께 하면 극복할 수 있다.

4장 자존감이 성격에 어떤 영향을 미칠까?
 1) 정신질환의 원인은 열등감 때문이다.
낮은 자존감을 가진 사람들은 정신질환에 잘 걸린다. 의처증, 우울증, 정신분열증, 사회공포증 같은 정신질환에 걸린 사람들은 지나치게 자기를 비하한다. 누군가 칭찬을 해도 "고맙습니다."라는 말을 못하고 오히려 자신을 깎아내린다.
의처증은 열등감 때문에 생기는 병이다. 그들은 '아무도 나 같은 인간을 사랑할리 없어.'라는 믿음을 가지고 있다. 자기가 자신을 부정적으로 보기 때문에 아내도 자기를 사랑할 리 없다고 믿는다.
대중 앞에 서기를 병적으로 두려워하는 사회공포증, 이는 무의식에 숨어있는 갈등이 원인인 경우가 많다. 특히 완벽주의적인 성격을 가진 사람들에게 사회공포증이 잘 온다. 그들의 무의식속에 '겁먹고 있는 아이'가 있다. 자신을 객관적으로 평가하지 못하고 열등감에 빠져있다.

2) 성격이상자들이 자존감을 유지하는 방법
쉽게 양심의 가책을 받고, 자신을 혐오스럽게 생각하는 자학적 성격은 희생과 봉사를 통해 자존감을 높인다. 이들은 죄책감이 지나쳐 죄의 대가를 치르기 위해 벌을 받고 싶어 한다.
청결, 정돈, 시간엄수에 집착하는 강박적 성격의 사람들은 어떻게 해서라도 주도권을 쥐려고 한다. 그래야 자기가 원하는 수준의 청결, 정돈이 유지될 수 있기 때문이다.

다른 사람의 관심과 인기를 얻기 위해 사는 히스테리 성격을 가진 사람은 인기가 자존감을 유지시켜 준다. 인기가 떨어졌을 때 무서울 정도로 자존감이 무너지고 우울증에 빠지기 쉽다.

우울주의에 빠져 있고 특권의식에 차있는 자기애적 성격을 가진 사람은 가장 강한 자만이 전체를 지배할 수 있다고 생각한다. 그래서 자기애주의자(, narcissism)들은 권력과 돈 같은 힘을 가질 때 자존감이 유지된다.

5장 누구나 자존감을 높일 수 있다

1) 자녀가 무능력하거나 장애인이어도 부모는 자녀를 있는 그대로 사랑한다. 이런 경험을 반복하면 자녀는 건강한 자존감을 갖게 된다.

2) 자존감은 엄마에게 달려 있다. 엄마의 자존감이 아이들에게 대물림된다. 엄마가 열등감에 사로잡혀 있다면 먼저 회복되어야 한다.

3) 자존감이 낮은 사람은 용서하기가 어렵다. 그렇다 하더라도 이를 악물고 용서하도록 노력해야 한다. 자신에게 상처를 준 사람을 용서하지 않으면 그 상처가 수치심과 죄책감을 불러와 자존감 회복을 어렵게 한다.

4) 성폭행이나 왕따를 당한 후에 열등감에 빠지는 사람들은 '내가 못나서 그런 일을 당한 거야'라며 자기를 비난한다. 우리는 자신이나 남에게 비난하는 것이 익숙하다. 그러나 비난에서 벗어나 마치 곧

경에 빠진 다른 사람을 위로하듯 자신을 위로해 보자. 자기 위로가 과거의 아픈 경험으로부터 벗어나게 해 준다.

5) 세상에 완벽한 사람은 없다. 이것을 인정해야 열등감에 빠지는 위험을 피할 수 있다. 실수할까봐 초조해하면서 갇혀 살지 말고 일상에 최선을 다해 살아왔다고 자신을 인정해 주자.

6) 열등감의 심리에는 남보다 우월하려는 욕심이 있다. 욕심을 줄이고 자기와의 싸움에서 이기는 성공의 경험이 많을수록 자존감은 높아진다.

7) 정신분석은 자기가 원하는 모습의 '가짜 자기'를 버리고 '진짜 자기'와 만나게 해 준다. 진짜 자기를 직시하여 받아들일 수 있다면 자존감이 높아진다.

적용질문
❶ 나는 나를 어떤 관점으로 보고 있는가?
❷ 나의 부정적 관점은 언제, 어떻게 시작되었는가?
❸ 나의 열등감은 무엇인가?
❹ 열등감의 관점이 내 인생에 어떤 영향을 주고 있는가?
❺ 자존감을 회복할 수 있을까?

2. 이무석의 『나를 사랑하게 하는 자존감』

오영례(신성회독서상담전문가, 세종지부)

내용요약

프롤로그에서 자존감이 객관적 문제가 아닌 자신의 관점의 문제임을 분명하게 밝히면서 열등감의 심각성을 알리려고 열등감의 감옥에 갇혀서 억울한 세월을 보낸 영화의 주인공을 소개하고 있다.

제1부 우리 모두에게 있는 열등감

몇 가지 예를 소개하면서 각자가 가지고 있는 열등감을 알아보도록 한다. 또한 열등감과 자존감에 대한 이해와 낮아진 자존감을 회복하는 길에 대해 소개한다. 책은 가난하고 불행한 가정에서 자란 G씨의 열등감이 자신과 주변 사람들에게 얼마나 파괴적인 영향을 미치는지를 소개했다. 그러나 열등감의 뿌리를 이해하며 그의 삶이 편안해졌다.

열등감과 자존감은 자신을 보는 관점에서 비롯된다. 자존감은 자신에 대한 평가로 그 요소는 자기 가치감과 자신감이다. 그리고 낮아진 자존감은 회복될 수 있음을 샐리그만 교수 팀의 실험을 통해 예증함으로써 긍정적 경험의 효과를 말하고 있다.

우리는 자존감과 열등감의 문제가 나 자신의 관점의 문제임을 인식하고 다음과 같은 질문을 할 수가 있다. 나는 어떤 관점으로 자신을 보고 있는가? 나는 왜 이런 반응을 보이는가? 나의 열등감은 무엇이며, 어떻게 극복할 수 있는가? 자존감을 회복할 수 있는가?

이 책을 통해서 우리는 다음의 두 가지를 확실하게 인식할 수 있다.

1. 자존감과 열등감은 자신의 관점의 문제이다.
2. 자신의 자존감과 열등감을 바로 알아 자존감은 더욱 살리고 열등감은 회복하는 법을 배운다.

제 2부 선천적 조건에 대한 열등감, 어떻게 극복할 수 있을까?
 선천적 조건에 대한 열등감은 내가 선택한 것이 아니라 타고난 것이다. 이러한 열등감은 모든 열등감의 60%를 넘는다. 이것을 해결하기 위한 첫 단추는 조건이 마음에 안 들어도 그것이 나를 이루고 있음을 인정하는 것이다. 외모 열등감은 주로 다른 사람의 평가에 의해 생기는 경우가 많다. 당신을 비난하거나 무관심하게 대하거나 남과 비교하는 말을 들었을 때 그것에 휘둘리지 말고 나에게 있는 긍정적인 모습을 발견하여 그것을 살리도록 하라. 집안 열등감은 자신의 불행했던 과거를 다른 시선으로 보고, 어려운 현실이 현재의 자신이 되기까지 긍정적인 요소로 작용했음을 기억하며 감사하는 마음을 가질 때 극복할 수가 있다.
 키와 성기 열등감은 남과의 비교의식에서 비롯되는 경우가 많고 주로 남자들에게 더 많이 해당된다. 그러나 다른 사람보다 잘나고 멋지지 않아도 우리는 만족스럽게 살 수 있음을 인식하자.

제 3부 후천적 조건에 대한 열등감, 어떻게 극복할 수 있을까?
 과거의 경험 때문에 생기는 후천적 열등감을 몇 가지 예를 들고 그것을 극복할 수 있는 법을 소개한다. 첫째, 능력에 대한 열등감은 자기의 어릴 적 패배 경험을 조용히 성찰하며 분석해 봄으로 완벽하지는 않지만 부족한 부분을 노력으로 채우며 산다. 가난 열등감은 먼저 자신이 가난하다는 사실을 인정하고 가난이 아닌 인생의 목표에 집중한다. 그리고 목표를 이루기 위해 몰두하는 것이 극복하는 좋은 방법이다. 학벌 열등감은 학벌 한 가지로 자신을 평가하지 않고 자신을 전체적으로 평가할 때 극복할 수 있으며 학교를 가는 방법도 좋은 방법일 수 있다. 실직으로 인한 열등감은 그 경험을 능동적으로 극복하고 자존감을 잃지 않도록 한다. 성폭행이나 왕따 경험, 트라우마로 인한 열등감은 그것이 비록 억울하고 이해할 수 없는 아픈 현실이지만 그것으로 인해 더 이상 그 문제로 내 인생을 낭비하지 않겠다라는 결심으로 극복하는 것이 좋다. 자위행위로 인한 열등감은 그런 욕구가 생길 때 억누르지만 말고 인생의 꿈을 위해 건전한 일도 함께 하면 극복할 수 있다.

제 4부 자존감이 성격에 어떤 영향을 미칠까?

여러 가지 정신 질환의 원인은 열등감 때문임을 얘기하고 있다. 낮은 자존감을 가진 사람들은 의처증, 우울증, 정신 분열증, 사회 공포증 같은 정신 질환에 잘 걸린다. 또한 이 사람들은 지나치게 자기를 비하한다. 의처증은 자기가 자신을 부정적으로 보기 때문에 아무도 나를 사랑할리 없다고 믿는 것이다. 특히 완벽주의적인 성격의 사람들은 그들의 무의식 속에 '겁먹고 있는 아이'가 있으므로 자신을 객관적으로 판단하지 못하고 사회 공포증을 갖게 된다.

성격 이상자들이 자존감을 유지하는 방법을 알아보면 다음과 같다. 양심의 가책을 쉽게 받고 자신을 혐오스럽게 생각하는 사람은 희생과 봉사를 통해 자존감을 높인다. 청결, 정돈, 시간엄수에 집착하는 강박적 성격의 사람들은 어떻게 해서라도 주도권을 쥐려고 한다. 그래야 자기가 원하는 수준의 청결과 정돈이 유지될 수 있기 때문이다. 다른 사람의 관심과 인기를 얻기 위해 사는 사람들은 히스테리 성격을 가졌고 인기가 있어야만 자존감을 유지할 수 있다. 우월주의에 빠져 있고 특권 의식에 차있는 자기애적 성격을 가진 사람은 가장 강한 자만이 전체를 지배할 수 있다고 생각하므로 권력과 돈 같은 힘을 가질 때 자존감이 유지된다.

제 5부 누구나 자존감을 높일 수 있다

자녀가 무능력하거나 장애인이어도 부모가 자녀를 있는 그대로 사랑하면 그러한 경험이 반복됨으로 자녀는 건강한 자존감을 가질 수 있다. 자존감은 엄마에게 달려 있다. 엄마의 자존감이 아이들에게 대물림되므로 엄마가 열등감에 사로잡혀 있다면 먼저 회복되어야 한다. 자존감이 낮은 사람은 용서하기가 어렵다. 그래도 용서하도록 노력해야한다. 상처를 준 사람을 용서하지 않으면 그 상처가 준 수치심과 죄책감을 불러와 자존감 회복을 어렵게 한다. 성폭행이나 왕따를 당한 후에 열등감에 빠진 사람들은 자기를 비난한다. 그러나 비난에서 벗어나 마치 곤경에 빠진 다른 사람을 위로하듯 자신을 위로해주면 아픈 과거의 경험에서 벗어나는데 도움이 된다.

열등감의 심리에는 남보다 우월하려는 욕심이 있다. 욕심을 줄이고 자기와의 싸움에서 이기는 성공의 경험이 많을수록 자존감은 높아진다. 정신분석을 받는 것도 좋다. 이것은 자기가 원하는 모습의 '가짜 자기'를 버리고 '진짜 자기'를 만나게 해주므로 진짜 자기를 직시하여 받아들일 수 있다면 자존감이 높아진다.

우리 각자는 지구상에 60억 인구 중 지문이 단 하나뿐이듯 유일한 존재이다. 아무도 대신 살아줄 수 없는 내가 사는, 나의 인생이다. 이런 귀한 인생을 열등감으로 무기력하게 살아간다면 너무나 억울한 일이다. 남과 나를 비교하고 조건을 가지고 자신을 평가함으로 자신의 자존감을 무너뜨리며 살아간다면 너무나 안타까운 일이다. 우리 각자는 조건에 관계없이 한 인간으로서 소중한 존재이기 때문에 이제부터라도 어떤 관점으로 나를 볼 것인가를 선택해야 한다. 열등감에 쪼들리며 우울하게 살 것인가, 아니면 자존감을 가지고 당당하게 살 것인가? 선택은 우리의 몫이다.

'그동안 내가 너를 너무 구박했지? 미안해'라고 자신에게 사과해보자.

적용질문
❶ 당신의 열등감이 배우자와 자녀에게 미치는 영향은 무엇인가요?
❷ 당신은 어떻게 열등감을 극복했는지요?
❸ 당신에게 열등감을 느끼게 한 사건을 통해 느낀 감정과 합리적 비판과 수정 행동을 나누어 봅시다.
❹ 당신의 부정적 사고는 무엇인가요? 그 이유는 무엇인가요?
❺ 아직도 처리되지 않은 부족감이나 나 자신이 극복한 갈등이야기는?

3. 조엘 오스틴 『잘되는 나』

허인숙(신성회독서상담전문가)

내용요약

우리는 어떻게 해야 더 나은 사람이 될 수 있을까?

1. 우리가 잠재력을 온전히 발휘하도록 하나님이 도와주실 것을 믿어야 한다.
2. 하나님이 도와주시지만 우리도 자기 역할을 해야 한다.

**매일매일 더 좋은 내가 되는 7가지 key

1부 첫 번째 키 – 잘되는 마음: 나는 잘될 것이다

1. 날마다 성장하라
2. 꿈으로 마음을 움직이라
3. 하나님의 능력을 믿으라
4. 과거의 실수에서 벗어나라
5. 복 있는 가문을 세우라
6. 좋아하는 일을 선택하라

**좋았던 부분

1) 하나님이 문을 닫으시는 것은 더 좋은 문이 준비되어 있기 때문이다(p.23).
2) 우리는 가장 좋은 길을 알고 계신 그 분을 굳게 믿고 따라가기만 하면 된다(p.25).

3) 우리 인생도 지난 일에 대한 실망과 좌절감의 문을 완전히 닫아야 새로운 문이 열린다(p.27).

4) 친구, 이웃, 동료, 그 누가 떠나가더라도 실망할 필요는 없다. 하나님이 새로운 사람을 보내 주실 것이다(p.33).

5) 자신과 가문을 꽁꽁 묶고 있는 어둠의 힘과 견고한 진을 깨뜨려야 진정한 자유가 찾아 온다(p.53).

6) 하나님이 해결하시지 못하는 중독은 없다(p.56).

7) 과거는 바꿀 수 없다. 하지만 오늘의 올바른 선택으로 미래는 바꿀 수 있다(p.57).

2부 두 번째 키 - 잘되는 생각: 나는 긍정적인 사람이다

1. 잘한 일을 떠올리라

2. 자신을 사랑하라

3. 스스로 격려하라

4. 자신감을 가지라

**좋았던 부분

1) 더 나은 사람이 되기를 원한다면 반드시 좋은 자아상을 가져야 한다(p.82).

2) 하나님의 자비가 감당하지 못할 만큼 큰 잘못은 없다(p.89).

3) 자신을 깔보는 것은 하나님의 걸 작품을 깔보는 짓이다(p.95).

4) 하나님과 같은 눈으로 자신을 보고 자기 삶을 향해 믿음과 승리의 말을 선포하면 더 좋은 자아상이 생긴다(p.109).

5) 부모들은 자녀에게 자신감과 자존감을 심어주어야 한다. 아이들

에게는 부모의 사랑과 격려와 인정이 반드시 필요하다(p.113).

3부 세 번째 키 - 잘 되는 습관: 나는 좋은 습관을 가진 사람이다
1. 도움이 되면 꾸준히 하라
2. 행복한 습관을 기르라
3. 남의 비판에 화내지 마라
4. 자신의 행복을 책임지라

** 좋았던 부분
1) 습관을 어떻게 바꿔야 할까? 나쁜 습관에 먹이를 주지 않으면 된다(p.127).
2) 걱정한다는 말은 하나님을 온전히 신뢰하지 않는다는 뜻이다. 모든 일이 하나님의 손 안에 있다는 사실을 알면 두려워할 일이 전혀 없다(p.130).
3) 행복은 상황과는 관계없다. 그것은 의지와 선택의 문제다. 행복한 습관은 인생의 긍정적인 면에 시선을 고정하는 것을 말한다(p.138).
4) 문제를 확대하지 말고 하나님을 확대해야 한다(p.143).
5) 더 좋은 삶을 사는 비결 가운데 하나는 남들을 섬기는 만큼이나 자신의 복을 챙기는 것이다(p.159).
6) 누군가에게 통제를 당하고 있다면 그것은 그의 잘못이 아니라 우리 잘못이다. 적당한 한계선을 그어야 한다(p.161).

4부 네 번째 키 - 잘되는 관계: 나는 사랑할 줄 아는 사람이다
1. 사랑할수록 세워주라
2. 갈등은 즉시 해결하라
3. 하나님 다음은 가족이다
4. 좋은 감정은 평소에 쌓아두라
5. 매일 선을 베풀라

** 좋았던 부분
1) 관계는 성과보다 훨씬 더 중요하다(P.174).
2) 우리는 사람을 바꿀 수 없다. 오직 하나님만 하실 수 있다(p.185).
3) 누가 옳은가가 중요한 게 아니다. 갈등을 해결하는 일이 우선이다 (p.195).
4) 잘못 하나를 지적하기 전에 먼저 칭찬할 거리 다섯 가지를 말해야 한다(p.207).
5) 어디를 가나 격려하고 세워주고 자신감을 심어주면서 '관계은행'에 예금을 해야 한다(p.208).
6) 더없이 효과적인 예금 수단 중 하나는 상대방의 흠을 모른 체 넘어가주는 것이다(p.210).

5부 다섯 번째 키 - 잘되는 태도: 나는 최선을 다하는 사람이다
1. 지금 있는 자리에 감사하라
2. 상황에 흔들리지 마라
3. 문제에서 답을 찾으라
4. 받은 복을 적어보라

5. 하나님께 주도권을 드리라

** 좋았던 부분
1) 우리가 현재의 자리에 있는 데는 반드시 하나님의 뜻이 있다 (p.228).
2) 기도가 응답되지 않을 때는 세 가지 경우 중 하나이다; 하나님이 다가올 위험에서 나를 보호하시든가, 때가 무르익지 않았든가, 더 좋은 복을 예비하고 계시든가(p.233).
3) 우리가 하나님을 신뢰한다는 결정적 증거 중 하나는 마음의 평안이다(p.246).
4) 인생의 모든 상황을 바꿀 수는 없지만 그 위로 날아오를 수는 있다. 어쩔 수 없는 상황은 하나님께 맡기면 된다(p.250).
5) 우리 삶은 하나님이 인도하실 뿐 우연 따위는 애초에 없다(p.255).
6) 다시는 웃을 날이 오지 않을 것만 같은 순간에도 하나님이 우리 곁에 계신다(p.266).

6부 여섯 번째 키 - 잘되는 결단: 나는 비전이 있는 사람이다
1. 목표를 크게 잡으라
2. 민감한 양심도 경쟁력이다
3. 진실하게 성공하라

**좋았던 부분
1) 우리 인생이 얼마나 높이 오를지는 오직 순종에 달렸다(p.270).
2) 하나님의 자녀인 우리 안에는 우주에서 가장 강한 힘이 용솟음치

고 있다. 우리는 어떤 중독도 깨뜨리고 과거의 어떤 망령도 물리칠 수 있다(p.290).

7부 일곱 번째 키 - 잘되는 실천: 나는 믿음으로 산다
1. 복을 계획하라
2. 웃으면서 일하라
3. 믿음을 기대로 바꾸라
4. 열정을 품고 살라

** 좋았던 부분
1) 좋은 믿음이든 나쁜 믿음이든 그대로 이루어진다(p.295).
2) 우리는 배우자를 당연하게 받아들여서는 안 된다. 사랑의 불꽃을 다시 일으키고 연애감정을 되살리기 위해 최선을 다해야 한다 (p.326).

적용질문
❶ 당신은 자녀에게 부모로서의 어떤 유형의 코치역할을 하고 있습니까?
❷ 나의 경청단계는 어느 정도 일까요? (1단계~5단계)
❸ 지금 나의 자녀의 장점을 5가지 떠올리며 나누어 볼까요?
❹ 자녀의 감성지수를 높이는 나만의 방법이 있다면 무엇일까요?
❺ 자녀들에게 나는 어떤 부모일까요

4. 알란 로이 맥기니스 『사랑과 우정의 신비』

이소라(신성회독서상담전문가, 전 회장)

내용요약
제1장 우정의 풍요한 보상

저자가 수천 명의 사람과 더불어 그들이 유지하고 있는 가장 가까운 인간관계에 대해 이야기를 나누고, 성공적으로 사랑하고 있는 이들이 무엇을 하고 있는지 살펴본 결과 얻어낸 결론은 다음과 같다.

모든 인간의 내부에 있는 우정의 인자가 모든 사랑의 발판이다. 여자들이 남자들보다 친구를 잘 사귀는 이유는 여자들의 우정이 마음을 나누는 것을 중심으로 형성되기 때문이다. 내향적인 사람이 되는 것은 괜찮다. 좋은 인간관계는 신체건강에도 긍정적인 영향을 미친다. 지난날의 상처를 되풀이할 필요는 없다. 반드시 외로워야 하는 사람은 아무도 없다.

제I부
인간관계를 보다 깊게 하는 5가지 방법

제2장 왜 어떤 사람은 항상 친구들이 많은가

세계 제일의 갑부 하워드 휴즈가 평생 외롭게 산 이유는 사람들과 함께 즐기기보다 그들을 부려먹기에 바빴기 때문이다. 고독을 호소하는 사람들은 사실상 친구 사귀는 일에 거의 관심이 없는 사람들이다. 깊은 우정은 하루아침에 이루어지는 것이 아니다. 그것은 오랜 세월 함께 걷고, 이야기하고, 경험을 나누면서 성숙한다. 행복은 우리가 자신을 남에게 주느라 여념이 없을 때 슬그머니 찾아온다. 인생에서 값진 것이 어쩌다 생기는 일은 거의 없다.

제3장 자기폭로의 기술

깊고 오랜 우정을 나눈 사람들이 공통적으로 지니고 있는 성격은 개방성이다. 인간은 자기를 드러내려는 욕구와 자신을 보호하려는 본능 사이에서 갈등한다. 인간은 거절을 두려워하기 때문에 가면을 쓴다. 성에 대한 관심을 드러내 말할 때 비로소 열리지 않던 자물통이 열리기도 한다. 우리는 자신을 남에게 드러내지 않고는 결코 자신을 제대로 알 수 없다.

제4장 사람을 따뜻하게 대하는 방법

당신의 정을 과감히 나타내라. 사랑을 자유로이 표현하는 사람이 많은 사람의 사랑을 받는다. 남자의 사랑을 받는 방법은 그를 사랑하는 것이다. 침묵의 왕국은 무덤보다 크다. 너무 늦어버릴 때까지 기다리지 말라.

제5장 사랑은 지금 당신이 하고 있는 것

훌륭한 인간관계는 아름다운 칠기의 마무리 작업처럼 친절한 행동이 쌓이고 다시 쌓이는 데서 이루어진다. 식사를 함께 하는 것과 그의 일을 도와주는 것은 우정을 깊게 한다. 선물을 주는 기술은 사랑을 표현하는 아주 오래된 몸짓이다. 친절한 행위는 그 영향이 물결처럼 퍼져나간다.

친절이 제2의 천성이 될 때 사람들은 그를 사랑하게 된다.

제6장 이런 일을 소홀히 하면 친구들이 멀어진다

타인을 좌우하려는 성향은 인간관계를 파괴한다. 우정에 성공하는 사람은 사랑하는 이에게 그만의 공간을 소유하게 한다. 소유할 만한 가치가 있는 인간은 결코 소유되지 않는다. 부부 중 누가 우월한 힘을 지니든 관심 갖지 않는 사람들이 훌륭한 결혼생활을 한다.

우정을 위한 공간을 마련하는 방법은 비판을 신중히 할 것, 용납하는 언어를 사용할 것, 상대가 독특한 존재가 되도록 격려할 것, 혼자 있게 해줄 것, 다른 인간관계를 격려할 것, 인간관계를 변화시킬 준비를 할 것 등이다.

제Ⅱ부
인간관계를 보다 친밀하게 하는 5가지 지침

제7장 손으로 만져라

인체의 가장 강력한 기관은 피부이다. 적당한 피부자극은 신체기관과 성격의 발달에 필수불가결하다. 적절한 신체접촉을 경험하지 못한 아이들은 난폭하고 참을성이 없어진다.

제8장 인정해주는 기술

칭찬하는 일에 자유로워지라. 우리가 남에게서 무엇인가 얻어낼 속셈 없이 솔직한 칭찬의 말을 할 수 없다면 지극히 이기적이다. 남을 기대 이상으로 칭찬하는 방법을 배우라. 시간이 지난 다음에 칭찬하는 것도 효과적이다. 박수갈채는 고상한 마음을 일으키는 박차이다. 간디는 가끔 사람들을 그들의 현재 모습으로 보는 대신 그들이 도달할 수 있을 만큼 훌륭한 미래의 어떤 모습으로 봄으로써, 마치 그들 안에 선하고 좋은 것만 있는 것처럼 상대함으로써 그들을 변화시켰다.

제9장 커피 잔 부부
가장 가까운 사람과 말이 오가지 않을 때 가장 지독한 외로움에 사로잡힌다. 대화를 위한 스케줄을 마련하라. 아이들과도 따로 시간을 내어 대화하라.

제10장 대화의 기술을 향상시키는 방법
사람들에게 재미있는 사람이라는 말을 듣는 비결은 내가 그들에게 재미를 느끼는 데 있다. 눈으로 말을 들어라. 충고를 아끼라. 신뢰를 무너뜨리지 말라.

제11장 눈물이 하나님의 선물일 때
항상 강해야 한다는 강박에서 벗어나 자신의 감정을 자유롭게 말하라.

제Ⅲ부
인간적인 관계를 깨뜨리지 않고도 부정적인 감정을 조절하는 방법

제12장 좋은 녀석은 갈 곳이 없다
성이 나지 않는 사람은 없다. 다만 성을 내지 않는 사람이 있을 뿐이다. 화를 계속 억누르면 궤양, 편두통, 고혈압, 인간기피증에 걸린다. 부

정적인 감정을 잘 다루는 데서 훌륭한 인간관계가 형성된다. 누구나 좋지 못한 감정을 지닐 권리가 있다. 누군가 당신을 향해 화를 낼 때는 당황하지 말고, 분노를 억누르지 말며, 감정은 언젠가는 사라진다는 것을 기억하고, 사랑하면서 동시에 화를 낼 수 있다는 사실도 기억하라.

제13장 적절하게 화를 낼 수 있도록 도와주는 5가지 기술

당신의 감정을 얘기하되 상대의 결점을 말하지 말라. 한 가지 문제만 갖고 말하라. 상대가 반박할 기회를 주라. 목적은 감정을 해소하는 것이지, 상대를 정복하는 데 있는 것이 아님을 기억하라. 애정을 가지고 적절한 비판을 하라.

제IV부

인간관계가 나빠질 때 당신에게는 무슨 일이 일어나는가

제14장 비틀거리는 우정을 살려내는 방법

문제의 근원지를 알아내라. 잘못했을 때는 사과하라. 과거의 그늘이 우정을 망치지 않는지 살펴보라. 더 이상 효과 없는 낡은 방법을 사용하지 말라. 지나친 인정을 바라는 것은 아닌지 자신을 살펴보라.

제15장 창조적으로 용서하는 기술

강한 사람만이 용서할 수 있다. 용서란 매우 적극적인 힘이기 때문이다. 먼저 전쟁을 끝내는 사람이 되라. 우리가 받은 용서를 기억하라. 남을 용서하기 위해 하나님의 도우심을 받아야 한다.

제16장 에로스: 그 힘과 문제들

완전한 성적 인간으로 자신을 용납하라. 우리는 동시에 한 사람 이상을 사랑할 수 있다. 낭만적인 사랑은 한순간 열풍처럼 지나간다. 결혼 생활의 권태를 허용하지 말라. 남녀간의 우정에 있어서는 상식적으로 하라. 보다 값진 것은 황홀경보다 신뢰이다.

제17장 정절: 없어서는 안 될 요소

제18장 단번에 기록을 세우는 사람은 없다

제19장 당신도 사랑스러운 사람이 될 수 있다

적용질문
❶ 당신에게는 우정을 돈독히 하는 방법이 있다면 어떤 것들이 있나요?
❷ 당신은 칭찬을 잘 하는 사람인가요? 그렇지 않다면 칭찬하는 것이 어려운 이유는 무엇인가요?
❸ 부부간의 권태를 극복할 수 있는 방법은 무엇일까요?
❹ 당신이 거절당할 때 좌절감을 극복할 수 있는 방법은 무엇일까요?
❺ 최근 친구나 배우자에게 받은 칭찬이나 해 준 칭찬은 어떤 것들이었나요?

5. 게리 채프먼의 『5가지 사랑의 언어』

김순희(신성회독서상담전문가, 울산지부)

내용요약

1. 결혼 후 사랑이 사라진다?

"사랑은 배우고 익혀야 할 기술이다"라는 에리히 프롬의 말에 크게 공감한다. 아무리 좋은 사람들이 만나 결혼하더라도 함께 살아가는 데는 의지적 노력이 필요하다. 사람마다 고유한 사랑의 언어가 있다. 남편과 아내가 같은 사랑의 언어를 사용하는 경우는 드물다. 서로가 사랑을 표현했지만 그 메시지가 전달되지 못하는 것은 낯선 언어이기 때문이다. 거기에는 근본적인 문제가 있다. 배우자의 제 1의 사랑의 언어를 알고 배우면 결혼생활의 열쇠를 발견한 것이다. 제 2의 사랑이 언어까지 안다는 것은 결혼생활을 잘 지속시키기 위한 것이다. 내가 전달하고자 하는 사랑을 상대방이 느끼기 원한다면 상대방의 사랑의 언어로 표현해야 한다.

2. 5가지 사랑의 언어

사랑의 탱크를 어떻게 채워야 할까? 5가지 사랑의 언어를 알아본다.

1) 인정하는 말

말로 칭찬하는 것이 잔소리하는 것보다 훨씬 낫다. 당신이 원하는 것을 배우자가 하도록 하기 위해 겉치레를 하라는 말이 아니다. 사랑은 당신이 원하는 것을 얻는 것이 아니라, 사랑하는 사람의 행복을 위해 무언가를 하는 것이다. 우리는 칭찬을 들을 때 그 말에 보답하고 싶어 배우자가 원하는 것을 하게 된다.

글쓰기를 좋아하는 앨리슨의 사례를 보면 이렇다. 어느 날 남편이 우연히 내가 쓴 글을 보고 칭찬이 쏟아졌다. "당신이 쓴 글이 눈으로 볼 수 있는 그림 같아. 훌륭한 글이야. 잡지사에 꼭 제출해야겠어." 라고 격려의 말이 쏟아졌다. 앨리슨은 그 말에 격려의 힘을 받아 훌륭한 작가가 되었다. 격려하기 위해서는 배우자가 공감하는 것과 배우자의 관점에서 세상을 보는 것이 필요하다.

인간에게 가장 깊은 욕구는 '인정받고 싶은 욕구'이다. 인정하는 말은 개인의 그러한 욕구를 충족시킨다. 비록 남편의 제1의 사랑의 언어가 아니더라도 '인정하는 말'을 노트에 기록하여 늘 사용하는 것을 권한다. 말이 중요하기 때문이다.

2) 함께 하는 시간

함께하는 시간이란 상대방에게 온전히 관심을 집중시키는 것을 의미한다. 빌과 베티조의 부부생활을 들여다본다. 빌은 일중독으로 제1의 사랑의 언어는 '인정하는 말'이었고, 베티조의 제1의 사랑의 언어는 '함께하는 시간'이었다. 서로 언어가 맞지 않아서 부부생활에 활력이 없었다. 상담을 받으면서 남편 빌은 수첩에 아내와 함께 할 수 있는 것들을 목록에 적기 시작하고, 그것을 실행하기 시작했다. 베티조의 사랑탱크는 서서히 차기 시작했고 혹시 조금씩 줄어들 때 빌에게 관심을 부탁한다고 요청을 할 정도로 사이가 좋아졌다.

진정한 대화라는 사랑의 언어를 배우려면, 우선 조그만 수첩을 매일 지니고 다니면서 감정을 살피는 일부터 시작하라. 감정 그 자체는 좋거나 나쁜 것이 아니라는 사실을 기억하라. 그것은 단지 생활 속에서 일어나는 사건들에 대한 심리적 반응일 뿐이다.

또 새로운 방식을 익히는 한 가지 방법은, 그날 일어난 일 3가지 정도를 이야기하고 느낀 점을 나누는 시간을 매일 갖는 것이다. 나는 그것을 행복한 결혼 생활을 위한 '일일 권장량'이라고 부른다. 또 한 가지는 함께하는 활동이다. 함께하는 활동으로 얻게 되는 이득은 그 활동들이 회상해 볼 수 있는 좋은 추억거리를 제공해 준다는 것이다. 추억의 모든 것은 사랑이다.

3) 선물

선물이 제1 사랑의 언어라면 결혼반지가 떠오른다. 사랑의 증표처럼 바로 이것이 '선물'이다. 눈으로 볼 수 있는 상징이 어떤 사람에게는 더 중요하다. 배우자가 준 반지에 굉장한 의미를 부여하고 자랑하면서 끼고 다닐 것이다. '선물'을 잘 주는 사람이 되려면 돈에 대한 태도를 바꿔야 한다. 돈을 쓰면서 마음이 편해야 선물을 잘할 수 있다. 절약형이라면 사실 감정적으로 큰 저항을 느낄 것이다. 그렇게 되면 배우자의 감정적 욕구를 충족시키지 못한다. 배우자를 위해 선물을 구입하는 것이 가장 좋은 투자라는 사실을 이해해야 한다.

'선물'은 반드시 비싸야 되는 것도 아니며 매주 한 번씩 줘야 되는 것도 아니다. 그 가치가 금전적 값어치를 수반해야 되는 것도 아니며 사랑이 깃든 것이면 무엇이든 된다.

4) 봉사

마크와 메리는 모두 '봉사'가 그들이 제 1의 사랑의 언어였다. 언어가

똑같은데 왜 그토록 많은 어려움을 겪었을까. 서로에게 무엇을 해 주었지만 그것들은 상대에게 중요한 것이 아니었기 때문이다. 그들은 구체적으로 독특한 언어를 쉽게 알아냈다. 서로에게 맞는 언어를 구사하기 시작했을 때 그들의 사랑 탱크는 채워지기 시작했다.

또 다른 부부사례에서 35년 동안 가졌던 고정관념을 깨는데 눈물 나는 노력을 해야만 했다. 쉽게 이루어지는 것은 아니지만 배우자의 제1의 사랑의 언어를 배워 구사하기 시작하면 당신의 결혼생활에 놀라운 변화를 가져온다는 사실을 알 수 있다.

5) 스킨십

스킨십은 부부의 사랑을 전달하는 강력한 도구다. 당신 배우자가 제1의 사랑의 언어가 '스킨십'이라면 울고 있는 배우자를 껴안아 주는 것 이상 좋은 사랑의 표현은 없다. 위로는 별 의미가 없지만 스킨십은 상당한 효과가 있다. 위기의 순간은 사랑을 표현할 기회다. 따뜻한 사랑의 접촉은 그 위기가 지나간 후에도 오랫동안 기억된다.

피트와 페시의 사례에서도 서로 사랑의 언어가 달라서 힘들었다. 상담을 받으면서 각자의 제 1의 사랑의 언어를 찾았다. 피트의 제 1의 사랑의 언어인 '스킨십'을 아내가 먼저 시도하자 남편은 놀랍게 달라졌다. 페시의 제 1의 사랑의 언어인 함께하는 시간이 자동으로 이루어졌다.

많은 사람 중 그들은 배우자가 먼저 자신에게 '스킨십'을 시도해 주기를 갈망한다. 머리를 쓰다듬고, 등을 만지고, 손을 잡아 주고, 껴안는 등 사랑의 접촉은 제 1의 사랑의 언어가 '스킨십'인 사람들에게 감정의 생명줄과 같다.

3. 사랑은 선택이다.

부부간 서로가 '제 1의 사랑이 언어'를 알았지만 사랑의 탱크를 채우지 못하는 것은 왜일까?

서로가 다른 언어를 선택하기 때문이다. 사랑이 과거를 지워주지는 않지만 미래를 변화시킬 수 있다. 인간의 본성은 선택할 수 있는 능력을 갖추었다는 것이다. 좋은 선택이란 무엇인가? 당신이 알아듣는 사랑의 언어로 말을 하는 것이다. 서로 채워진다면 이기려고 하지 말고 사랑하기 위해 노력해야 한다. 사랑탱크가 가득차면 세상도 정복할 수 있다. 불가능한 것이 없어진다. 사랑은 선택이다. 우리의 사랑 탱크를 가득 채우려면 둘 중 한 사람이 오늘 당장 시작하자.

적용질문
❶ 결혼할 때의 마음과 결혼 후 이혼하고 싶을 때의 경험담을 나누어 봅시다.
❷ 나와 배우자가 원하는 사랑의 언어는 무엇인가요?
❸ 최근 배우자가 원하는 사랑의 탱크를 채우신 일을 나누어 주실래요?
❹ 배우자로부터 상처를 받는 상황으로 어떤 것들이 있었나요?
❺ 서로의 사랑의 언어를 알고 효과적으로 사용하는 나만의 방법이 있다면 나눠볼까요?

6. 폴 투르니에 『강자와 약자』

이소라(신성회독서상담전문가, 전 회장)

* 책 소개: 이 책은 외적으로는 강자와 약자라는 정반대의 모습으로 보이는 인간들도 내적으로는 '두려움'이라는 동일한 동기에 의해 움직이고 있다는 주장을 설득력 있게 펼치고 있다.

제1부 인간에 대하여
1. 외양과 실제

인류에게 강자와 약자의 두 부류가 따로 있다고 보는 거대한 착각이 있다. 그러나 인간들은 자신들이 생각하는 것보다 훨씬 더 서로 비슷하다. 강하거나 약하거나 하는 외부적 반응이 다를 뿐이다. 이러한 겉모습 속에는 똑같은 내면의 인간성이 숨어 있다. 외적인 가면은 약자 뿐 아니라 강자도 기만한다. 인간은 모두 다른 사람들과 하나님을 두려워하고 자신을 두려워하며 삶과 죽음을 두려워한다.

강한 반응이란 자신의 약점을 가리기 위해 자신 있고 적극적인 모습을 띠며, 자신의 두려움을 덮기 위해 다른 사람의 두려움을 자극하고, 자신의 나쁜 면을 감추기 위해 좋은 면을 과시하는 것을 말한다. 반면, 약한 반응은 당황한 나머지 자신이 감추고 싶어 하는 바로 그 약점을 드러내는 것을 말한다. 이런 점 때문에 약자는 항상 강자보다 더 정직한 것처럼 보인다.

강한 반응과 약한 반응은 서로 밀접하게 연관되어 있어서 이 반응에서 저 반응으로 쉽게 바뀔 수 있다. 이 두 반응은 인간 누구나 가지고 있는 근본적으로 동일한 고통에 대한 표현으로, 작용하는 기제는 다르지만 초래하는 결과는 같다.

모든 사람의 근본적인 문제는 도덕적 고통이다. 심리학적인 구원은 약자를 강자의 진영으로 들어가도록 하는 것이지만, 종교적인 구원은 하나님의 뜻을 재발견하는 데 있다. 하나님의 은혜를 진정으로 체험할 때 약자는 용기를 회복하고 강자는 교만을 무너뜨린다.

2. 좌절

어떤 사람들은 비난을 받아도 그것을 발판으로 굳건히 서는 반면, 약자는 비난과 책망은 물론, 이해와 배려를 받아도 좌절한다. 정서는 사람의 운명을 완성하는 안내자로서, 정서에 장애가 생기면 무질서와 모순된 반응을 야기한다. 정서장애는 선천적 요인과 후천적 요인이 동시에 작용하여 생겨난다.

정신-신체적 구조, 즉 약한 반응을 하도록 타고난 선천적 기질이 신경증의 원인일 수 있다. 모든 후천적 요인 가운데 가장 중요한 요인은 부모의 불화이다. 약한 반응의 특징인 내면의 무기력은 반대되는 부모 양쪽의 세력을 절충한 '상호 중립적' 표현이다. 부모를 부끄러워하는 아이들은 모두 약한 반응의 올가미에 빠진다. 자녀를 함부로 대하는 것과 마찬가지로 자녀를 우상시하는 것도 위험한 일이다.

3. 두려움

아이가 약한 반응을 보이는 근본적인 원인은 두려움이다. 자녀를 지배하고 자녀의 인격을 무시하며 자신의 부당한 요구에 순종하라고 강요하기 위해 두려움이라는 무기를 이용하는 부모는 범죄자나 마찬가지다.

아이가 두려움을 느끼는 대상은 엄청나게 많다. 두려움은 그 두려워하는 결과를 낳는다. 가장 해로운 두려움은 성의 영역에서 일어난다. 성도착은 죄가 아니다. 오히려 인습에서 나온 잘못된 수치심으로 두려워하는 것이 진짜 죄이다. 정상인이든 비정상인이든 죄를 고백하는 것이 구원으로 인도받는 유일한 통로이다. 본능과 그것에 굴복하는 위험에서 완전히 벗어난 삶이란 불가능하다. 그러나 무분별한 성생활을 하는 것에 대해서는 두려워해야 한다.

강자에게도 두려움이 있다. 사람들은 자신이 무서움을 느끼기 때문에 다른 사람을 무섭게 만들려고 한다. 두려움에서 해방되기 위해서는 자기의 결점을 고백하는 것이 필요하다. 두려움의 인식이 없이는 어떠한 노력도 효과를 발하지 못한다. 두려움을 하나의 축복으로 받아들이라. 사랑도 두려움을 일으킨다. 두려움을 떠나서는 하나님을 찾을 수 없다. 신앙이 하는 일은 두려움에도 불구하고 앞으로 나아가게 하는 것이다.

제2부 인간의 반응

4. 약한 반응

약한 반응은 현실도피욕구 및 의욕상실과 관련된다. 도피적 태도 때문에 많은 대화가 겉돌며 억제하는 태도 때문에 오해를 받는다. 오해받는다고 느끼기 때문에 평정을 회복하기가 더 어렵다. 쉽게 피로해지는 것도 약한 반응이다.

피로의 원인은 순수한 과로, 지나친 열심, 반항, 그리고 게으름 때문이다. 똑같은 업무를 가벼운 마음으로 수행하면 그것은 일종의 게임일 수 있지만, 정신적 긴장 속에서 하면 지칠 수 있다. 파업이 한 나라를 마비시키는 것처럼 피로는 사람의 능력을 마비시킨다. 수동성, 사소한 시간 낭비, 건망증도 서서히 진행되는 파업이다. 잠에 대한 지나친 욕구, 발기불능, 종교적 열정이나 질병으로 도피하는 것도 무의식적인 파업의 일종이다.

자신감이 부족한 사람은 온갖 사람들의 의견을 구하고, 서로 엇갈리는 충고들 때문에 우유부단한 성격이 더욱 악화된다. 항상 부당한 판단을 받고 있다는 감정은, 약자를 약한 반응의 고리에 묶어 둔다. 모든 약한 반응은 단지 절망의 상징이며, 그 해결책은 신앙 밖에 없다.

감정을 발산하기 위해서 말을 할 때는, 토론이 아닌 경청이 필요하다. 이성은 우리의 감정을 통제하지 못한다. 감정을 제어할 수 있는 것은 감정뿐이다. 자신감은 우리가 사랑받고 있다고 느낄 때 새로이 탄생한다. 약자들은 사람들의 마음속에서 그리스도의 사랑의 반영과 그 증거들을 발견해야 한다.

5. 강한 반응

강한 반응은 적극적인 반응이다. 강자는 분투와 모험으로 얻을 수 있는 행복감을 추구하면서 내면의 고통을 감춘다. 강자도 누군가로부터 저항을 받지 않는 한 모든 사람과 평화롭게 지낸다.

강한 반응을 하게 되는 동력은 보복충동이나 앙갚음이다. 강한 반응의 가장 흔한 형태는 비판이며, 완고함과 고집, 허세, 분노도 강한 반응의 일종이다. 수다, 청산유수 같은 말투, 발랄함, 때로는 침묵도 강한 반응이 될 수 있다.

종교적인 횡포는 가장 위험한 독재행위이다. 우리는 그 누구도 하나님의 은혜를 체험할 수 있도록 인도하지 못한다. 개종이라는 미묘하면서 강한 반응 뒤에는, 진리를 모르거나 여전히 죄 가운데 살고 있는 사람들을 경멸하는 일종의 우월감이 숨겨져 있다. 겉으로만 보이는 미덕은 위험하다. 이것은 인간을 자유롭게 해주기보다는 억압하고, 이로써 인간은 명성의 노예가 된다. 이상주의도 하나의 강한 반응일 수 있다.

하나님께 기도하고 묵상하는 것이 우리의 삶에서 진정한 의지적 행동과 단순한 자동반응을 구별하는 통찰력을 얻는 유일한 방법이다.

6. 상호반응

힘의 상호관계는 강한 반응과 약한 반응의 균형상태에서 결정된다. 이때는 일종의 상호묵인이 존재한다. 각 사람은 자기보다 강한 존재에게는 복종하고 자기보다 약한 사람들은 이용한다.

두려움과 교만 때문에 필요한 도움을 구하지 못하고 타인을 혐오하게 된다. 강자와 약자 사이에는 계속해서 호혜성의 원칙이 적용된다. 우리는 삶에 환상을 부여하기 위해 방어기제를 더욱 발달시킬 필요를 느끼게 된다. 단순한 사람은 대개 강하고 복잡한 사람은 약하다.

의사라는 직업의 본질은 약자를 지키는 것이며, 율법의 기본원리는 강자의 위협에 대하여 약자를 보호하는 것이다. 역사상 인류에 가장 큰 공헌을 한 사람은 파스칼이나 성 프란시스 처럼 나약하고 아픈 사람들이었다.

강함은 선과 정의를 지키기 위해 특정한 사람들에게 허락된 선물이기도 하다. 강자의 힘은 하나님의 인도를 받을 때 굉장한 가치를 가지게 된다. 강함과 약함은 단지 자연적인 현상이기 때문에 모든 자연현상과 같이 공평하다.

인간은 모두 평등하다는 개념이 없이는 어떠한 교제도 성립될 수 없다. 삶은 행동하는 것이지 반응하는 것이 아니다. 한편에는 자신의 약점을 인식하고 하나님의 은혜만 의지하는 약자가 있고, 다른 한편에는 자신의 강한 믿음, 자신의 이론, 미덕을 믿는 약자가 있을 뿐이다.

제3부 심리학과 신앙

7. 정당한 방어

정신분석학파는 기독교가 자연적인 공격성을 억압하여 신경증이 생겨나는 것이라고 본다. 그러나 기독교의 도덕성과 약한 반응을 혼동해서는 안 된다. 성경의 무저항주의는 약한 반응이 아닌 용기 있는 행동을 의미한다. 자신을 지킬 수 있으면서도 그리스도를 따르기 위해 그 힘을 단념하는 강한 사람과 두려움에 빠져 나약하게 굴복하는 사람 사이에는 차이가 있다. 영적인 삶은 강자의 힘을 깨뜨리고 약자를 강하게 한다. 약한 반응의 악순환은 하나의 질병이다. 사람에게는 정당한 방어가 있으며 그것을 억압하는 것은 하나님께 불순종하는 것이다. 참다운 용서는 약한 반응이 아니다. 집요한 방어적 태도는 자유로운 인격의 성장을 막는다.

심리적 반응에서 벗어나기란 쉽지 않으나, 가장 먼저 해야 할 일은 반응 자체를 인정하는 것이다. 진정한 자유는 죄를 고백하고 하나님의 용서를 체험할 때에만 누릴 수 있다. 시간이 부족하다고 불평하는 사람들이 바로 시간을 낭비하는 사람들이다.

8. 심리적인 힘과 영적인 힘

막연하고 포괄적이며 조직적인 자기비난은 대부분 병적인 것이며, 구체적인 행동이나 태도와 관련된 뚜렷한 양심의 가책은 대개가 건강하다. 자신의 능력을 알리기 위해 끊임없이 신경을 쓰고, 잘못을 저질렀는데도 끊임없이 자기를 합리화하는 것은 영적인 힘이 아니고 잘못된 힘 즉, 심리적인 힘이다. 순교자들은 본래는 강하지 않았지만 불굴의 용기를 가지고 수많은 박해와 죽음을 감당했다. 복음은 약자와 마찬가지로 강자에게도 해방을 준다.

알콜 중독과 도박, 주색에 빠지는 행위는 죄의 열매다. 사람들은 갑작스럽게 그리고 영원히 죄의 열매로부터 구원을 얻는다. 그러나 죄의 뿌리는 여전히 남아있고, 죽음을 통해서만 그 뿌리에서 구원을 얻을 수 있다. 약자가 할 수 있는 최대의 증거는 성령의 능력 안에서 자기의 본성을 극복하는 것이고, 강자는 겸손하고 인내하며 부드러운 모습을 보임으로써 자신을 극복하여 최고의 간증을 할 수 있다. 하나님의 은혜를 받아 순종하는 것과, 독재적인 지도자의 강압을 받아 순종하는 것 사이에는 차이가 있다.

진정한 죄의식에는 은혜가 필요하지만, 잘못된 죄의식에는 정신치료가 필요하다. 심리적 수준에서 불안의 원인을 제거하면, 하나님의 은혜가 넘쳐흐를 수 있는 영적인 통로가 열린다.

9. 진정한 힘

영적인 힘은 자연적인 반응의 악순환을 끊는 힘이며, 자기 자신은 물론 두려움도 극복할 수 있는 힘이다.

우리 마음에는 '본능'과 '성령'이라는 두 가지 동기가 작용한다. 본능을 연구하는 것은 유익한 일이지만 믿는 자들은 그것을 훨씬 넘어선 새로운 힘의 원천을 통해 나오는 초자연적인 힘을 추구한다. 심리학적인 힘을 가진 사람은 타인을 패배시키고 굴욕감을 주어 승리하지만, 영적인 힘을 가진 사람은 다른 사람들에게 그 힘을 전해준다.

구원과 치유는 일치하지 않는다. 치유는 구원의 증거지만, 구원은 치유를 넘어선다. 삶의 목표는 건강이 아니라 열매를 맺는 것이다. 신앙을 통해 삶에 분명한 변화가 일어났다 해도, 우리 각자는 자기 나름의 자연적인 유형 속에서 각자의 인생을 살아간다. 신앙체험의 진정한 의미는 삶에서 나타나는 변화에 있는 것이 아니라, 그 변화 속에서 우리가 하나님을 알아 간다는 사실에 있다. 우리의 고통을 발견하는 어두운 여행은 은혜를 발견하는 밝은 여행으로 변화된다.

예수님의 말과 행동에는 자연적인 심리 반응의 특성이 전혀 보이지 않는다. 그분만이 겉으로 드러난 반응 속에 가려진 고통에 응답하신다.

적용질문
❶ 사람들은 자신의 비밀을 털어놓을 대상으로 주로 어떤 사람을 택하나요?
❷ 관심과 호기심의 차이는 무엇이라고 생각하나요?
❸ 우리는 왜 어머니에게 털어놓지 않는 것을 친구에게는 말할까요?
❹ 내 인생에서 첫 번째 비밀이 생겼던 경험은 무엇이었을까요?
❺ 부부라 해도 지나친 밀착이 위험한 이유는 무엇인가요?

7. 제임스 돕슨의 『자신감 있는 자녀로 키우자』

이재희(신성회독서상담전문가)

내용요약

이 책의 원제는 『The New Hide or Seek』이다. 외로운 고독 속에 숨어들지(hide)말고, 적극적으로 자아실현을 위한 기회를 찾으라(seek)는 의미에서 붙여진 이름이다. 부모와 교사들이 자녀와 아이들을 자신감 있고 건강한 어린이로 양육하는데 도움을 주기 위한 책이다. 열등감, 무력감, 수치심으로 숨어들지 않고, 이 책에서 제시한 전략들을 적용함으로써 아이들에게 건강한 자아상, 긍정적인 자아개념, 높은 자존감으로 표현되는 자신감, 즉 건강한 자존감을 찾고 추구하도록 용기를 줄 수 있기 때문이다.

제1부 가치관과 인간의 가치

1. 도처에 만연한 열등감

낮은 자존감으로 인해 생기는 결과는 어둡고 침울하다. 아이들이 자라서 성인이 되었을 때 여러 가지 어려움을 극복할 수 있도록 철저하게 준비를 시켜야 한다.

성장 각 단계마다 자존감을 위협하는 독특한 요소들이 있다. 어린이들은 자신의 위상이나 정체성에 대해 실제로 두려움을 느끼고, 십대들은 여러 가지 변화의 회오리바람을 맞게 된다. 성인들도 역시 지속적으로 열등감 때문에 고통을 당하며 이것을 극복하려고 노력한다. 노인들이 말년에 치매에 걸리거나 지적 퇴보를 보이는 경우, 소외당하고 있음을 실감하고 장수하는 노인들은 자신이 무용지물이라는 느낌을 받는다.
　이러한 문제는 개인적인 문제에 머물지 않고 사회 전체의 건강과도 연관되어있다. 어느 사회라도 많은 구성원들이 자존감을 갖지 못하면 '정신적인' 질병, 노이로제, 증오, 알콜중독, 환각제, 폭력, 그리고 사회적 혼란이 필연적으로 따르게 된다.

2. 미모: 인간의 가치를 측정하는 금화

　여러 문화권에서 인간의 특성 중 신체적 매력에 가장 큰 가치를 두고 있는 것이 사실이다. 매력 없는 아이보다 귀엽고 예쁜 아이들에게 특별한 관심을 보인다. 바로 이 차이가 성장하는 아이들에게는 심각한 영향을 미친다. 비단 아기 뿐 아니라 어린이, 청소년, 성인, 노인에 이르기까지 미모는 모든 사람에게 그 영향을 미친다. 사람의 가치를 외모의 저울로 측정한다는 것은 잘못된 일이며 이것은 잘생긴 사람이나 못생긴 사람 모두에게 해를 끼친다는 것이다.

3. 지능: 인간의 가치를 측정하는 은화

　지능은 아이들의 가치를 측정하는 데 사람들이 사용하는 또 다른 중요한 요소이다. 부모들은 정상적인 아기 즉 평범한 아기의 출생을 위해 기도한다. 그러나 아이가 태어난 이후부터는 평범한 보통아이로는 만족하지 못한다. 다행스럽게도 대부분의 아이들은 평범한 아이들이며, 있는 모습 그대로 인정받고 사랑받으면 되는 아이들이다. 이런 인정과 용납이 없으면 아이는 비현실적인 압력을 받고, 부모들은 깊은 실망감에 시달리게 된다. 고의적인 것은 아니지만 전통적인 학교는 지능이 낮은 아이의 자존감을 조금씩 허물어뜨리도록 교과 과정이 짜여 있다.

자신감과 자존감을 형성하는데 절대적인 영향을 미치는 외모와 지능 외에도 부모, 나이가 더 많은 형제들, 어린 시절의 큰 실수, 재정적 곤경, 질병, 과잉보호, 당혹스럽게 하는 가족...어린이는 수천 가지 이유로 자존감을 상실할 수 있으며 자존감을 회복하는 것은 일반적으로 매우 느리고, 어려운 과정이다.

제2부 자존감을 세우기 위한 전략

4. 바른 가치관이 깃든 환경을 조성하라.

어린이는 눈이나 코의 생긴 모습, 또는 얼마나 머리가 좋은가와 상관 없이 그가 세상에서 유일하며 귀한 존재라는 것을 가르칠 수 있는 바른 가치관을 세울 환경을 조성해야 한다. 그 방법은 분명히 있다.

전략 1) 가정에서 가치관을 정립하라

가정은 아이들의 성소이며 안전을 보장받는 요새가 되어야 한다. 그러나 우리 아이들은 부모가 의도적으로 그러는 것은 아니지만 가장 큰 상처를 가정에서 받고 있다. 진정 성숙한 부모만이 못생기거나 지적으로 둔한 자녀의 눈을 바라보면서 "얘야, 난 너를 사랑할 뿐만 아니라 네가 인간으로서 정말 무한한 가치가 있다는 것을 인정해"라고 말할 수 있는 것이다. 자녀를 사랑하고 신뢰하고 존중하면서 자존감을 세워주어야 한다.

5. 가치관의 폭탄을 제거하라.

아이들의 자존감을 훼손하는 이 세상의 가장 해로운 가치관과 싸워야 하는 전투에 있음을 알고, 그들이 전투에서 승리하도록 강한 자존감으로 무장시켜 주어야 한다.

전략 2) 어린이는 어린이답게 키우라

아이들이 가지고 노는 장난감조차 미와 부와 물질을 숭상하도록 하는, 잘못된 가치관을 심어주고 음악, TV 프로그램 시청, 비디오 게임, 사이버 공간에서 보는 것을 무분별하게 통제 없이 허락한다면 나쁜 영향을 받을 것은 분명하다. 우리는 아이들을 이 세상에서 격리시킬 수는 없다. 그러나 아직 어린아이들을 사춘기 청소년처럼 만드는 데에 동참할 수 없다.

전략 3) 자신의 결점에 대한 자기비판을 피하게 하라

우리는 아이들에게 필요 없이 자신의 결점을 말하며 스스로 자신을 쓰러뜨리지 않도록 가르쳐야 한다. 계속적으로 자기비판을 하는 것은 나쁜 습관이 될 수 있다.

전략 4) 아이의 약점을 보상하도록 도우라

보상은 아이가 열등감을 극복할 수 있는 가장 좋은 무기이다. 부모는 시련을 당하는 아이가 그것을 이겨낼 수 있도록 동반자가 되어주어야 한다. 낙심했을 때 격려해주고, 시련이 너무 심하여 파멸을 당할 것 같으면 그 일에 개입하고 무엇보다도 중요한 것은 장애물을 극복할 수 있는 도구를 제시할 수 있어야 하는데 이런 효과적인 도구 중의 하나가 바로 보상이다.

전략 5) 경쟁할 수 있도록 도우라

우리 사회가 미모와 지능에 가치를 두고 강조하는 것을 반대하지만 우리 아이들은 이런 것을 숭배하는 세상에서 경쟁을 벌여야 하는 것이다. 내 아이가 세상에서 경쟁하도록 도우면서도 이 세상의 가치관은 일시적이고 절대적 가치는 없는 것이라고 가르쳐야 한다.

6. 긍정적으로 양육하라.

긍정적으로 양육을 받은 아이들은 나중에 인생의 벽에 부딪혔을 때 그렇지 못한 아이들과 큰 차이를 보인다. 긍정적으로 양육하려면 자녀를 훈계해야 하고, 잘 관찰해야 한다.

전략 6) 자존감을 훼손하지 않게 훈계하라

적대적 체벌이 자존감을 크게 훼손하는 것처럼, 훈계를 전혀 하지 않고 방임하는 것도 역시 자존감을 훼손한다. 조사 결과, 높은 자존감을 가진 자녀의 부모들은 자녀 훈계에 더 엄격했으며 또한 민주적이고 개방적인 가정에서 성장했다. 자녀들의 행동에 대한 경계선을 확실하게 그어줄 때 개개인이 성장하고 발전하는 자유가 보장되고 가정에 대한 소속감이 강해지는 것을 알 수 있었다.

전략 7) 학교생활을 주의해서 관찰하라

부모는 자녀의 학습 진척 정도를 알아야하고, 필요하면 적합한 방법으로 개입해야 한다. 이렇게 하는 목적은 개인의 자존감을 훼손하지 않으면서 학습가능성을 최대한 살리기 위한 것이다.

전략 8) 과잉보호와 의존심을 피하라

책임 있는 성인으로 성장하게 하는 최선의 준비는 아동기때에 책임에 대한 훈련을 하는 것이다. 엄마가 희생하며 과잉보호하게 되면 자녀가 책임 있는 성인으로 자라 궁극적으로 독립하게 되는 시간을 지연시키게 된다. 유아기 때부터 시작하여 10대 후반이나 20대 초반에 자녀를 완전히 독립시키기까지 부모는 자녀의 자존감을 키워주고, 아이를 독립시켜 떠나보내는 훈련을 시킨다. 떠나보낸다는 것은 쉬운 일이 아니다. 그러나 좋은 부모가 되기 위해서는 그렇게 해야 한다.

전략 9) 다른 사람에게 친절하도록 가르치라

어른들이 아이들에게 다른 사람들을 사랑하고 존경하도록 말과 행동으로 적극적으로 가르치고, 친구를 서로 존중하고 특히 마음이 약하고 민감한 아이들을 보호하도록 해야 한다. 어린이들이 약하고 못난 자들에게 파괴적으로 대하는 것은 어른들이 다른 사람들을 불쌍히 여기도록 가르치지 않았기 때문이다.

7. 십대를 성공적으로 보내도록 도우라.

청소년들은 신체와 감정에 급속한 변화를 겪는다. 그래서 열등감에 빠지기가 쉽다. 그러나 다음 제안을 따라 미리 적절하게 준비시켜 준다면 그들이 겪을 두려움과 염려와 실망을 미리 방지할 수 있다.

전략 10) 청소년기를 맞이할 준비를 시키라

아동기는 청소년기 이후를 준비하는 기간이다. 부모에게는 아이들의 가치관의 기초를 쌓아 줄 수 있는 기간으로 10년밖에 주어지지 않았으며, 이 기간이 지나고 나면 자녀는 부모에게서 배운 가치관과 삶의 태도를 가지고 사회적 압력이나 문제들과 싸워 이겨 나가야 한다. 그러므로 부모는 어린이들에게 자존감이란 무엇을 의미하는지, 그리고 이것을 어떻게 보존해 나갈 것인지를 가르쳐주어야 한다.

제3부 전략을 실천하기

8. 낙심한 성인에게 주는 메시지

낮은 자존감은 성인들 중에서도 일반적으로 보이는 현상이며, 전 세계 어느 문화권에서나 심각한 문제가 되어 있다. 무력감, 열등감, 외로움...

열등감을 치료하는 가장 성공적인 방법은 다른 사람의 문제를 해결하도록 도울 때 자신의 문제에 집착하지 않고 치유된다는 것이다. "너희가 짐을 서로 지라(갈 6:2)" 이 같은 성경적 원리가 열등감과 무력감을 해결할 최선의 방책이다.

9. 열등감에 대처하는 잘못된 행동 유형

자신감은 사람의 행동에 매우 큰 영향을 미친다. 사람들의 행동 중에서 상당한 부분이 낮은 자존감에서 오는 내적 고통으로부터 자신을 보호하기 위해 일어나는데 이것이 사람들의 삶에 가장 강력한 영향력을 미친다고 본다. 마음속에서 일어나는 자기 회의나 부적격자라는 느낌을 어떻게 처리하는지 그 행동양식은 6가지가 있다.

'유형 1) ~유형 5)
"움츠려 들겠다", "싸우겠다", "어릿광대 짓을 하겠다", "현실을 부정하겠다", "순응하겠다" 모두 일시적일 뿐이며, 자기 회의는 그대로 남아 있다.

'유형 6) "보상하겠다"

부모는 아동기 중반부터 자녀가 보상할 수 있는 것을 제시하여 그들이 선택할 수 있도록 문을 열어 주어야 한다.

적용질문
❶ 성장과정에서 열등감으로 인해 자존감을 위태롭게 했던 경험은 무엇이었나요?
❷ 지능지수(아이큐)에 대한 열등감이나 우월감이 있었다면 나눠 볼까요?
❸ 긍정적 자아상을 가진 자녀로 키우는 나만의 노하우를 나눠 볼까요?
❹ 낙심한 성인을 도왔던 나의 경험을 나눠 볼까요?
❺ 나의 성장과정에 들었던 자신감을 심어주고 힘나게 했던 말은 무엇이었나요?

8. 고든/게일 맥도날드 『마음과 마음이 이어질 때』

이현경(신성회독서상담전문가, 전주지부)

내용요약

모든 인간은 사랑을 통해 친밀함을 주고받는 존재로 지음 받았다. 음식이 위장의 연료라면 친밀함은 영혼의 연료이며 에너지이다. 최초 남녀(아담, 하와)의 하나님께 대한 불순종의 비참한 선택의 죄로 인해 친밀함의 상실을 가져왔고 갈등과 불화 상태에 빠졌다. 예수님은 제자들에게 친밀함이 회복되는 원리를 가르치셨다. 예수님의 사랑을 본받아 사랑하라고 명령하셨다. 그러므로 사랑하기로 결단, 선택해야 한다. 그리고 실행으로 옮겨야 한다. 진정한 친밀함이 가능하다는 삶의 증거를 보이며 서로 그리스도의 장성한 분량에 이르기까지 성장하기를 원하신다.

※ **진정한 친밀함은 마음과 마음이 이어질 때 이루어진다.**

1) 헌신이 없이는 마음과 마음이 이어질 수 없다

친밀한 관계의 목표를 이루기 위해 개인적인 권리를 포기하는 것이 헌신의 시작이다.

2) 투명함이 없이는 마음과 마음이 이어질 수 없다.

자신의 삶을 열어 보이는 것이 간단한 일은 아니지만 실수, 약점, 장점, 꿈, 아픔, 기쁨을 숨기지 않고 알릴 수 있는 용기가 필요하다. 사람이 자신의 인격에 좋은 면만을 보이려 할 때에는 고통, 연약함, 수치를 숨기려한다(사기꾼 증후군). 이런 경우는 친밀함이 이루어질 수 없다. 하나님 앞에 자신의 진정한 모습을 알고 깨어진 마음으로 사람을 향하여 투명해지는 법을 배우는 것이 친밀함의 중요한 단계이다.

3) 민감함(안을 들여다보는 기술)**이 없이는 마음과 마음이 이어질 수 없다.**

자신의 필요에만 빠져있지 말고 서로의 마음을 진실하게 알려고 노력하는 관계의 협력이 필요하다. 기도와 경청하는 마음으로 적절한 순간을 기다리면서 격려와 꾸지람을 행하는 것은 지속적인 연습을 통해 얻어진다.

4) 대화가 없이는 마음과 마음이 이어질 수 없다.

많은 사람이 관계를 맺을 때 가장 단순하면서 어려운 일이 양쪽 모두가 만족과 온전함을 느낄 수 있는 대화를 하는 일이다. 1단계에서 5단계 대화로 분류해서 5단계는 최상의 진실의 대화단계 (인정, 사랑의 책망, 고백, 용서)가 이루어지면 위기를 만날 때 상황을 이겨내는 힘의 기반이 된다.

5) 건설적인 갈등은 마음과 마음이 이어지는 중요한 부분이다.

그리스도인이기 때문에 아무런 갈등이 있어서는 안 된다고 생각하는 것은 문제이다. 갈등 없는 관계는 오래가지 않는다. 이기는 사람도 없고 지는 사람도 없이 상대의 의견을 존중하면서 타협점을 찾는 것을 더 중요하게 여기며 성장하는 사람만이 있을 뿐이다.

6) 세워줌이 없이는 마음과 마음이 이어질 수 없다.

모든 개인의 인생에는 하나님의 목적과 의미가 있으며, 각기 자신만의 은사와 능력이 있다. 서로 성숙으로 이끌어 주는 일에 참여 하도록 지음 받은 존재로서 인내, 보호, 실수를 덮어줌으로 세워주는 것이 관계의 궁극적인 목표이다.

지속적인 세움의 관계는 하나님께 서로를 올려드리는 중보기도와 인정, 용서가 필요하다.

7) 마지막 두 챕터는

모든 인간관계에서 가장 친밀함을 추구해야 할 부부관계에 초점이 맞추어져 있다. 밖에서 아무리 인간관계를 잘 맺고 인격적으로 괜찮은 사람이라는 평가를 듣는 사람이라도 가정에서 특히 배우자에게 그런 평가를 받지 못한다면 이중인격일 수밖에 없다. 친밀함을 구하는 것은 본능적인 일이지만 그것을 만족스러울 정도로 누리는 사람은 아주 적다. 친밀함은 쉬운 일도 아니고 금방 되는 일도 아니며 노력 없이 저절로 되는 일도 아니다. 그러나 마음과 마음이 이어지는 일은 예수님을 자신이 삶과 관계의 중심에 두고 모시기로 작정한 평범한 사람들에게는 가장 쉽게 일어난다는 사실을 발견할 수 있다.

우리가 결혼과 가정, 우정 속에서 친밀함을 발견할 수 있도록 힘이 되어 준 것은 바로 예수 그리스도의 능력이다. 마음과 마음이 이어지는 곳에는 친밀함이 있으며 그 때야 비로소 우리는 하나님이 왜 우리를 지으셨으며 얼마나 우리와 친밀함을 누리기 원하시는지를 깨닫게 된다.

적용질문

❶ 최근 내가 진심으로 친밀감을 느꼈던 경험을 나눠 볼까요?

❷ 포기하고 싶을 때 다시 힘을 내도록 도움 받았던 경험을 나눠 볼까요?

❸ 사람들에게 나의 좋은 면만을 보이려고 애썼던 상황을 나눠 볼까요?

❹ 최상의 진실한 대화 5단계(인정, 사랑의 책망, 용서, 고백)를 자주 나누려면 어떻게 해야 할까요?

❺ 지금까지 당신을 세워주었던 사람들에 대한 경험을 나눠볼까요?

9. 정동섭, 『자존감 세우기』

양은진(신성회독서상담전문가, 부산2지부)

책 요약

자존감은 정신건강을 가늠하는 척도이며 사람을 살게 하는 원동력이다. 자존감이 사람을 당당하고 건강하게 만든다. 자존감이 회복되면 마음이 건강해지며 사랑과 일에서 성공할 수 있다.

1) 자기란 무엇인가? 자기개념의 구성요소들

자기란 자신의 것이라고 부를 수 있는 모든 것의 합계다. 자아개념은 모든 것을 포괄하는 상위개념이고, '자기정체감' '자기존중감' '자기효능감'등은 하위개념으로 서로 유기적인 관계에 있다. 자아개념 또는 자아상이란 '내가 나를 어떻게 보고 있느냐'는 것이고, 자아정체감은 '나는 누구인가?'에 대한 인식이다. 자존감이란 자신에 대한 자신의 평가이며, '스스로 존중하는 마음'이다. 자기효능감은 스스로 어떤 일을 잘 해낼 수 있다는 믿음과 기대를 말한다.

2) 자존감에 대한 기본전제와 믿음

자존감은 인간의 기본적인 욕구인데 기본적인 욕구가 충족되지 않은 사람은 존재하거나 성장하거나 행복할 수가 없다. 몸의 건강에 음식과 물이 필요하듯 좋은 자기상 혹은 자존감은 영혼의 건강과 성장에 꼭 필요하다. 자존감에 대한 통제는 타인이나 환경에 의해 결정되는 것이 아니라 각 개인의 선택에 달려 있다.

3) 자아개념과 자존감은 어떤 과정을 거치면서 형성되는가?

나는 누구인가? 나는 어떤 사람인가? 라는 질문에 대한 대답들은 어려서부터의 경험을 통해서 얻어진다. 부모는 자녀에게 가장 중요한 타인이다. 부모는 아이가 누구인지 보여주는 거울과 같다. 기본적 자존감은 생애초기에 부모와 자녀의 상호작용 속에서 일찍이 습득된다. 따라서 어린 시절의 돌봄(양육)이 중요하다. 가정은 자아상을 빚어내는 공장이다.

4) 자아개념과 자존감은 왜 중요한가?

자존감이 행복의 열쇠이다. 자아개념 또는 자존감이 사람의 행동과 운명을 좌우한다. 사람의 생각이 사람 그 자체이며 사람은 꼬리표대로 산다. EQ(정서지능)와 자존감은 후천적으로 형성된다. 현대인의 가장 큰 함정은 성공, 인기, 힘이 아니라 자기비하이다. 그러나 스스로를 맹목적으로 높이 평가하면 공격적, 폭력적으로 변할 수 있다. 건강한 효능감과 윤리감이 결여된 자존감은 비행으로 이어질 수 있기 때문이다. 우리의 자아상과 자존감은 어릴 때는 중요한 타인에 의해 형성되지만, 나이가 들어가면서 자신에 대해 스스로 생각하는 법을 배워야한다.

5) 낮은 자존감은 우리의 삶에 어떤 영향을 미치는가?

낮은 자존감은 마음의 질병이다. 인생을 불행한 패배자, 성공한 패배자로 살 수 있다. 남에게 조종당하거나 남을 조종하는 사람이 될 가능성이 높다. 육체적, 정신적 질병을 앓게 된다. 그 행동특징은 허풍이나 과장, 헐뜯기, 정당화와 변명, 외톨이와 삐지기, 전천후 천사, 냉소적인 태도와 불신 등의 행동특징을 보인다.

6) 사람은 낮은 자존감(열등감)에 어떻게 대처하는가?

'나는 움츠러들겠다.'라고 포기하든지, '나는 싸우겠다.'고 공격한다. '현실을 부정하겠다.'며 중독에 빠지기도 하고 우울증과 같은 정신질환으로도 빠져나간다. '또래 집단의 압력에 순응'하는데 현대인의 상당수가 '순응'을 선택한다. 또한 '어릿광대가 되겠다.'고 한다. 이것으로는 열등감을 해결할 수 없다. '보상'대처가 열등감 대체에 가장 적합하다.

7) 겸손과 교만: 신학과 심리학의 갈등 나를 사랑해야 하는가? 미워해야 하는가?

우리가 사랑해야 할 것은 주님의 구속함을 받은 쪽이고 부인해야 할 것은 악하고 타락한 자기 즉, 죄성이다. 인간의 일차적 문제는 과대평가된 자아, 또는 과소평가이다. 겸손은 자신에 대해서 낮게 생각하는 것이 아니라 오히려 자신에 대해 전혀 생각하지 않는 것이다. 자신을 귀하게 여기는 사람은 장점과 단점 모두를 받아들이는 반면, 교만으로 가득 찬 사람은 자신의 단점을 부정한다.

8) 그리스도인이 높은 자존감을 누려야 하는 신학적 근거는 무엇인가?

어릴 때는 남의 거울에 비친 나를 나로 착각한다. 세상에는 다양한 거울(깨진 거울, 찌그러진 거울, 더러워진 거울)이 있다. 거울은 자기 식대로 나를 보여준다. 그러나 나를 가장 정확하게 보여주는 거울은 바로 하나님의 거울이다. 그리스도인이 높은 자존감을 누려야 하는 신학적 근거는 우리가 하나님의 형상대로 지음 받았고 구속적 가치를 지녔기 때문이다.

9) 낮은 자존감 및 열등감을 가진 사람들의 상담과 치유

열등감과 낮은 자존감은 오랜 세월에 걸쳐 형성된다. 그러므로 단기간에 걸쳐 변화되기를 원하는 것은 비현실적이다. 자존감을 향상의 첫 번째 열쇠는 자기대화를 의식적으로 점검해 보는 것이다. 왜냐하면 자신의 마음속에 자신에게 하는 말과 삶 속의 사건에 대하여 부여하는 의미가 합쳐서 살아가는 현실을 만들어내기 때문이다. 우리는 생각하는 대로 된다. 대부분의 사람들이 하는 자기대화의 95%가 부정적이다. 이러한 문제의 인식은 반을 해결한 것과 같다. 나아가 낮은 자존감의 근본적 해결책은 하나님의 무조건적인 사랑을 받아들이는 것이다. 그러면 자신을 사랑하게 되고 살아나게 된다.

10) 자존감은 회복될 수 있다: 낮은 자존감과 열등감을 가진 사람들을 어떻게 도와줄 수 있는가?

진심으로 지지, 수용 또는 승인하며 자기 이해를 발전시키도록 한다. 자기 사랑이 중요하며 자기노출과 실제적인 자기평가를 격려한다. 경험 및 목표, 우선순위를 재평가하도록 자극하며 다른 사람을 섬기고 봉사하는 삶을 산다. 삶의 기술을 가르치며 가족치료, 독서치료에 참여하게 한다.

11) 우리는 어떻게 우리 자녀에게 높은 자존감을 심어줄 수 있는가?

당신의 배우자와의 관계를 삶의 우선순위로 삼자. 부모가 매일 자녀에게 사랑한다고 말해주며 아이를 가슴에 안고 꼭 껴안아주자. 무엇보다 부모의 자아상을 검토해보자. 자녀에게 책임을 맡겨주며 시간을 함께 하자. 자녀가 성취하는 일에 관심을 가져주고 그들의 실패에 대해 현실적이 되도록 도와주자. 그들을 존중하는 마음으로 대하고 함께 기도하자.

적용질문
❶ 나의 정체감을 가장 잘 드러내는 표현은 어떤 것이 있을까요?
❷ 나를 묘사할 수 있는 형용사를 말해보세요.
❸ 낮은 자존감의 행동특성 6가지 중에서 나에게 나타나는 행동특성은 무엇인가요?
❹ 자기와의 대화를 시도해 본 경험이 있나요? 있다면 나누어 볼까요?
❺ 하나님의 거울에 비쳐진 나의 모습은 어떠할 것이라고 생각하나요?

10. 김주환 『회복탄력성』

문주호(신성회독서상담전문가, 서울지부)

책 요약
Part 1 마음의 근력, 회복탄력성

회복탄력성은 자신에게 닥치는 온갖 역경과 어려움을 오히려 도약의 발판으로 삼는 힘이다. 우리 삶에는 행복한 일보다 힘든 일, 생각하지 못하고 대비하지 못한 일이 더 많이 생기게 된다. 하지만 우리는 이 역경을 이겨낼 잠재적인 힘을 가지고 있다. 이것이 회복탄력성이다. 회복탄력성은 마음의 근력과 같다 심리학자들에 의하면 마음의 힘은 일종의 '근육'과도 같아서 사람마다 제한된 능력을 갖고 있으며, 견뎌낼 수 있는 무게도 정해져 있다. 체계적인 운동과 훈련을 통해 우리의 체력을 기를 수 있듯이, 회복탄력성도 체계적인 노력과 훈련을 통해 키워나갈 수 있다. 사람은 경험 자체보다는 그 경험에 대한 해석으로 인해 감정을 지배 당한다. 이 '기억자아'가 자신의 고난과 역경에 대해 긍정적인 의미를 부여하고 긍정적으로 스토리텔링하는 능력을 지닌 사람이 바로 회복탄력성이 높은 사람이다.

Part 2 나의 회복탄력성 지수는 얼마인가?

자기조절능력은 감정조절력과 충동통제력과 원인분석력을 합해서 나온다. 대인관계능력은 소통능력과 공감능력과 자아확장력을 합해서 나온다. 긍정성은 자아낙관성과 생활만족도와 감사하는 태도를 합해서 나온다. 이 자기조절능력과 대인관계능력과 긍정성을 합하여 회복탄력성 지수가 나온다.

점수가 190점 이하라면 회복탄력성을 높이기 위해 노력하는 것이 좋다. 180점 이하라면 당신은 사소한 부정적인 사건에도 쉽게 영향을 받는 나약한 존재다. 당신은 되튀어 오를 힘을 빨리 길러야 한다. 170점 이하라면 당신은 깨지기 쉬운 유리 같은 존재라 할 수 있다. 작은 불행에도 쉽게 상처를 입게 되며 그 상처는 치유하기 어려울 것이다. 반면에 220점을 넘는다면 당신은 대단히 회복탄력성이 높은 사람이다. 웬만한 불행한 사건은 당신을 흔들어 놓지 못한다.

Part 3 회복탄력성의 첫 번째 요소 - 자기조절능력

자기조절능력은 감정조절력과 충동통제력과 원인분석력으로 이루어진다. 감정조절력은 어려운 상황이 닥쳤을 때 스스로의 부정적 감정을 통제하고 긍정적 감정과 건강한 도전의식을 불러일으키는 능력이다. 긍정적인 감정을 선택할 줄 알고 만들어낼 줄 아는 능력이다. 충동통제력은 인내심이라고 볼 수 있다. 그런데 단지 억지로 참는 것이 아니라 이 인내에 대한 보상을 기다리는 힘인 것이다 대표적인 예가 '마시멜로 이야기'이다. 원인분석력은 자신이 처한 상황을 감정적으로만 접근하는 것이 아니라 이성적이고 객관적으로 해석할 수 있는 능력이다. 회복탄력성이 낮은 사람은 나쁜 일일수록 부풀려 생각하고 좋은 일에 대해서는 당연하게 생각한다. 반대로 회복탄력성이 높은 사람은 나쁜 일은 축소해 생각하고 좋은 일은 크게 생각한다.

Part 4 회복탄력성의 두 번째 요소 - 대인관계능력

　대인관계능력은 소통능력과 공감능력과 자아확장력으로 이루어진다. 대인관계능력의 핵심은 다른 사람의 감정을 빨리 파악하고 깊이 이해하고 공감해서 원만한 인간관계를 맺고 유지하는 것이다. 이것은 곧 사랑을 주고 받는 능력이다.

　소통능력은 자기 제시를 통해 자기가 원하는 인상을 타인에게 심어줄 수 있는 능력이다. 소통능력이 높아지기 위해서는 소통불안을 극복해야 한다. 소통불안은 상대방에게 잘 보이려는 욕심이 클수록 증가하고 내가 상대방에게 잘 보일 수 있다는 자신감이 적을수록 증가한다. 공감능력은 다른 사람의 심리나 감정 상태를 잘 읽어낼 수 있는 능력이다. 입장을 바꿔서 상대방의 입장에서 사물을 바라볼 수 있는 역지사지의 능력이라고도 할 수 있다. 공감능력에는 남녀차가 분명히 존재하므로 서로가 노력해야할 부분이 있다. 표정과 호흡을 통해 내 감정을 조절할 수 있기 때문에 자꾸 웃고 표정을 잘 짓는 훈련을 하면 좋다. 자아확장력은 자기 자신이 다른 사람과 연결되어 있다고 느끼는 정도이다. 타인과의 관계 속에서 자기 자신을 이해하는 것이다. 유아시절 엄마와의 관계가 좋을수록 자아확장력이 높아진다. 자아확장력은 그 사람의 친구관계를 보면 파악할 수 있다.

Part 5 회복탄력성을 높이기 위해 우리가 해야 할 일

　긍정적 정서를 키워서 스스로 행복해짐으로 자기조절능력을 높이고 자신의 행복을 타인에게 나눠줌으로써 대인관계능력을 향상시키는 것이 바로 회복탄력성을 높이는 비결이다. 긍정적 정서는 저절로 생기지 않는다. 운동을 해야 근력이 생기듯 꾸준한 연습과 훈련이 필요하다.

긍정적 정서를 키우는 **첫 번째 방법**은 자신의 대표 강점을 발견하는 것이다. 자신의 약점을 보완하고자 노력하기 보다 강점을 키우는 것이 더 중요하다. 강점에 더 집중하고 강점을 발견하라. 그리고 상대방의 강점도 발견하라.

두 번째 방법은 감사하기 훈련이다. 감사하기가 긍정성 향상에 가장 강력하고 지속적인 효과를 나타낸다. 감사 일기를 3주간 매일 쓰는 것을 실천해보라. 가장 쉽고도 탁월한 방법이다.

세 번째 방법은 운동하기이다. 몸을 움직이면 뇌가 건강해진다. 정신 건강까지 좋게 만든다. 뇌를 긍정적으로 변화시키기 위한 최소 조건은 일주일에 세 번씩 30분 이상 최대 심박 수의 60-80% 정도의 세기로 8주 이상 운동하는 것이다.

적용질문

❶ 인생에서 나를 잘 받아주고 지지해 주었던 경험을 나누어 볼까요?

❷ 나의 회복탄력성 지수는 얼마인가요?

❸ 우리의 감정을 선택할 수 있다는 것에 대해 어떻게 받아들여지나요?

❹ 불안과 두려움을 조절할 수 있는 나만의 방법이 있다면 무엇인가요?

❺ 나의 공감능력은 얼마나 된다고 생각하나요?
(예 배우자, 자녀, 부모 등)

11. 조신영 『쿠션』

김은정(신성회독서상담전문가, 세종지부)

책 요약
1장. 할아버지의 유언장

"내가 오늘 너희들에게 값진 유산을 하나 남기고 싶다. 재물을 기대했었느냐? 그렇다. 나에게는 꽤 많은 재산이 있다. 하지만, 나는 너희들이 재물을 다룰 수 있는 인물인지를 확인하기 전에는 넘겨줄 마음이 없다. 더 중요한 것을 너희에게 주고 싶다."

기업체 강사인 한바로는 장기간의 어머니 병원 치료비로 인해 빚 독촉에 시달린다. 그러던 어느 날 다니엘그린 변호사를 통해서 할아버지 한인중 회장의 유언장을 읽게 된다. 그리고 할아버지의 유산을 두고, 이복동생인 한위로와 경쟁을 하게 된다. 할아버지는 다음과 같은 수수께끼(평범한 사람들을 가장 고결한 내면 상태로 바꾸어 줄 함수)를 맞추는 손자에게 유산을 물려준다고 하셨다.

R_____ + A_____ = _____y

The Secret of Mental Cushion

2장. 드림쿠션의 비밀을 찾아서

"할아버지가 세운 드림쿠션에서 개발한 R스펀지의 시장 규모는 상상을 초월할 정도였어. 매트리스, 방석, 소파나 침대의 쿠션, 자동차의 시트, 수많은 의자들, 거실의 카우치, 심지어는 구두 깔창 등 인간의 몸이 직접 닿는 부분이면 그 어디나 탄력과 복원력이 필요하기 마련이거든. R스펀지는 최고의 쿠션 물질이 되었던 거야."

한인중 회장은 맨손으로 미국에 건너와 거대 기업을 일구어 낸 입지전적 인물이라는 사실을 알게 된 한바로는 당장 미국으로 건너가 할아버지의 삶의 흔적과 지인들, 할아버지가 개발한 R스펀지의 실체를 찾는다.

3장. 영혼의 방에서 벌어지는 싸움

"할아버지는 어떤 문제가 닥쳐와도, 어떤 어려움이 몰려와도 그 문제에 휩쓸리는 법이 없었다네. 마치 남의 일처럼, 그 문제 밖으로 자신을 분리시켜 한 단계 위로 자신을 끌어올렸지."(elevation)

한바로는 할아버지의 지인 중 민박사를 만나게 된다. 민박사로부터 할아버지가 부인과 아들(한바로의 친부)을 사고로 동시에 잃고서 2년 동안 방황하다가 자살미수의 지경까지 갔었다는 이야기를 전해 듣는다. 할아버지는 오랜 투쟁 끝에 자신을 노예 상태로 얽매고 있던 분노의 뿌리가 부인과 아들의 죽음에 대한 자책감이라는 것을 깨닫게 되었다고 한다. 곧 할아버지는 자신의 내면의 쿠션에 끼어있는 불순물들을 제거하는 정화의 기간을 보낸 것이다. 그 후로 R스펀지의 개발에 매진하여 성공을 거두게 되었다고 한다. R스펀지는 마치 엄마에게 달려가 안길 때 느꼈던 포근함이 있고, 복원력이 뛰어난 부드러운 탄력이 있는 물질이다. 할아버지는 늘 "하나님께서 인간에게 주신 가장 특별한 선물은 자신의 반응을 선택할 수 있는 힘"이라고 하셨다고 한다. 반응을 선택하는 힘! 바로 그 힘이 할아버지를 고결하게 만든 비결이었다고 지인은 말한다. 할아버지는 평생 매일 새벽에 3시간을 자신을 고결하게 만드는 데 투자하셨던 분이다. 곧 독서와 묵상과 기도로써 그분의 인격 안에 아주 커다란 우물을 파셨고, 날로 겸손해지셨단다. 그러자 세상의 온갖 긍정적인 에너지들, 기회, 인재, 돈 이런 것들이 몰려들기 시작했다고 한다.

4장. 우리를 자유롭게 하는 것

"상황에 몰려서 하는 선택이 아닌, 가장 적절한 반응을 선택하는 것이 책임감이다. 자신의 인생에 진정한 책임을 다하는 고결한 삶, 그것이 바로 참된 자유의 본질인 것이다."

한바로가 지인들과 R스펀지의 실체를 보고 느끼면서 수수께끼의 정답에 근접하던 어느날 어머니가 위중하다는 소식을 듣고서 한국행을 선택한다. 병실에서 한바로는 어마어마한 기회를 날려버렸다는 회한과 어머니를 잃는 것에 대한 두려움이 섞여있었다. 아들의 온기와 진심을 느꼈는지 중환자실의 어머니의 증세가 호전되고 있었고, 밤새 눈물의 기도를 드린 아들 앞에 어머니는 다시 깨어나셨다. 어머니가 회복되는 기적을 체험한 바로는 다시 미국으로 가서 할아버지의 묘비를 보게 된다. 거기엔 "Liberty! 이 세상에서 가장 큰 자유를 누린 사람, 여기에 잠들다"라고 씌어 있었다. 결국 수수께끼의 정답을 찾게 된 것이다.

Response + Ability = Liberty
(마음쿠션의 비밀)

그러나 결국 시간 착오로 정답을 제시해야하는 장소에 불참하게 되어 유산은 한위로가 차지하게 된다. 한바로는 8시간 동안, 아버지에 대한 분노와 회한, 사채를 쓰며 근근이 버텨야 하는 자신의 상황 등에 대한 분노의 통곡을 한다. 그런 후에 썰물이 되어 완전히 개펄이 드러난 바닷가에서 아무도 느끼지 못할 속도로 밀물이 시작되는 것과 같은 조심스럽고 부드러운 변화가 바로의 내면에서 일어나기 시작했다. 이번에는 후련함과 쾌감이 느껴지면서 심장이 고동치는 느낌이 생겼다. 그리고 "배를 띄워라!"라는 강력한 음성을 듣게 된다. 바로는 외부의 자극을 걸러주는 마음의 완충공간인 마음의 쿠션(배)을 띄우게 된 것이다. 그리고 마음에 평정심, 자유, 평안을 주신 고결한 분, 끝까지 자신을 책임져 주신 분에게 감사를 드렸다.

5장. 진정한 유산

한바로는 "할아버지의 흔적이 곧 제 삶의 치유제가 되었죠. 반응을 선택하는 새로운 가능성의 공간. 그것을 발견하고 키워가는 것이 저를 자유롭게 만들어 주는 힘이라는 것. 할아버지가 전하려는 메시지가 점점 크게 다가왔어요."라고 하면서 실체험형 유명한 방송 강연자로 거듭났다.

〈마음 쿠션을 키우는 5가지 결심〉
1. 고결함에 이르는 의식을 계발하라.
2. 풍부한 독서와 묵상으로 영혼을 살찌우라.
3. 날마다 겸손의 우물을 깊게 파라.
4. 호흡을 느낄 때마다 마음 쿠션을 생각하라.
5. 부정적인 말을 입 밖에 내지 않기로 결심하라.

적용질문

❶ 현재 내 마음의 쿠션은 어떤 상태인가요?

❷ 지금까지 고난이나 어려운 상황에 처했을 때 나의 대처법은 어떠했나요?

❸ 내 마음의 쿠션을 키우는 방법은 무엇인가요?

❹ 내가 많이 사용하는 언어 중 버려야할 언어는 무엇인가요?

❺ 이 책에서 제시하는 마음의 쿠션을 기르는 방법 중 내가 하고 있는 방법은 무엇인가요?

12. 월터 드로비쉬 『너 자신을 사랑하라』

김병화(신성회독서상담전문가, 어은지부)

책 요약
1. 자신을 사랑하는가?

흔히 모든 사람들은 자기 자신을 사랑한다고 생각한다. 그리고 자기를 사랑하는 대신 이웃을 사랑해야 한다고 배워왔다. 그러나 성경은 이렇게 말하지 않는다. 성경은 "네 이웃을 네 자신 같이 사랑하라"(눅 10:27)고 한다. 그러므로 자아 사랑은 이웃을 향한 우리 행동의 선행조건이요 기준이 된다. 이것이 예수님이 우리에게 주신 다른 사람에 대한 사랑을 측정할 수 있는 척도이다.

성경은 '네 몸 대신에 네 이웃을 사랑하라'고 하지 않고, '네 이웃을 네 자신같이 사랑하라'고 말한다. 자신을 사랑하는 사람만이 이웃을 사랑할 수 있다. '나 자신을 사랑하는 법'. 흔히 사람들은 자신을 사랑하는 것은 당연하다고 생각하고, 오히려 자신을 사랑하는 것을 이기적인 것이라고 생각하기도 한다. 하지만 저자는 진정으로 자신을 사랑하는 사람은 결코 이기적이지 않으며, 오히려 자기 사랑이 부족한 사람이 자기중심적이 된다고 말한다.

2. 자아사랑이 부족한 결과

만약 우리가 자신을 잘못된 방법으로 사랑한다면 하나님이 원하시는 사람으로 성장하고 발전하는 것은 불가능하다. 많은 문제가 자아 사랑이 부족한 결과로 인해 생긴다. 배우자 선택도 사랑의 결핍을 채우려는 시도로 행해질 수 있다. 이런 선택은 항상 매우 힘든 결혼 생활로 이어진다. 자기를 사랑하지 못하는 사람은 채워지지 않는 욕구를 가지고 자기 배우자를 대하게 될 것이다. 또한 다른 사람들에게 무엇을 기꺼이 주거나 줄 능력도 없이 그들의 사랑만을 요구하게 된다.

만약 나 자신을 용납할 수 없다면 나의 육체도 용납하지 못하는 것이다. 육체에 대한 중오심은 항상 자아 사랑이 부족한 증상이다. 자기를 사랑하지 않는 사람은 자기 육체를 사랑하지 않는 것이다. 자기 육체에 대한 혐오는 결혼생활에도 역시 부정적인 영향을 미친다. 자기 육체와 긍정적 관계를 맺지 못한 사람은 육체의 열매인 자녀들과 긍정적인 관계에 도달하기가 어렵다는 것을 발견하게 된다.

3. 실의를 극복하는 방법

1) 혼자 있는 것을 피하라
2) 기쁨을 가져다줄 사람들이나 상황을 찾으라.
3) 노래하고 연주하라.
4) 무거운 생각들을 잊어버려라
5) 성경의 약속을 의지하라.
6) 다른 사람들에게서 위안을 구하라.
7) 찬양과 감사
8) 실의에 빠진 사람들을 생각하라.
9) 인내를 연습하라.
10) 실의가 축복임을 믿어라

적용질문
제1부 자신을 사랑하는가?
❶ 성경적인 사랑은 어떤 것이며 당신은 어떻게 적용하고 있는가?

제2부 자아 사랑이 부족한 결과
❷ 자신에 대해서 어떻게 생각하며 자신을 어떻게 대우하고 있는가?

제3부 실의를 극복하는 방법
❸ 당신이 낙심했을 때 어떻게 생각하며 어떻게 자신을 살려 내는가?

13. 변상규, 『자아상의 치유』

박혜숙(신성회독서상담전문가)

책 요약

자아상의 치유는 우리의 행복과 불행, 성공과 실패를 좌우하는 자아상을 주제로 하는 심리치유서이다.

1) 관계와 자아상
- 세상에서 가장 중요하고 영적인 단어는 '관계'이다. 이 세상에는 네 가지의 관계로

(1) 나와 절대자와의 관계
(2) 나와 타인과의 관계
(3) 나와 자연과의 관계
(4) 나와 나와의 관계

가 있는데 대화의 단절, 감정의 단절로 심리적 고아인 성인아이로 모든 짐을 혼자지고 가면서도 **첫째**, 눈치를 보고 **둘째**, 짐작을 많이 하며, 스스로 감정을 삭이며 표현 못하고 마음을 억압하여 우울증으로 두통과 위궤양으로 때로는 암으로 울부짖기도 합니다. 대화를 가정에서 편안히 못하고 힘의 논리를 앞세우고 무례하게 대화합니다.

2) 역기능 가정과 자아상

역기능 가정의 무언의 규칙은 첫째, 신경 꺼! 둘째, 남은 믿을게 못된다. 셋째, 어디가서 집안 이야기하는 것 아니다.

인간은 근원적인 사랑받고 주고 싶은 욕구, 인정받고 싶은 욕구를 가지지만 알면서도 표현하기 쉽지 않은 것이 사랑의 표현 같습니다. 갑돌이와 갑순이처럼 살았던 우리 민족입니다.

3) 심리적 영양소와 자아상

사람을 건강하게 만드는 세 가지 영양소를 어머니를 통해서 엄마 품에서 0~3세까지의 인격의 기초공사의 시기에 안아주기, 옹알이하는 유아의 눈을 바라보며 환호하며 반응해주기, 그리고 어루만져주기를 통해서 엄마와의 관계 속에서 친밀감의 능력을 창조해내며 자신을 돌보는 대상에 대해서 믿음이 생깁니다.

"모든 집착은 애착의 실패이다." 이것이 중독이라는 병을 이해하는 관점입니다. 모든 집착의 뿌리는 애착이 필요한 시기에 애착욕구가 좌절되어 생겨난 병이라는 것입니다. 흔히 중독을 영적인 병이라고 합니다. 말을 배우기 전의 정서가 행복해야 합니다.

4) 말과 자아상

자녀의 인격을 구성하는 부모의 '말'을 통해 자녀는 부정적 자아상을 갖게 되어 마음이 체합니다. 자신의 장점보다 단점을 확대시키며 마음에 높은 기준을 제시하는 목소리가 있어서 마음깊이 자신을 부끄러워합니다. 남들에게 알려질 것을 두려워하는 불안과 긴장이 있어서 어떤 충돌이 있을 때 타협하지 못하는 경향이 있습니다. 또한, 스스로 책임을 지기

보다는 잘못을 외부로 '투사'하며, 내면에 근본적인 분열이 있기에 '불안'합니다. 죄의식에 민감하여 어느 유능한 교수가 자살했다는 기사도 있습니다.

5) 상처와 자아상

(1) 자기 정죄적인 목소리의 근원
① 하지마라
② 없어져라
③ 가까이하지 마라
④ 어린애처럼 굴지마라
⑤ 성장하지 마라 '꼬마'로 있어라
⑥ 성공하지 마라
⑦ 너는 매사에 부족하다
⑧ 신체적으로 아프거나 미친 행동할 때 가장 많은 관심
⑨ 더욱 잘해야 한다.

(2) 성인 아이의 고통
① 무엇을 느끼는지 무엇을 느끼지 못하는지를 알지 못합니다.
② 누군가 자신을 칭찬하거나 인정하면 이를 어색해하거나 받아들이지 못합니다.
③ 타인과 친밀한 관계 맺는데 어려움이 있습니다.
④ 계속해서 사건과 사람들을 통제하려고 합니다.
⑤ 억압된 분노를 처리하는데 어려움을 느낍니다.
⑥ 이렇다 할 이유 없이 두려움(공포감)을 느낄 때가 종종 있습니다.

⑦ 실패에 대한 두려움에 압도되거나 성공에 대한 두려움에 시달립니다.
⑧ 충동적인 행동을 합니다.
⑨ 어린 시절의 전부 혹은 일부를 빼앗겼다는 느낌을 갖고 살아갑니다.
⑩ 정상적인 것이 무엇인지 알지 못해 당황하는 경우가 많습니다.

이 사람들은 '마음이 체한 사람들'입니다. 이런 증상이 있음을 인정하는 자세가 필요합니다. 치유의 가능성이 있습니다. 끝까지 '나에게는 문제가 없다'는 사람에게 이런 내용은 아무 소용이 없을 것입니다. 구원과 치유의 궁극성에는 언제나 태도의 문제가 전제되어 있습니다.

6) 애착이론과 자아상

(1) 안전 애착형: 즉시 민감하고 일관성있게 반응하는 엄마
(2) 불안-회피형: 과잉보호나 엄마가 귀찮아하며 매사를 간섭하는 경우
(3) 불안-저항형: 생떼 쓰는 유형. 즉 일관성 없이 엄마 기분따라 키우는 경우
(4) 불안-혼란형: 학대나 방임이나 부모가 정신적으로 정상이 아닐 경우

7) 아버지와 자아상

(1) 권위주의적 아버지: 사랑보다 율법을 더 사랑하는 것처럼 보입니다.

(2) 소극적이며 유약한 아버지: 작은 위기도 두려워 떠는 아버지
(3) 너무 말이 없으신 아버지: 속을 알 수 없는 아버지로 절대로 감정을 표현 안하시는 아버지
(4) 상실감을 주는 아버지: 어떤 경우도 안정과 칭찬이 드문 아버지
(5) 성인아이 아버지: 폭력적인 아버지, 술주정뱅이 아버지, 언어폭력의 아버지, 바람둥이 아버지, 편애하는 아버지, 자수성가해서 혼자만 최고인 아버지 아버지는 자녀에게 사회적 능력과 대인관계를 가늠하는 척도입니다.

8) 씨 뿌리는 자의 비유와 자아상

길가밭, 바위밭, 가시밭, 옥토밭이 있는데 예수님이 말씀하신 옥토밭은 본래부터 단단한 길가나, 바위나, 가시가 없는 밭이 아니라 '갈아엎어진 밭'이었습니다. 성경적 회개한 마음 혹은 치유의 마음입니다.

(1) 성격과 방어기제

방어기제로 형성된 마음이 자존심이라 부르고 싶습니다. 자존심은 자기 스스로 말을 치고 벽을 쌓고 위장을 하여 세운 '거짓 마음'이며, 부정적인 방어기제입니다. 자존감은 자신에 대한 건강한 인식, 건강한 자부심이 들어있습니다.

9) 마음에 있는 가시와 바위들

(1) 태아 시절에 거부당함의 상처
(2) 수치심이라는 내면의 바위
(3) 죄책감이라는 바위

(4) 화병과 착한 병이라는 바위
(5) 갑작스런 위기와 상실의 고통을 매듭짓지 못했을 때의 바위
(6) 지나친 이상화와 권위에 대한 불신의 바위등이 있습니다.

10) 치유의 길
(1) 첫 번째 길: 네가 낫고자 하느냐?
(2) 두 번째 길: 정직함으로 십자가 밑에 나오다.
(3) 세 번째 길: 애도의 작업
(4) 네 번째 길: 치유의 상상력
(5) 다섯 번째 길: 자기 직면과 자기 이해의 단계
(6) 여섯 번째 길: 있는 그대로의 자기 긍정과 수용
(7) 일곱 번째 길: 용서라는 자유
  ① 용서는 중요하지만 용서 강박증에 빠지지는 말라고 하고 싶습니다. 용서는 힘든 작업임을 명심해야 합니다.
  ② 용서는 내가 '해야'하지만, 결국은 성령의 임재로 '되어야'한다는 것입니다.
  ③ 용서는 결코 쉬운 작정이 아닙니다(ex: 성경의 요셉의 경우).
  ④ 모든 인간관계의 끝에 있는 것이 용서라는 것입니다.

예수께서 "너희가 땅에서 풀면 하늘에서도 풀리고 땅에서 묶이면 하늘에서도 묶인다"고 하신 말씀처럼 용서해야 자유를 얻습니다.

■ 궁극적 치유의 길: 함께하심이 하나님의 능력으로 우리 내면에 치유와 변화를 불러일으키는 가장 희망적인 '하나님이 우리와 함께 계신다'

11) 결론

상처, 아픔, 고통 이것은 인간 실존의 현상입니다. 중세의 신학자 마이스터 에크하르트는 구원을 한마디로 묘사했습니다. '구원은 의식'의 변화다. 자아상의 치유는 준비의 첫 단계에 해당합니다. 하나님의 은총이 의식을 변화시키십시오. 새로운 통찰과 신념을 재구조화 합니다. 하나님과의 관계성 속에서 자신을 바라보고 주님과 함께 가볼만한 여행입니다.

적용질문
❶ 내 안에 있는 내면의 아이는 어떤 모습인가요?
❷ 부모님의 말씀 중 지금도 생각이 나는 말은 무엇인가요?
❸ 나의 내면에서 지금도 들리는 소리가 있다면 어떤 것인가요?
❹ 나에게 성인아이의 특징이 있다면 어떤 것들이 있나요?
❺ 나의 어린 시절 애착형성은 어떠했나요?

14. 스콧 팩, 『아직도 가야 할 길』(The Road Less Traveled)

권영희(신성회독서상담전문가, 대전2지부)

책 요약

저자는 『아직도 가야할 길』 첫 문장에서 인생은 고행이라고 말한다. 그리고 생의 여정에서 만나는 문제를 무시하고 회피하는 길과 시간을 들여 해결하는 길에 대해 천착한다. 문제와 고통, 정신적 성장을 심리학적으로 연결하고 분석하여 우리가 겪어야만 하는 고통의 이해와 인간의 정신적, 영적 성장과 사랑의 진정한 의미, 하나님의 은총을 통한 인생의 존재의미에 대하여 참신하게 정의했다.

1장 삶의 여러 문제를 해결하는 기본적인 방법과 기술로 '훈련'의 중요성을 역설한다. 문제를 직시하고 더 나아가 문제가 야기하는 고통과 괴로움을 피하는 대신 그것을 건설적으로 취급하는 기술과 인간의 정신적 발달을 위한 수단으로 저자는 '훈련'을 꼽는다. 현재의 만족과 즐거움을 뒤로 미루고 현재를 희생함으로써 당면한 어려움을 겪어내는 훈련이야말로 장래의 편안함과 직결된다. 그런데 어릴 때부터 즐거움을 뒤로 미룰 수 있는 능력을 개발하기 위해서는 자기 존재의 안전에 대한 믿음과 존재 가치를 느낄 수 있는 실제 기준이 필요한데 이것은 부모의 일관되고 순수한 보살핌을 통해 얻을 수 있다고 한다. 저자는 대부분의 정신적인 문제는 사람들이 고통이 힘들어 기꺼이 감수하기 보다는 외면하고 회피하기 때문에 일어난다고 한다.

어려움을 해결하는 방법으로 마약이나 알코올(도박과 게임)등 중독물질에 의존하는 자들은 어렸을 때부터 훈련을 하지 않는데서 원인을 찾았다. 즉 문제 회피가 문제를 더 어렵게 만들고 모든 신경증, 정신질환의 주된 원인이 된다는 것이다. 지적, 사회관계적, 영적 문제 해결을 위해서는 심사숙고하고 문제를 분석하는데 필요한 시간을 들이고 고통의 시간을 견뎌내도록 자신을 훈련시켜야한다. 의무와 책임을 떠맡지 않으려하거나 지나치게 받아들여 죄의식에 시달리는 사람은 대개 신경증적 성격장애자가 많기 때문에 자기성찰이라는 고통을 감내할 힘과 자발성이 필요하다.

그리고 부모로서 자녀의 욕구나 결점이 무엇인지에 대해 민감해야하고 자녀의 성장을 돕는 일에 부모로서 적절히 책임지려는 태도와 사랑이 요구된다. 수천가지 자잘한 일을 핑계로 부모로서의 책임을 회피하고 문제를 무시하면 세월이 갈수록 고통이 더해진다고 하면서 부모 자신이 먼저 훈련이 잘 되어야한다는 점과 부모가 자녀를 훈련시키는 일에 적극 참여를 강조한다. 고통을 회피하지 말고 오히려 고통에 직면하고 고통을 겪음으로서 사람들이 성장하고 삶이 의미 있게 변한다는 것이다.

또 자신의 결정과 행동에 대해 책임지는 훈련이 필요하다. 변화하는 현실과 상황에서 자신의 말과 행동을 정직하게 바라보고 예전에 고착된 생각이 현재의 경험 때문에 도전을 받더라도 진실, 현실에 헌신하고 새로운 세계관으로 바꾸는 훈련이 중요함을 피력했다. 시간을 들여 현실을 살펴보고 진실을 알자는 뜻이다. 하고 싶은 대로, 충동적으로 하지도 않고 권위에 반항하지 않는 훈련을 하고 고통을 극복하면 세월이 지날수록 차츰 자유로워지고 정서적, 영적, 정신적인 건강을 얻게 된다고 저자는 주장하고 있다. 우리 자신을 가치 있는 존재로 인식하고 최선을 다해 책임을 지고 고통을 회피하지 않으며 죽을 때까지 끊임없이 내면적 성숙을 위해 노력하는 인간만이 완전한 평온과 기쁨을 맛볼 수 있다는 것이다. 첫 장에서 저자는 궁극적인 변화를 거부하는 게으른 본성과 영적으로 성장하고자하는 욕구 사이에서 번민하는 인간의 심리를 파헤친다.

그리고 균형을 맞추어 살기 위한 훈련이 필요하다고 말한다. 균형을 맞춘다는 뜻은 서로 모순되는 욕구와 의무, 책임과 방향 등에 유연히 대처하고 계속하여 다시 대처해 가는 능력을 말한다. 균형을 맞추기 위해서는 무언가를 포기해야하는데 그중에는 낡은 자아, 의존성, 능력, 권위, 권력, 자유, 욕구, 육체적 건강과 독립성 등을 언급하면서 더 많은 것을 얻기 위해서 포기하는 자기훈련을 통해 자아확대로 연결된다고 한다. 포기와 적응은 고통스럽지만 자유로운 사람이 되기 위해서는 자신을 온전히 책임져야하고, 끊임없이 엄중한 자기 성찰과 개인적으로 변화하는 것을 받아들여야한다는 것이다. 균형을 맞추는 훈련이란 도전을 회피하지 말고, 스스로 본능에서 탈피한 일을 하도록 가르치며, 본능을 개조하는 능력과, 정직한 삶을 사는 것을 말한다. 저자는 사람들이 거짓말을 하는 이유는 도전과 그에 따르는 고통을 피하려고 하기 때문이라고 한다.

2장에서는 '사랑'에 대해 논했다. 낭만적인 사랑, 의존하는 사랑, 감정적인 사랑, 푹 빠지는 사랑에 대한 신화를 파헤친다. 진정한 사랑은 의지적으로 두 사람이 자신들의 자아영역, 에고(ego)경계를 확장하여 자신뿐 아니라 사랑하는 사람과 더불어 성장에 이르도록 돕는 의지와 노력이라고 정의했다. 마음을 넓게 가지려 애쓰고, 게으르지 않으려 애쓰는 노력을 말한다. 즉 사랑이란 관념이 아니라 함께 서로의 성장을 위해

수고하는 행동을 말하며, 그 행동이 결국은 영적인 성장까지 이르게 한다고 말한다. 그래서 행동을 통한 크고 작은 책임감 완수는 사랑하는 관계의 기반이 된다. 그럼에도 진정한 사랑을 위해서는 완전하게 자신을 인식해야한다고 저자는 말한다. 1장에서 말한 사랑하는 행동은 사랑하는 사람을 위해 자신을 바꾸고, 사랑의 감정을 책임감 있게 훈련시키는 것으로 발전한다. 사랑은 감정이 아니라 자신을 확대시키고 나와 남을 위해 한 발자국 더 나아가는 힘든 노력이고 훈련을 하도록 격려해주는 동기와 추진해 나가는 힘이 된다.

저자는 수동성 의존증을 가진 사람들이 사랑이라는 이름으로 바람직하지 못한 행위에 대해서 비판했다. 그들은 자신이 무엇을 할 수 있는가에 대해서는 생각하지 않고 다른 사람들이 그들을 위해 무엇을 해줄 수 있는가 만을 생각한다. 그들의 꿈에는 노력이 포함되어있지 않다. 단지 보호받기만 하는 노력 없는 수동적인 상태를 꿈꾸며 구속하니 서로의 성장은 지연되고 파괴된다면서 건전한 결혼은 오직 강하고 독립된 두 사람 사이에서만 존재할 수 있다고 저자는 믿는다. 의존성은 끈질기게 상대방에게 애착하도록 하는 힘이 있다고 피력한다. 그러나 진정으로 사랑하는 상대가 나와는 온전히 다른 개별성과 개성을 가진 사람이라는 것을 인식하고 존중하는 것이 필요하다고 말한다. 사랑이 자기희생이라는 것은 오해며 바람직한 사랑이란 깊이 관심을 갖고 분리와 상실을 두려워하는 사람들에게조차 독립이라는 모험을 감행하게 하며 두터운 책임감을 가지고 사람을 바로 보도록 일깨우는 힘이라고 정의한다.

3장에서는 '종교'를 다룬다. 흔히 받아들여지는 종교관과 잘못된 종교관에 대해 그가 치료한 환자의 경우를 들어 예시한다. 그는 종교가 개인적인 것이어서 현실가운데 혹독한 시련을 겪으면서, 회의와 의문을 통해서 스스로가 경험한 종교관과 세계관을 가져야 건전하다고 이야기 한다. 그리고 치료 후 환자들이 하나님에 대한 생각, 종교, 무신론에 대해 변화된 생각도 드러냈다. 그런데 정신치료자들 가운데 종교를 신경증으로 보는 사람들이 있는데 그들 생각에는 종교가 본래 비이성적, 비합리적인 사고의 종합체로서 사람들을 구속하고 정신적인 성장을 위한 본능을 억압함으로 교리주의적인 함정에 빠지게 한다는 것을 언급했다. 그러나 스콧 펙은 과학자들이 아기와 목욕물을 함께 버리는 것처럼 종교와 하나님을 무시해서도 안 된다고 말한다. 그는 과학자들 스스로가 동굴 속에 갇힌 태도를 가지고 과학 자체를 종교에 대신하는 세계관을 가지는 것에 대한 해로움에 대해서도 논했다. 그럼에도 논리적으로 설명할 수 없는 것은 환자들이 기적적으로 성장했는데 이것을 저자는 하나님의 '은총'으로 이해하게 되었다고 설명한다.

4장은 '은총'에 관한 것이다. 인간의 의식이 작용하지 않는 강력한 힘, 영적인 성장이 이루어지도록 돕는 힘이 은총이며, 과학적인 생각으로는 완전하게 알 수 없고, 인간의 의식적인 의지에서도 찾아보기 힘들다고 한다. 그렇지만 인간 사이에 흔히 일어나는 현상이 바로 은총이라고 하면서 기적이란 일상적인 현상이지만 잘 인식하지 못하기 때문에 제대로 활용하지 못한다고 한다. 우리가 내적인 온전한 삶을 갈망하나, 그 길로 가는 길은 쉽지도 않고 고통스러우며, 존재하는 악과 악마와 싸우면서 성장해 간다고 저자는 말한다. 그리고 인생은 복잡다단한 것이지만 우리가 그 길을 외롭게 걸어가는 것이 아니라 함께 걸어가는 다른 사람들이 있고, 또 인간보다 더 위대한 힘의 도움을 빌릴 수 있기에 찬미하고 감사하다고 할 만하다고 주장한다. 고통을 피하지 말고 맞서 싸우고, 비난보다는 용서로 마음속의 응어리를 없애버리고, 인생의 문제들을 해결하기 위해 노력하라고 충고하면서 이 책은 영혼의 성숙에 관한 책이라고 한다. 책의 끝 부분에서 저자는 우리 안에 계시는 하나님에게 저항하지 말고 하나님이 원하는 정도로 성장해야한다고 주장한다. 결국 모든 문제의 시발은 아무 것도 하지 않는 게으름이며, '사랑의 반대말은 게으름'이라고 정의하며 끝맺는다. 나는 이 책에서 신, 하느님으로 번역한 것을 하나님으로 재해석했다.

적용질문

❶ 인생을 살아가는데 있어서 겪는 문제와 고통에 대해 말씀해 보세요.

❷ 진실, 현실에 절대적으로 충실하다는 것은 무엇을 의미합니까?

❸ 저자는 사랑을 어떻게 정의 합니까? 당신이라면 어떻게 정의하실까요?

❹ 사랑이 훈련되어야 한다는 것은 무엇을 의미합니까?

❺ 저자가 말하는 사랑의 반대개념은 무엇입니까? 그렇다면 당신이 생각하는 사랑의 반대개념은 무엇입니까?

15. 최광현 『가족의 두 얼굴』

장석경(신성회독서상담전문가, 대전새하늘지부)

*저자소개: 한세대학교 상담대학원 가족상담학과 주임교수이자 트라우마가족치료 연구소장. 독일 본대학교 가족상담학 박사(트라우마를 통한 가족치료 전공).

내용요약
part1. 어린 시절의 나를 돌아보다

건강하고 행복한 가족은 의지만으로 만들어지지 않는다. 상대방에게서 문제를 찾지 말고, 나의 상처와 아픔을 보는 것이 필요하다. 잘 변하지 않는 상대방을 변화시키려고 온통 에너지를 쏟는 일은 '밑 빠진 독에 물붓기'다.

어린 시절의 상처는 훗날 다른 사람에게 투사된다. 이러한 전이감정은 과거의 경험이 현재 관계에 부정적인 영향을 끼쳐 상대를 착각하고, 오해하게 만든다. '높은 전이감정 경향성'(high transference liabilities)을 지닌 이들은 대부분 어린 시절의 상처가 크다. 즉, 아버지에게 받지 못한 사랑을 남편이 채워주기를 원하는데, 남편은 남편일 뿐, 아버지가 아니다.

가족관계가 어떤 틀이었는가에 따라 이후의 수많은 인간관계가 유사하게 만들어진다. 어린 시절 외로웠던 사람은 자신도 모르게 일상 속에서 외로운 감정에 더 민감하다. 그러나 정작 본인은 외로움이 자기 내면에서 온다는 사실을 모른다.

프롬은 상담이란 '자기를 알게 하는 것'이라고 정의하는데, 이는 자기의 상처를 마음과 감정으로 직면하고 이해한다는 뜻이다. 상담 과정을 통해 자신을 앎으로써 불행의 반복으로부터 벗어나는 실마리를 얻는다고 해석할 수 있다.

외로움의 실체를 알게 되면 그 감정들을 객관화시키고 다룰 수 있게 된다. 외로움과 불안이 밀려올 때 "그래, 이것은 저 사람 탓이 아니라 내 안에서 오는 거야." "나도 모르게 가족 안에서의 관계 패턴과 감정 채널을 반복해서 재 경험 하고 있는 거야."라고 스스로 설득하면, 외로움과 불안을 잠재우고 통제할 수 있게 된다. 치유라는 말은 상처를 깨끗하게 지워주는 것이라기보다는, 지난날의 상처로 더 이상 현재의 내 감정을 다치게 하거나 왜곡하는 것을 막는 것이다.

몸이 아프면 당연히 병원에 가듯이, 트라우마를 혼자서 극복하기 어려울 때는 서둘러 전문가의 도움을 받는 것이 현명하다.

part 2 배우자 선택의 숨은 이유

첫눈에 운명처럼 끌리는 사랑이 있다. 이처럼 강한 호감을 갖는 경우는 자기의 모습을 상대에게서 보았기 때문이다. 또 어린 시절의 경험과 비슷한 상황을 재연해줄 배우자를 선택하는 경우를 '귀향증후군'이라 부른다. 어린 시절 풀지 못한 가족 간 갈등의 고리를 다시 한 번 풀고자 하는 무의식이 작용하기 때문이다. '귀향증후군'에서 벗어나려면, 과거의 가족을 보면서, 그 감정에 용기 있게 직면하는 것부터 시작해야 한다. 트라우마를 입으면 우리 마음은 자동으로 방어기제를 작동시킨다. 그런데 방어기제는 상처를 치유하는 것이 아니라 은폐, 회피시키는 데 불과하기 때문에, 근본 해결책이 되지 못한다. 따라서 방어기제가 작동하기 전에 트라우마에 대한 조기 치료가 이루어져야 한다. 트라우마 피해자에 대한 따뜻한 배려와 공감, 지지는 직면이라는 힘든 과정에서 드러나는 상처를 아물게 하는 힘으로 작용한다.

내면아이와 대화를 나누는 효율적인 방법은 글쓰기이다. 성인이 된 내가 묻고, 과거의 상처받은 아이가 대답을 한다. 또는 내면아이가 내면에 결핍된 것을 요구하면, 성인의 자아가 그에 대한 해답을 주기도 한다.

보웬은 건강하고 행복한 가족의 탄생에 반드시 필요한 것이 있다고 말한다. 부모와 안정적인 유대관계를 유지하면서 동시에 정서적으로 분리와 독립을 이룩한 두 남녀만이 행복한 결혼이 가능하다. 분리와 독립은 부모가 자녀를 '떠나보낼' 때 가능하다.

part 3 상처를 주고받는 가족

가족은 서로 상호작용하는 하나의 시스템으로, 가족의 위기와 갈등 문제를 한 구성원에서만 찾을 수 없다. 가족 시스템에는 지금까지 해오던 방식을 고수하려는 '항상성'(homeostasis)이 있다. 가족의 붕괴를 두려워하고 변화에 저항하려는 항상성 때문에 가족 비밀이 만들어지지만, 그로 인해 가족 사이의 갈등은 증폭된다.

부모의 미해결과제를 위임받은 자녀는, 주어진 사명에서 벗어나기 힘들고, 평생 깊은 죄책감에 시달린다.

삼각관계 속에서 자녀는 부모의 대리자 역할로 부부 갈등의 한 축이 되고, 상처나 결핍이 심할 경우, 인지, 정서 기능의 마비와 부정적 감정에 압도된다. 이때 무의식적으로 자신을 속이거나, 상황을 왜곡 해석하여 자신을 보호하는 방어기제를 사용한다.

part 4 행복한 가족의 비밀

첫돌에서 네 살까지 아이들은 상처에 극도로 취약하므로, 이 시기에 받는 무조건적인 사랑과 관심은 건강한 자기애를 발전시킨다. 건강한 자기애는 자존감과 연결된다. 아동상담가이자 정신분석가인 도날드 위니콧(Donald Winnicott)은 건강한 자기애 형성을 위해 안아주기, 일관성 있게 다루기, 적절하게 아기의 욕구를 받아주는 좋은 엄마 아빠가 필요하다고 말한다.

부모와 자녀사이의 깨어진 소통을 회복하기 위한 첫걸음은 경청이다. 다음으로 자신의 감정에 솔직한 것이다. 혼란된 소통방식은 정신분열증의 한 원인이 되며, 이러한 이중메시지를 파악하기 위해서 늘 전전긍긍해야한다.

쉽게 저절로 얻어지는 평화나 행복은 없다. 욕구의 유예, 고통과 불편함의 인내 모두가 필요하다. 언젠가 둥지를 떠나 세상을 향해 나갈 힘을 길러주는 곳이 가정이고 그런 관계가 가족이기 때문이다.

적용질문

❶ 자신의 삶에 영향을 미치는 나의 어린 시절은 어땠는가?
❷ 내가 가족에게 얻지 못한 것을 배우자에게 찾으려 했던 것은 무엇일까?
❸ 자신의 내면아이에게 해주고 싶은 한 마디는 무엇일까?
❹ 내가 잘 사용하는 방어기제는 무엇일까?
❺ 내가 생각하는 우리의 가족 비밀이나 가족규칙은?

16. 이영애 『멋진 남편을 만든 아내』

노○○ (학생)

내용요약

정동섭 교수를 멋진 남편으로 만든 이야기라는 부제를 달고 부인 이영애 사모가 쓴 이 책은 당사자들이 밖으로 꺼내놓기 너무나 어려운 이야기들이 많이 들어있다. 하지만 이전의 삶이 지옥이었다면, 하나님의 진정한 사랑과 은혜로 사람을 만나고, 책을 만나서 치유를 경험한 후에는 전혀 다른 세상이 열리는 경험을 했다고 밝힌다. 같은 환경이라도 그 환경의 지배를 받지 않고 지상에서 천국의 생활을 경험하며 살아가게 된 이야기들이다. 아직도 아픔과 한을 안고 살아가는 이 땅의 많은 상처 입은 가정들에게 작은 희망의 불씨가 되기를 간절히 소망하며 아버지의 그 아름다운 사랑으로 펼쳐 보여주는 두 사람의 사랑을 만나보기로 하자.

1부 갈등의 세월

인생은 만남의 연속이며 모험이듯 영어회화를 가르치고 배우는 과정 속에 만난 두 사람은 결혼약속을 하게 된다. 아무런 마음의 준비 없이 결혼하게 된 그들은 결혼식에서부터 미숙함을 보였고 신혼살림을 차렸지만 이단 교회에 다니면서 건강한 생활을 할 수 없었다.

연일 교우들을 대접하느라 결혼반지까지 팔아서 식생활비에 보태며 여러 가지로 힘겹게 살게 되었다. 더구나 '잔소리가 정신병자를 만든다'

는 것이 실감 나도록 사소한 것에 늘 짜증을 내는 남편의 잔소리에 아내는 정서적으로 늘 쫓기며 남편의 폭언까지 들어야 했다. 누구도 막지 못하는 쇼핑중독과 낭비벽에 아내는 늘 빚을 지면서 살아가야 했다. 영국 대사관이나 미 대사관에 다녀서 월급도 많이 받고 겉으로는 문제 될 것이 없어 보이지만 언제 터질지 모르는 남편의 분노는 그치질 않고 툭하면 터지기 일쑤였다. 아내는 점점 심인성 질환자가 되어갔다. 성격장애자와 살면 신경증 환자가 만들어 진다는 말이 있다. 아내는 급기야 그런 남편에게 적응하기 위한 십계명을 만들어 마음의 갈등을 없애보려고 노력하기도 했다.

이런 생각으로 살게 된 아내는 점점 우울증에 잠식되어갔다. 가정 또한 갈등과 번민 가득한 역기능 가정이 되고 말았다.

2부 회복의 과정

이렇게 우울증이 깊어가고 신경증 환자가 되어가던 어느 날이었다. 아내는 남편이 집에 돌아올 때쯤이면 온 몸이 아프고, 마음은 늘 울적하고, 눈물이 그렁그렁하고, 고생하고 있을 때 『인간 치유의 심리학』이라는 책을 접한다. 이후 자신과 남편과의 관계를 방치할 일이 아닌 것을 깨닫는다. 그러나 그날따라 대청소를 잘하고, '오늘은 잔소리 안 듣겠지' 하고 저녁준비를 하다가 일대 전환기를 맞이할 일이 터졌다. 방금 들었던 찬양 테이프가 막 끝났을 때 남편은 퇴근하고 집안에 들어와서 옷을 바꿔 입고는 녹음기를 신경질적으로 열어보더니 또 분노를 폭발하는 것이었다. 하루 종일 놀면서 왜 다 들은 테이프 하나 제자리에 꽂아 두지 않았냐고 호통을 치기 시작하는 것이었다. 아내는 도저히 더 이상 그 신경질을 받아줄 수가 없었다. 방금 끝난 찬양 테이프를 요리하다말고, 케이스를 찾아 꽂아놓을 수가 없는 상황이었다. 정말 좌절이 되고 그동안에 늘 들었던 갖가지 잔소리가 한꺼번에 압박을 해오며 심장이 터져 버릴 것 같은 분노가 터졌다. 엉엉 목 놓고 울음이 터져서 한 시간을 울면서 마음을 진정시켰다. 왜 우느냐고 다그치는 남편에게 그동안에 받았던 설움을 다 털어 놓았다. 저질은 저질로 대해야 대화가 되는 것일까? 아내의 말을 다 듣던 남편은 비로소 자기가 얼마나 나쁜 남편이었는지 인정을 하면서, 그날부터 진정으로 잘못을 고치려고 노력하기 시작했다.

그렇게 자아성찰이 시작되던 즈음에 서울 사랑의교회 수양회에 참석한 남편은 큰 은혜를 경험했다. 영적으로 본인이 얼마나 큰 죄인인가를 깨닫고, 아내를 학대한 일을 크게 회개하기에 이르렀다. 거듭나고 흘리는 눈물이 8개월 지속되면서 인격이 바뀌기 시작했다. 드디어 남편은 대사관에 사표까지 제출하고 새로운 모험의 길로 접어들었다. 아내도 그 시절 지구촌교회 이 목사님의 설교를 들으며 주님과 인격적인 만남을 경험하면서 치유의 길로 접어들었다. 아골골짜기를 통과하면서 두 사람은 서로를 이해해주며, 하나가 되어 회복의 길로 접어들었다. 남편의 상담심리학 공부를 위한 유학의 길을 동행하게 되었다. 두 사람의 생애를 변화시키는 밑거름이 되는 책읽기를 통해서 많은 성찰이 생겼다. 위기를 성숙의 기회로 바꾸는 유학생활이 시작되었다. 아내는 친정 조카의 조현병 발병을 통해 새로운 비전을 품고 나름 성숙의 길로 향할 수 있는 동기가 부여 되었다.

3부 성숙을 향한 도전

미국 유학을 위해 기도하기 시작한 5년 만에 가장 아름다운 방법인 하나님의 방법으로 유학을 떠난 남편은 4년 만에 석사과정과 박사과정을 다 마치는 놀라운 일을 해냈다. 그러나 이때에도 남편은 식구들을 힘들게 하는 분노를 안고 살고 있었다. 다 변화된 것 같으면서도 폭발하는 분노로 인하여 아내와 아이들은 어려움을 겪었다. 아내의 마음속에 하나님이 새로운 통찰력을 주심으로 말미암아 남편의 마음 안에 있는 상처를 깊이 공감해줌으로 치유할 수 있게 도움을 주었다. "내적치유는 첫째, 고통을 재 경험하면서 진단이 되어야 하고, 둘째, 그 고통을 하나님의 사랑으로 수용하거나, 그 고통의 의미를 재구성할 필요가 있다. 그런 후에야 용서와 분노가 처리될 수 있다." 라는 책의 내용처럼 남편은 분노의 실체를 알게 되었고, 막가파식으로 내던 화를 낼 이유가 없어지게 되었다. 한국에 살든지 미국에 살든지 진정한 내적 치유가 되어 있지 않다면 장소와 환경은 사람에게 큰 변화를 줄 수 없다는 것을 절감하게 되었다. 부모는 자녀들에게 자기 정체성을 분명히 심어주고 자기의 재능에 따라 살아가는 사람을 만들어야 한다. "부모가 자식에게 물려줄 수 있는 가장 위대한 유산은 자녀로 하여금 하나님과 인격적인 관계를 맺을 수 있도록 도와주는 것이고, 나아가서 자녀에게 높은 자존감을 심어주는 것이다"라는 찰스 스윈돌 목사의 말은 너무도 중요한 말씀이다.

4부 변화의 열매들

성격장애인 남편에게 내적치유가 임하자 자연스럽게 아내도 치유되었다. 자신의 달란트를 따라 '가족의 정신건강을 위한 모임' 인 신성회 독서상담실을 발족시켜 25년 이상 이끌고 있다. 전국에 여러 교회에 독서모임 인도법을 강의하러 다니며 남편과도 가정사역자로 함께 동역하고 있다. 남편도 침례신학대학교에서 18년을 교수로 봉직하다가 15년 전부터는 전국적으로 개교회에 가정생활 교육 강사로 성실히 사역하고 있다. 두 사람 모두 정신적으로 건강해지니 해외 사역을 여름과 겨울 방학 중에 몇십 회 다녀오더라도 신체적으로 건강해서 지금껏 잘 감당하고 있다. 이단판별사로 강의하며 다니다가 이단들로부터 20회 정도 고소를 당했지만, 늘 법정 투쟁에서도 승소하도록 도움을 주신 주님께 감사가 그치질 않는다.

삶속에서의 짧은 묵상들을 소개하는 것으로 4부작의 목차가 끝나지만 사역은 아직도 그치지 않고 계속 되고 있다. 이 모든 일 속에 평범한 인간관계 때문에 지치지 않고 살아왔고, 또 살아갈 날들을 인도해주실 주님을 바라보는 축복이 임하길 기대하며 글을 마무리 한다.

적용질문
❶ 당신이 책을 쓰게 된다면 어떤 글을 쓰고 싶습니까?
❷ 이 책의 내용처럼 살고 있는 부부에게 어떤 조언을 해주고 싶습니까?
❸ 멋진 배우자를 만들기 위해 당신이 해야 할 일은 무엇입니까?
❹ 주위에 멋진 아내를 만든 사례가 있다면 소개해 보세요.

17. 이경채, 『인생 레시피』

이경채(신성회독서상담전문가)

책 요약

가족이 꿈꾸는 행복은 가족과 스토리텔링 하는 것이다. 가족의 어린 시절 지금, 여기 '가꿈 행복'을 준비하는 것은 어린 시절을 많이 공유하는 것이다. 추억의 박물관에 사랑의 탱크를 많이 채워야한다. 그 에너지로 서로 공감하고, 소통함으로써 최대의 행복을 나눈다. 자신과 내면을 가꿀수록 행복한 인생이 된다. 삶의 모든 재료가 인생 레시피다.

1) 가꿈 인생 가족의 어린 시절 대화로 밤새우자

"인간은 다른 사람과의 관계 속에서 하나의 인격이 된다."
(Emil Brunner)

행복한 삶이란 가장 가까운 사람과 잘 지내는 것이다. 그런 설렘이 있는가? 운전면허가 있어야 자동차를 몰듯 결혼에도 면허증이 필요하다. 청년에게는 결혼예비학교 졸업장이 필요하다. 남자와 여자는 어떻게 다른가? 특별히 남자와 여자의 차이점을 이해해야 한다.

인간을 만든 창조에 의하면 남자와 여자는 가치와 존엄성 면에서 평등하다. 역할과 기능적인 측면에서는 서로 다르며, 남자와 여자는 서로 다르나 기능과 역할에서는 상호 보완적이다. 배우자는 나의 가장 가까운 이웃인 동시에 서로 사랑해야 하는 새로운 동반자 관계이다. 남성과 여성은 근본적으로 염색체와 호르몬과 조직 구성에서 다르다. 따라서 남자와 여자는 유전적 요인에 따라 그 특성이 결정된다. 남성과 여성은 서로 다를 뿐이지 어느 쪽이 열등하거나 우월한 것이 아니다. 관계를 통해 사랑과 행복을 이어간다. 중요한 단어는 '관계'이다.

"남성과 여성은 삶에 온전함을 이룩하는데 있어서 육체적으로나 정서적으로 서로 보완하도록 설계되었다."(Howell)

그러기 위해서는 부부가 서로의 어린 시절 추억을 많이 나누어야한다. 행복했던 일, 힘들고 상처받은 일을 서로 경청해주고 공감해 준다. 울어도 주고 웃어도 준다. 그러면서 자라온 문화 배경을 알면 서로를 긍휼히 여길 수 있다.

가족의 어린 시절을 나누다보면 어느 날을 타임머신을 타고 꼭 동화 나라를 다녀온 것 같았다. 이야기를 하다보면 꼬박 새벽까지 날이 밝은 적이 셀 수 없이 많았다. '아 그래서 그런 행동을 하는구나', '그런 말을 하는구나' 서로를 긍휼히 여기고, 이해하고, 알게 되었다. 가족의 어린 시절을 나누는 것은 대화를 통해 서로의 가면을 벗고 민낯을 보여주는 것이다. 추억, 꿈, 상처의 기억까지 들어준다. 어린 시절의 자랑스러웠던 마음, 이루고 싶었던 서로의 꿈을 들어준다.

아들러는 "건강한 사람은 사회적 관심이 높고 용기를 잃지 않고 그리고 상식에 맞춰 생활한다. 인간이 하는 일 중에 가장 어려운 일은 자신을 알고 자신을 변화 시키는 것"이라고 말한다.

상대가 이해되는 '아하 경험'을 많이 해야 한다. '아하, 그렇구나.'

'...구나, ...구나' 하는 것이다. 이것을 구나 요법 이라고도 한다. 이해가 증가됨에 따라 자신감과 공감, 동정을 가지고 자발적으로 참여하게 된다. 자신에게 공감하고 남을 이해하게 된다.

2) 첫사랑 할 때처럼 서로를 탐색하고 아는 시간을 많이 가진다.
　첫사랑의 때는 서로를 알아가기 위해 호기심이 많고 민감한 시기이다. 결혼 전 만날 때 자신의 부모 형제 이야기를 하면 오히려 솔직함에 점수를 주게 된다. 데이트하며 추억을 나누면 서로를 이해하게 된다. 그 시절 어린 시절을 많이 나누어야 후에 서로를 이해하고 공감하게 된다. 그런 어린 시절 대화로 서로의 심리적, 정서적, 신체적 차이를 알게 된다.
　가장 많은 심리적 갈등을 겪는 것이 부부관계 개선이다. 남. 여의 차이를 알고 기질을 알아야 이해가 간다. 특히 신혼시절, 출산 육아할 때 부부관계를 돈독하게 해준다. 그러면 사춘기 자녀 문제가 있어도 부부가 한마음으로 서로 힘을 합하는 힘이 된다. 서로가 마음을 나누면 마음의 근육이 건강하게 된다.
　데이트기간에는 매일 만나도 할 말이 그렇게도 많다. 신혼까지 이어진 어린 시절 이야기 보따리가 축적이 되면 중년 후반전까지 행복한 에너지가 되는 것이다. 그것은 서로를 이해하기 때문이다. 서로의 자아 발견과 자아 발전을 해 나가는 자아운동이다.
　어린 시절 대화를 나눔을 통해 순기능 가정에서 자랐는지, 역기능 가정에서 자랐는지 알게 된다. 서로를 궁휼히 여기고 알아가는 친밀감을 경험한다. 지성적인 것, 감성적인 것, 신체적인 것, 정서적인 것, 영적인 것을 나눈다.

책 『서로를 이해하기 위하여』의 저자 폴 투르니에는 20세기 가장 영향력 있는 저술가이며 강연가 이고 스위스 제네바 정신의학자이다. 부부행복을 위해 오래전 가장 먼저 본 책이다. 폴 투에니는 "이해하기 위해서는 타고난 차이점을 인정해야하고 이해하기 위해서는 자신을 표현해야 한다"고 이야기한다.

이해하기 위해서는 열망이 있어야하고, 사랑하고, 용기가 필요하다. 타고난 기질을 인정하고 과거의 중요성을 인정해야 한다. 온전한 이해는 믿음으로 이루어진다. 이해하기 위해 우선 이해하고 싶은 마음이 있어야한다. 이렇게 하려면 서로의 어린 시절을 많이 나누어야 한다. 수십 년 다른 문화와 환경에서 성장한 사람을 이해한다는 것은 쉬운 일이 아니지만 낯설음을 친밀감으로 승화하는 것이 대화이다. 서로의 행복을 위해서 날마다 조금씩 만들어가는 것이다. 결혼은 하나의 예술 작품 이라고 했다.

다시 강조한다. 서로를 깊이 이해하기 위해서는 어린 시절 보물 창고 특권을 함께 누려야 한다. 가족의 행복과 결혼생활은 수용하고 성장하고 성숙의 길로 가는 공사 중이다.

3) 내면의 쌓여진 무의식의 세계를 하나씩 기억하며 나눈다.

내면의 저장된 세계를 하나씩 기억하다보면 뼈 속 까지 심겨진 아이 심리를 이해하게 된다. 서로에게 초점을 맞추고 나눔을 하다보면 깊은 지혜를 발견한다. 깊이 묻힌 지혜를 발견하면 삶의 감각이 살아나게 된다. 또한 내면의 꿈을 알게 되면 부부의 삼겹줄 같은 힘이 생긴다. 어린 시절 대화를 통해 내 안에 보석 창고를 찾고, 지혜창고를 얻게 된다. 어린 시절 추억을 수없이 나누는 것은 가정을 온전히 이루어 나가고 있는 원동력이 된다. 서로의 스토리 한 가지가 펌프 물을 퍼내는 마중물이 된다. 어린 시절 무엇이 행복했고 함께 이룰 것이 무엇인지, 같이 할 취미는 무엇이지, 서로 신뢰하고 믿음으로 나간다. 이런 것이 쉬운 것 같지만 지속적인 훈련이 필요하다. 상담하다보면 서로의 내면을 몰라서 힘들어 하는 사람이 많이 있다. 서로의 정서적인 관계에 초점을 맞추어 변화로 이어간다. 서로 관찰자가 되고, 치료자가 되어주고, 협력해서 선을 이루어 '가꿈 행복'으로 간다.

4) 가꿈 설렘, 친밀감 진솔한 내면의 참 만남이다

"새는 알에서 나오려고 투쟁 한다. 알은 세계이다. 태어나려는 자는 하나의 세계를 깨뜨려야한다" -헤르만헤세-

진솔한 내면의 만남을 통해 설레는 꿈이 인생 후반전을 멋지게 만들어간다. 작은 꿈이 큰 꿈이 되어 눈부신 성장으로 가는 변화의 선물이 주어진다. "과연 내 인생에 설렘이 있습니까?" 나에게 질문해본다. 내 심층부에는 나도 모르는 내가 너무 많다. 내안에 잠자는 거인을 설렘으로 깨우는 것도 대화로부터 시작해야 한다.

첫사랑, 첫 만남, 첫 출근, 첫 월급, 첫 번째 해외여행, 이런 단어를 들으면 기분이 올라간다. 이런 설렘을 유지하는 것은 삶의 윤활유가 된다. 만약 설렘이 없다면 삶이 건조하게 된다. 설렘을 유지하는 것도 두려움을 극복하는 것이다. 설렘은 가슴에 들어오는 감각이다. 인생의 시련의 파도를 잘 타는 것도 설렘이 원동력이다. 그 시련은 생명의 줄을 찾는 몸부림이다. 설렘은 삶을 신선하고 영감 있게 만들어준다. 설렘은 무한한 생명력이 연결되어 나온다. 설렘의 에너지는 살아 움직이는 불씨와 같다. 설렘은 잠재력을 발산하는 것으로 불꽃을 피운다.

'줄탁 동기'로 병아리가 알에서 깨어 나올 때 안에서 쪼고 밖에서 어미닭이 톡 톡 해줄 때 건강한 병아리가 나온다. 줄은 알속에 병아리가 세상으로 나오기 위해 안에서 쪼는 것이고, 탁은 어미 닭이 밖에서 쪼는 것이다. 안과 밖이 서로 교감하며 껍질을 깨고 나온다. 이러한 시련을 극복하면 알에서 깨어 나오는 것도 나중에 추억이 된다. 병아리가 알에서 나왔을 때 세계가 달라지는 것처럼 우리도 낯섦을 받아들임으로서 승화가 된다. 폭풍우 같은 인생길을 헤쳐 나갈 길도 설렘이다.

매일같이 하루 십분이라도 설레는 시간을 만들어보자. 낯설음 이라는 설렘을 자주 만날 때 삶이 깨어있고 내면을 서로를 알아갈 것이다. 성숙한 사람은 상황을 초월하며, 설렘을 내속으로 끌어당긴다. 상대를 끌어올리기 보다는 자신이 올라가며 높낮이를 조절함을 의미한다.

진정한 끌어당김의 법칙이란 뿌린 대로 거두는 것이며, 선한 일에는 선한 결과가 오고 악한 일에는 악한 결과가 온다는 것이다. 긍정적인 마음만 갖는다고 해서 모든 일이 자신이 원하는 대로 긍정적으로 해결되는 것이 아니다. 긍정적 마인드를 갖는 것과 긍정적인 상황이 펼쳐지는 것은 다른 차원의 문제이다. 행복은 내안에서부터 설렘 출발이다. 하루 십분 설렘의 시간을 가져보자.

설레는 내면의 만남은 탐험하는 마음으로 경험한다. 간접적인 탐험은 책을 통해 할 수도 있지만 가능하다면 직접 경험하는 것이 오래 남는다. 일상의 낯섦을 통해 이미지 그림언어로 아이디어를 찾는다. 자연과 환경을 통해서도 창조적인 생각을 하게 된다.

설렘을 만드는 것은 친밀감을 통해 두 사람이 서로 다른 자아를 오픈하는 것이다. 친밀감이란 라틴어로 내면이라는 깊은 의미를 말한다.

만남을 통해 상대의 정서적, 사회적, 육체적, 영적인 친밀감을 함께한다는 것이다. 친밀감은 모든 삶의 영역에서 깊은 단계 차원을 연결한다. 친밀감은 사랑과 신뢰관계를 동반한다. 서로를 신뢰하는 라포 관계를 통해 서로 친밀해진다. 라포(Rapport)란 '마음의 유대'란 뜻으로 서로의 마음이 연결된 상태, 서로 신뢰하는 관계로 마음이 통하는 상태를 뜻한다.

인간관계 기술 중 라포는 초기 관계 형성에 중요한 역할을 한다. 라포는 신뢰하고 조화된 관계 형성을 말하는데 상대방의 독특한 경험이나 생활 방식을 있는 그대로 인정하고 받아들이는 것이다. 수용적인 자세가 서로에게 공감대를 쉽게 형성할 수 있다.

라포가 형성되면 호감과 신뢰심이 생기고 비로소 깊은 마음속의 사연까지 언어화 할 수 있게 된다. 서로의 기분을 맞추고, 상대가 가지고 있는 다양한 세계관을 보다 발전적인 방향으로 나가기 위해 마음이 통하는 라포를 충분히 활용할 수 있어야 한다.

친밀감이 사라지는 것은 서로의 신뢰관계가 금이 갔기 때문이다. 금이 가는 것을 불신하면 친밀감의 관계 집이 무너진다.

상담 전문가 베스트셀러작가 『5가지 사랑의 언어』의 저자 게리 체프먼은 "두 사람 사이에 벽이 없다는 가정 하에 친밀감을 구축하는 것은 하나의 과정이지 결과가 아니"라고 했다.

삶의 휴식을 위한 보물이다. 친밀감은 동적인 것이다. 친밀감을 유지하기 위해서는 참 만남을 주는 의사소통을 잘해야 한다. 자신의 생각, 느낌, 경험을 잘 경청하고 이해해야한다. 서로 피드백을 주고받을 때 친밀함을 경험한다. 쌍방 소통을 통해 참 만남을 이룬다. 어린 시절 부모와의 친밀감 애착관계 어떤지 서로 나눈다.

적용 질문
❶ 결혼에 면허증이 있다면 어떤 것을 추가하고 싶나요?
❷ 설렘, 첫 사랑처럼 인생 설렘이 있습니까?
❸ 무의식의 내면을 나누며 경청하고 공감할 사람은 누구입니까?
❹ 내면의 참 만남, 어떤 설렘이 있습니까?
❺ 설렘의 인간 관계를 어떻게 또 만들고 싶습니까?

18. 존 가트맨, 남은영 『내 아이를 위한 사랑의 기술』

정인숙(신성회독서상담전문가, 신성회 회장)

내용요약

'감정'에 초점을 둔 부부, 부모-자녀 관계 연구의 세계적인 전문가이며 워싱턴 주립대학의 심리학 교수인 존 가트맨(John Gottman)과 가트맨의 유일한 한국인 제자인 남은영의 공저로 감정코치를 다룬 자녀양육서이다.

감정코치의 행동지침

모든 부모는 자녀가 최선의 성공을 이루기를 원한다. 이 성공의 열쇠는 자녀들이 부모에게서 존중받는 느낌을 갖는 것이다. 부모에게 존중받은 아이가 다른 사람을 진정으로 존중해줄 수 있다. 존중받는다는 느낌은 사랑과 공감어린 이해로 경청함을 통해 형성되는데, 이것이 자녀를 위한 사랑의 기술이다. 과학적인 조사를 통해 부모와 자녀 간의 정서적 상호작용이 중요하다는 증거를 제시한 가트맨 교수는 하임 기너트(Haim Ginott) 박사가 40여 년 전에 제창한 "감정은 받아주되 행동은 고쳐준다"는 개념을 기초로 감정코치 5단계를 만들어 단계별로 부모들에게 구체적인 행동 지침을 설명했다.

감정코치의 핵심 5단계

감정코치의 핵심 5단계는 아이를 행복하게 만드는 방법이다. 감정코치의 토대는 공감으로 1단계는 아이의 감정을 인식하는 것이다. 2단계는 감정적 순간을 친밀감 조성과 교육의 기회로 삼아, 3단계에서 아이가 느낀 감정이 타당함을 인정하고 공감하며 경청해 준다. 감정코치의 4단계는 아이가 그 순간에 느끼는 감정이 무엇인지 알게 하고, 5단계는 아이가 스스로 해결책을 찾도록 이끌면서 행동의 한계를 정해주는 것이다. 공감이 중요한 이유는 아이가 공감을 통해 부모를 자기편으로 인식하기 때문이다. 5단계 중 가장 중요한 단계는 4단계로 아이가 감정이 생겼을 때 부모는 감정단어를 찾아주어 감정에 이름을 붙이도록 하는 것이다.

감정코치는 아이에게 스트레스를 주지 않으면서 건강하게 지능도 높이는 양육방식이다. 이렇게 감정코치를 받은 아이들은 집중시간이 길며 자기감정을 조절하는 법을 배운다. 감정코치는 부모의 사랑을 자녀에게 전달하는 가장 좋은 방법이다. 일상생활의 40%정도만 감정코치를 해도 아이가 훌륭히 자랄 수 있다고 한다. 감정코치는 사회적 기술의 습득과 더불어 정서지능의 영역까지 포함하며, 정서지능은 아이의 기질과 부모와의 상호작용으로 그 틀이 형성된다.

부모의 양육방식

모든 부모가 감정코치가 되기 위해서는 자신의 양육방식을 평가하는 '자기 점검'이 필요하다. 우선 부모의 어린 시절 가정에서 당신의 감정이 어떻게 인식되었는지를 생각해보고, 감정에 대한 가족의 철학과 슬픔이나 화에 대해 가족이 들어주려고 했는지를 돌이켜본다. 그리고 자신이 축소전환형 부모, 억압형 부모, 방임형 부모와 감정코치형 부모 등 4가지 양육방식 중에 어느 유형에 해당하는지 알아본다.

감정코치형 부모는 아이의 감정을 모두 받아들이지만 부적절한 행동은 제한하고 아이에게 감정조절 방법과 적절한 문제해결 방법을 가르친다. 감정코치를 하는 부모는 자신의 감정과 사랑하는 사람의 감정을 파악하는 능력이 뛰어나며 슬픔, 두려움, 분노 등 모든 감정이 인생에서 유용한 의미가 있음을 안다. 연구결과, 감정코치를 하는 부모를 둔 아이들은 학업성적과 사회적응력, 정서적 행복, 육체적 건강이 월등하며, 친구들과도 잘 지내고, 사회적응기술도 우세했다. 정서적으로도 똑똑하여 회복력이 뛰어나며, 부정적 감정보다 긍정적 감정이 더 많고 스트레스도 덜 받는다고 한다. 부모가 정서적으로 똑똑한 아이를 키우기 위해서는 먼저 부모 자신의 감정 대응방식을 이해하고 이것이 아이에게 어떤 영향을 미치는지 파악하는 게 필요하다.

부모 결혼 생활의 영향

부모도 중요하지만 행복한 결혼생활과 사회활동이 아이에게 좋은 감정코치가 될 수 있다. 부부가 서로 적의를 드러내고 모욕하고 싸우는 모습은 아이에게 문제가 된다. 아이의 정서적 건강은 주변의 관심과 사랑받는 정도에 따라 다르게 형성되기 때문이다.

또한 우리는 아버지의 영향력이 막강하며 맞벌이로 인해 역할이 중요한 시대에 살고 있다. 아버지들은 정서적으로 아이와 함께 하며 아이가 자라면서 무엇을 바라는지 그때그때 반응하고 직장 일과 가정 일을 균형 있게 유지하며 양육에 적극적으로 참여할 필요가 있다.

그러나 감정코치가 적절하지 못한 상황들을 유념할 필요가 있다. 부모가 시간에 쫓길 때, 다른 사람이 있을 때, 너무 피곤하거나 화가 나 있을 때, 정말 심각한 상황을 짚고 넘어가야 할 때 그리고 아이가 감정을 이용해 부모를 교묘히 속이려고 할 때는 감정코치를 사용하지 말아야 하는 상황이다.

자녀가 공부도 잘하고, 정서적으로 행복하기 위해서는 감정코치를 통한 부모와의 친밀한 관계형성이 필요하다. 부모를 통해 건강한 자아존중감과 안정된 정서로 우리 자녀를 21세기형 세계화 시대의 리더로 키우는 것이 필요하다.

적용질문

❶ "아이들의 감정은 받아주고, 행동은 고쳐주라"는 방식의 감정코치를 해본 적이 있는가?
❷ 나는 어떤 방식으로 자녀들을 양육했는가?
❸ 아이와 감정적 순간을 가질 때가 친밀감 조성과 교육의 기회라고 했는데 나는 어떻게 했는가?
❹ 우리 부부간의 갈등이 우리 아이에게 어떤 영향을 미쳤을지 생각해보자.
❺ 우리 가정에서 아버지의 역할과 영향력은 어떤가?

19. 폴투르니에 『서로를 이해하기 위하여』

오우림(신성회독서상담전문가, 부산경상지역장)

내용요약

　서로를 이해하기 위해서는 **첫째**, 성실하고 완전한 개방이 필요하다. 이해 하고자 하는 열망, 이해를 추구하는 마음, 이해 하고자 하는 자발적 의지가 있어야 한다. 이를 위해서는 서로에게 완전히 솔직해지는 상호 개방성이 필요하다. 서로에게 성실하고 완전한 개방성이 있는 부부는 성공적인 결혼 생활을 할 수 있다.

　둘째, 자신을 표현해야 한다. 자신을 표현하는 것은 사회 구성원으로 살아가는 모든 인간관계에서도 필요하다. 하지만 비판적 판단에 대한 두려움, 충고 받는 것에 대한 두려움이 자신을 표현하는 것을 막는다. 부부가 서로에게 있는 그대로의 자신을 표현하기 위해서는 상당한 용기가 필요하다는 것을 알고, 상대의 말을 따뜻하고 친절하게 귀 기울여 들어주어야 한다. 특히 그가 해야 할일을 그보다 내가 더 잘 안다는 인상을 주어서는 안 되며, 장시간 주의 깊은 경청이 필요하다. 그럴 때 부부는 서로에게 인생이라는 긴 전투의 전우가 될 수 있다. 어떠한 어려움도 이겨낼 수 있는 관계가 된다.

　셋째, 사랑하는 사람은 이해하며, 이해하는 사람은 사랑한다. 이해하기 위해서는 사랑해야 한다. 사랑과 이해는 마치 동전의 양면처럼 불가분의 관계이다. 이해받고 있다고 느끼는 사람은 사랑받는다고 느끼며, 사랑받는다고 느끼는 사람은 확실히 이해 받고 있다고 느낀다.

서로를 더 잘 이해하기 위하여 많은 노력을 기울여야 하는 것은 우리의 성격과 취미, 습관, 편견 그리고 확신이 서로 다르기 때문이다.

넷째, 남녀의 차이, 사랑 자체의 차이를 인정해야 한다. 서로의 기질, 자라온 환경, 남녀의 차이가 크다는 것을 인정할 때 그 사람은 인격적으로 성숙한 사람이 된다. 남녀는 서로 표현하는 방법이 다르다 .남자는 말을 통해서 생각을 표현하고 정보를 전달하는데 반해, 여자는 느낌과 감정을 표현하기 위하여 말을 하며, 같은 남녀도 기질에 따라서 자신의 사랑을 표현하는 사랑의 언어의 차이가 있다. 어떤 사람은 무언가를 함께 할 때, 스킨십, 서로에 대한 봉사, 선물 등 각기 다른 사랑의 언어가 있음을 알아야 한다.

다섯째, 서로를 이해하기 위해서는 배우자의 과거의 중요성을 인식해야 한다.

서로의 과거 이야기를 들음으로 인하여 서로를 도울 수 있는 소망이 생기게 하고, 그것이 각자를 자유롭게 할 뿐만 아니라 결혼생활을 빛내는 새로운 차원의 친밀함이며, 더 크고 창조적 행복을 쌓을 수 있다.

여섯째, 서로를 이해하는 눈을 여시고 그의 마음속에 서로를 이해하고자 하는 새로운 열정을 심어 주신분이 바로 하나님이라는 인식이 필요하다. 그들의 행복은 하나님의 선물임을 인정하고 이해하는 부부는 행복한 부부이다.

적용질문
❶ 배우자의 무엇에 호감을 느꼈는가?
❷ 사람은 사랑받고 있다고 확신할 때에만 마음을 열 수 있다고 한다. 나는 언제 사랑받고 있다고 느끼는가?
❸ 당신은 어떠한 기준으로 배우자를 바라보는가?
❹ 당신의 결혼 생활에 찬란했던 순간들은?
❺ 당신의 결혼 생활에 신앙이 어떠한 영향을 주었는가?

20. 전혜성, 『섬기는 부모가 자녀를 큰 사람으로 키운다』

김상식(신성회독서상담전문가, 부산1지부)

내용요약

책의 저자는 모두가 이기적으로 살아가는 세상에서 남을 배려하고, 도움을 통해 힘과 지혜가 생긴다고 자녀들을 가르쳤다. 그러한 교육 때문이었을까? 머나먼 미국 땅에서 가족 8명이 11개 박사학위를 취득하고 (대부분 하버드, 예일대) 미국 교육부의 "동양계 미국인 가정교육 연구대상"으로 선정되기도 했다. 과연 이러한 성공의 비결은 무엇일까?

(1) 섬기는 부모에게서 큰 사람이 나온다.

"재주보다 덕이 앞서는 아이로 길러라"
"엘리트가 되려면 우선 사람이 되어야 한다"

재주 이상의 인간미를 보일 때 사람들은 그를 마음으로 따르게 된다. 주변에 자신을 믿고 따르는 사람이 많아진다면 그는 자연스럽게 리더가 될 수밖에 없다. 재주가 뛰어난 아이들은 대개 주변 어른들의 기대 어린 눈빛과 박수를 너무 많이 받아온 탓에 재능만 믿고 다른 사람을 무시하거나 얕보기 쉽다.

당연히 재주는 필요하다 그러나 그것만으로 부족하며 때에 따라서는 오히려 독이 되니 조심해야 한다. 왜 공부를 해야 하는가? 아이들이 따스한 가슴을 키우기 위해서다. 부모의 모범이 저자의 자녀들을 큰 아이로 길러내었다.

(2) 아이를 진정한 리더로 키우려면

단순히 지위가 올랐다고 해서 모두가 리더로 인정받지는 않는다. 진정한 리더가 될 수 있는 능력은 결국 대인관계를 얼마나 잘 이끌어 나가느냐에 달려있다. 많은 돈을 벌어 호의호식 하자는 생각으로 의사(Doctor)가 된 사람은 어떤 목표를 위해 의사가 된 사람과 비교했을 때 겉모습은 똑같아 보일수도 있다. 그러나 그 과정과 결과는 확연히 차이가 날 것이다.

개인적인 욕심으로 자기완성만 외친다면 지도자로서 인정받기 힘들다. 리더는 개인적인 욕심을 좇아 악착같이 노력하는 사람이 아니다.

저자는 자녀들에게 초기 이민자로서 정체성을 갖게 하기 위해서 한국문화의 우수성과 자신의 뿌리를 찾아 왕의 후손이라는 자부심을 갖게 하고 동양인으로서 자랑거리가 조금이라도 있으면 신문을 오려 자녀들에게 보여 주기도 했다고 한다. 우리 자신을 긍정적으로 정의내릴 때 모든 고난을 겪을 박력도 생긴다.

6명의 자식들이 법학, 의학, 미술 등 자기 분야에서 어떻게 남을 위해 살 수 있는지를 항상 고민했다. 결국 공부 잘하는 우수한 아이도 인간관계를 잘하지 못하면 리더의 자리에 오르기가 어렵다.

(3) 자녀 교육은 사이언스가 아니라 아트다

좋은 엄마 콤플렉스에서 벗어나 아이의 진정한 멘토가 되기 위해 노력해야 할 것이다. 주위에서 벌어지는 대립 상황과 갈등을 보면 처음에는 짜증나고 혼란스러울 수밖에 없다. 오히려 이런 음과 양의 대립 상황을 중요한 삶의 계기로 받아들여야 한다. 대립 상황은 그저 갈등을 분출하는 상태만을 뜻하지 않는다. 그보다는 새로운 평화를 만들거나 아이디어를 제공하는 계기가 된다.

태극기의 중심인 태극 문양과 같이 반대되는 것들이 근본적인 조화를 이루는 것처럼, 아이들이 어떤 선택을 할 때 그 선택이 가져올 결과를 고민해 보라고 하면 아이들 스스로 바람직한 판단을 내리게 된다.

"너는 왜 그 길을 가고자 하니?"

"네가 이런 선택을 하면 길게 봤을 때 어떨 것 같니?"

(4) 자녀를 큰 사람으로 키우는 부모의 지혜

1. 가족회의

의사소통의 중요성과 거기서 얻는 결론의 힘, 회의를 통해 다져지는 결속력과 같은 귀한 교훈들을 배울 수 있다.

2. 아이에게 요구하지 말고 합의하라

많은 부모가 조용한 성장 뒤에 숨겨진 아이의 변화를 모르고 살아간다. 아이가 성장하는 속도에 맞춰 부모들 역시 변화해야 한다. 아이들을 독립적인 인격체로 인정하고 아이들에게 맞는 공부법을 찾는 노력을 기울일 때 부작용이 없고, 효과적인 교육법도 찾을 수 있다.

대화가 없으면 교육은 물론, 그저 쉴 곳조차 없는 셈이다. 보통 부부 간에 대화가 부족하면, 그 사이의 아이도 자연히 대화하는 법을 배울 수 없게 된다. 아이를 억지로 변화시키려 하기보다 대화의 필요성을 깨달은 부모가 먼저 대화를 늘려 모범을 보여야 한다.

아무리 제 속으로 난 자식이라도 갈등이 있기 마련이다. 그 아이가 독립된 인격체이기 때문이다. 부모 입장에서 느리고 답답하더라도 서로의 이해를 바탕으로 조율해야 문제를 해결할 수 있다.

(5) 아이와 함께 살아갈 인생의 후배들에게

엄마들이여 아이들에게만 매달리지 말고 자기계발에 힘쓰자. 일과 가족은 마치 새의 양 날개와도 같다. 좋은 아내, 현명한 엄마라면 사회에 대해서도 그 만큼 잘 알아야 한다.

때로는 식사를 챙겨주는 것을 거르더라도 아이가 대화를 원한다면 대화 상대가 되는 것이 더 가치 있는 일이 될 것이다. 그 과정을 통해 결론을 얻은 아이를 따뜻하게 감싸 주면서 아이들 눈높이에서 세상을 함께 보고, 대화 상대가 되는 것이 어머니의 역할이다.

오늘날 한국의 자녀교육을 보면, 눈에 보이는 성적과 등수에 급급한 나머지 눈에 보이지 않는 자질이나 덕목 등 아이의 정서적인 측면에 대해서는 덜 쓰는 것 같은 느낌이 든다.

적용질문
❶ 자녀를 위한 진정한 희생은 무엇일까요?
❷ 여러분은 성공이 무엇이라고 생각하나요?
❸ 당신의 가정은 가족회의나 가정예배를 합니까?
❹ 자녀와의 갈등은 어떻게 해결 하나요?
❺ 자녀들 앞에서 자신의 감정을 잘 조절 하나요?

[부록4] 독서모임을 위한 적용질문지 모음

*적용질문에 따라 자신의 삶을 나눌 때 참여자들의 신뢰도와 친밀감이 높아지고 참여도가 높아진다.

- 정동섭 『자존감 세우기』 적용질문지
- 레스&레스리패럿 『5가지 친밀한 관계』 적용질문지
- 윤선현 『부자가 되는 정리의 힘』 적용질문지
- 유재성 『홈빌더스』 적용질문지
- 베벌리&톰 로저스 『영혼을 치유하는 사랑』 적용질문지
- 제임스 돕슨 『자신감 있는 자녀로 키우자』 적용질문지
- 이무석 『마음』 적용질문지
- 데이빗 씨맨즈 『상한 감정의 치유』 적용질문지
- 플로렌스 리타우어 『성공적인 삶을 위한 기질플러스』 적용질문지
- 존 그레이 『화성에서 온 남자 금성에서 온 여자』 적용질문지

＊시작할 때 책에 대한 전반적인 질문들

도입-전개-마무리의 3단계 진행

1. 책 제목에 대해서 어떻게 생각하는가?
   - 책 내용에 맞는 제목이라고 생각하는가? 아니면 어떤 제목으로?
2. 저자에 대해서 알고 있는 정보나 인상소감은?
3. 책 표지 글, 머리말, 추천사, 감사의 글을 읽고 느낀 점은?

＊목차를 보면서 책 전체의 구성에 대한 질문들

1. 큰제목에 대한 저자의 의도가 무엇일까?
2. 중간 제목에 대해서 느껴지는 생각은?

＊큰 제목(각장)의 글을 요약한 뒤에 나눌 수 있는 질문들(책에 따라 다름)

1. 공감을 끌어내는 질문의 예
   - 저자(주제)와 비슷한 경험(같은 생각)을 하신 분이 있으시면 나누어 주시겠어요?
   - 만약에 당신이 저자라면 어떻게 대처(저술)했을 것 같아요?

2. 감정을 표현하고 싶은 질문의 예
   - 이 글을 읽고 제안하고 싶다거나 아쉬운 점, 느낀 점이 있다면?
   - 이 글을 읽고 새롭게 알게 된 점이나 생각에 변화가 있다면?

3. 새롭게 인식된 것을 나누는 질문의 예
   - 저자는 왜 이런 글을 썼을까? 독자에게 무엇을 알리고자 하는 것일까?
   - 같은 주제에 대해서 다른 각도에서 생각해 볼 수는 없는가?

4. 나의 삶에 적용을 시도할 질문의 예
- 나는 이 글을 읽고 내 생활에 어떻게 적용해 볼 수 있을까?
- 어떻게 인격적으로 내 가족에게 책 내용을 알리고 나눌 수 있을까?

5. NQ 정신(공존지수)을 촉진 시키는 질문의 예
- 이 책을 어떤 주제의 책으로 이웃에게 소개할 수 있을까?
- 만일 내가 이런 주제로 책을 쓰게 된다면 어떤 면을 강조하고 싶은가?

 * 책의 내용에 따라서 인도자가 적용질문을 적절히 활용하도록 한다.

• 사람을 변화시키는 과정:
생각 → 태도(감정) → 행동 → 습관 → 인격 → 운명

정동섭, 『자존감 세우기』 적용 질문지

인도자는 아래 질문 중에서 선택하여 질문할 수 있습니다.
(진행시간에 따라 **도입 10~15분, 전개90~120분, 마무리 10~15분**으로 진행)

도입부분(10~15분)
- 인도자는 이 모임에서 지켜야 할 사항인 **비밀유지, 경청하기, 시간 지키기, 비판·충고, 끼어들기 금지, 주제에 벗어난 이야기 하지 않기, 대화독점하지 않기** 등을 미리 이야기한다.
- 시작하기 전에 간단히 각자 1~2분 정도 이 시간 참여하는 느낌 또는 소감을 나눈다.
- 책에 대해서 나누고 책을 읽어왔는지 나눈다 (저자소개, 책 표지 그림, 제목 등).

전개부분(90분)
1. **구성요소들** 적용질문
- 자기개념에 근거한 자기란 어떤 사람인지 나누어보세요.
2,3. **자존감에 대한 기본 전제와 믿음/자존감의 형성과정**의 적용질문
- 나의 자존감이 형성된 계기가 된 중요한 사건을 나누어보세요.
4,5. **자아개념과 자존감의 중요성/낮은 자존감의 영향**의 적용질문
- 자신에게 붙인 꼬리표가 무엇인지 생각하고 낮은 자존감이 준 영향나누기
6. **낮은 자존감(열등감)에 대한 대처방식**의 적용질문
- 자신의 낮은 자존감에 대한 대처방식을 갖고 있다면 나누어보세요.

7,8. 신학과 심리학의 갈등/자존감의 신학적 근거의 적용질문
- 신학적 근거위에 겸손과 자부심 사이에서 균형점을 찾는다면?

9,10. 낮은 자존감 회복 및 열등감 상담 치유의 적용질문
- 자신의 낮은 자존감(열등감)의 상담치유 전략이 있다면 나누어주세요.

11. 자녀에게 높은 자존감을 심기위한 방법의 적용질문
- 나의 자녀의 자존감을 높여주기 위한 방법이 있다면 나누어주세요.

*그 외에 진행자가 적당하다고 생각하는 적용 질문을 하며 시간배정은 참여자 인원이나 상황에 따라 탄력적으로 진행합니다.

마무리부분(10~15분)
- 각자 나눔을 간단히 말하고 배운 점, 느낀 점을 나눈다.

레스&레스리 패럿, 『5가지 친밀한 관계』 적용질문지

인도자는 아래 질문 중에서 선택하여 질문할 수 있습니다.
(진행시간에 따라 **도입 10~15분, 전개90~120분, 마무리 10~15분으로 진행**)

도입부분(10~15분)
- 인도자는 이 모임에서 지켜야 할 사항인 **비밀유지, 경청하기, 시간 지키기, 비판·충고, 끼어들기 금지, 주제에 벗어난 이야기 하지 않기, 대화독점하지 않기** 등을 미리 이야기한다.
- 시작하기 전에 간단히 각자 1~2분 정도 이 시간 참여하는 느낌 또는 소감을 나눈다.
- 책에 대해서 나누고 책을 읽어왔는지 나눈다 (저자소개, 책 표지 그림, 제목 등).

전개부분(90~120분)
친밀한 관계 1: 나의 적용질문
- 나는 누구인가?
- 나는 자신을 어떻게 생각하고 있는가?

친밀한 관계 2: 가족의 적용질문
- 내가 생각하는 가족은
- 우리 가정에 있는 암묵적인 원칙은?
- 내가 맡은 가정에서의 역할은?

친밀한 관계 3: 친구의 적용질문
- 내가 생각하는 진정한 친구란?
- 현 시점에서 다시 생각해 보고 싶은 친구는?

- 금 간 우정이 있다면 이야기 해보자

친밀한 관계 4: 연인의 적용질문

- 내가 생각하는 사랑은?
- 나의 애정지수(Love IQ)는?
- '똑똑한 사랑법'으로 사랑하는 방법을 누구에게 알려주고 싶은가?

친밀한 관계 5: 하나님의 적용질문

- 하나님, 그분을 누구라고 생각하는가?
- 내가 만난 하나님에 대해서 이야기 해보자.

  그 외에도 진행자가 적당하다고 생각하는 적용 질문을 한다.

마무리부분(10~15분)

각자 모임에 대한 소감을 나누고 배운점, 느낀점을 나눈다.

5가지 친밀한 관계

1) 나는 나 자신을 어떻게 여기고 있는가?
2) 현재 가정에서 내가 맡고 있는 역할은 무엇인가?
3) 내가 생각하는 진정한 친구란?
4) 나는 어떤 배우자인가?
5) 내가 만난 하나님은 어떤 분이신가?

윤선현, 『부자가 되는 정리의 힘』 적용질문지

인도자는 아래 질문 중에서 선택하여 질문할 수 있습니다.
(진행시간에 따라 도입 10~15분, 전개90~120분, 마무리 10~15분으로 진행)

도입부분(10~15분)
- 인도자는 이 모임에서 지켜야 할 사항인 **비밀유지, 경청하기, 시간 지키기, 비판·충고, 끼어들기 금지, 주제에 벗어난 이야기 하지 않기, 대화독점하지 않기** 등을 미리 이야기한다.
- 시작하기 전에 간단히 각자 1~2분 정도 이 시간 참여하는 느낌 또는 소감을 나눈다.
- 책에 대해서 나누고 책을 읽어왔는지 나눈다 (저자소개, 책 표지 그림, 제목 등).

전개부분(90분~120분)
제1부 부자가 되려면 정리부터 하라의 적용질문
- 나는 물건정리부터 시작해서 우리 집 정리를 어떻게 하고 있는가?
- 중고물품 재활용으로 경비를 절약한 경험이 있는가?

제 2부 차곡차곡 부자가 되는 정리법의 적용질문
- 합리적인 소비를 위해 비워야 하는데 나는 얼마나 잘 비우고 있는가?
- 나의 소비생활에서 새어나가는 돈이 얼마나 되는가?
- 옷정리와 냉장고 정리는 어떻게 하고 있는가?

제 3부 부자처럼 우아한 삶을 유지하려면의 적용질문
- 내 기준으로 우아한 삶을 유지하려면 어떤 부분의 정리가 필요한가?
- 우리 집 정리 프로젝트를 계획해본다면 어떻게 시작할 것인가?

마무리부분(10~15분)
- 독서상담자가 참석한 사람들과 배운 점, 느낀 점을 나누며 마무리한다.

유재성, 『홈 빌더스』 적용질문지

인도자는 아래 질문 중에서 선택하여 질문할 수 있습니다.
(진행시간에 따라 **도입 10~15분, 전개90~120분, 마무리 10~15분으로 진행**)

도입부분(10~15분)
- 인도자는 이 모임에서 지켜야 할 사항인 **비밀유지, 경청하기, 시간 지키기, 비판·충고, 끼어들기 금지, 주제에 벗어난 이야기 하지 않기, 대화독점하지 않기** 등을 미리 이야기한다.
- 시작하기 전에 간단히 각자 1~2분 정도 이 시간 참여하는 느낌 또는 소감을 나눈다.
- 책에 대해서 나누고 책을 읽어왔는지 나눈다 (저자소개, 책 표지 그림, 제목 등).

전개부분(90분~120분)
서문의 적용질문
- ■당신의 가정은 안전하십니까?

제 1장 즐거운 우리집의 적용질문
- ■우리 각자가 기억하는 즐거운 우리집의 추억이나 생각을 나누어보세요.

제 2장 너무 놀라지 말라!의 적용질문
- ■해체되고 붕괴되어가는 가정에 대한 생각을 말해보세요.
- ■엄마에게 하고 싶은 말이 있으면 나누어보세요.

제 3장 우리 사랑이 식어질 때 까지!의 적용질문
- ■이혼에 대한 자신의 생각을 나누어 보세요.

제 4장 나 이혼해도 될까!의 적용질문

■ 내가 이혼을 생각했던 시간들이 있다면 나누어 보세요.

제 5장 본래는 그렇지 아니하니라!의 적용질문

■ 이혼에 대해 하나님의 시각으로 다시보기를 한다면?

제 6장 결혼은 언약이다의 적용질문

■ 나의 결혼이 언약결혼의 모습이 되려면 어떤 부분의 변화가 필요한지 말해보세요.

제 7장 준비된 결혼이 아름답다의 적용질문

■ 나의 결혼생활은 얼마나 준비가 되었는지 돌이켜 본다면?

제 8장 가정은 만들어 가는 것이다의 적용질문

■ 나의 가정을 만들어가기 위해 어떠한 노력을 했는지 나누어 보세요.

제 9장 벌거벗어도 부끄럽지 않다의 적용질문

■ 나의 결혼생활을 벗기어 봤을 때 서로가 부끄럽지 않은 부분이 얼마나 되는가?

제 10장 신앙의 명가를 이루라!의 적용질문

■ 내가 이루고 싶은 신앙의 명가 모습은 어떠한 것인지 말해보세요.

마무리부분(10~15분)

– 독서상담자가 참석한 사람들과 배운 점, 느낀 점을 나누며 마무리한다.

베벌리& 톰 로저스, 『영혼을 치유하는 사랑』 적용질문지

인도자는 아래 질문 중에서 선택하여 질문할 수 있습니다.
(진행시간에 따라 도입 10~15분, 전개90~120분, 마무리 10~15분으로 진행)

도입부분(10~15분)
- 인도자는 이 모임에서 지켜야 할 사항인 **비밀유지, 경청하기, 시간 지키기, 비판·충고, 끼어들기 금지, 주제에 벗어난 이야기 하지 않기, 대화독점하지 않기** 등을 미리 이야기한다.
- 시작하기 전에 간단히 각자 1~2분 정도 이 시간 참여하는 느낌 또는 소감을 나눈다.
- 책에 대해서 나누고 책을 읽어왔는지 나눈다 (저자소개, 책 표지 그림, 제목 등).

전개부분(90~120분)
1. 저자는 사랑의 목적이 무엇이라고 생각하는가?
 『사랑에 대한 환멸, 사랑이 시작되는 곳, 영혼을 치유하는 사랑』을 읽고 새롭게 알게 된 것은?
2. 『영혼의 목적』은 무엇을 알고 싶어 하는 것일까?
 영혼은 상처받기 쉽다는 점과 영혼과 두려움에 대한 이야기 나누기
3. 『고통스런 영혼』을 읽고 생각되는 일이 있는가?
 『무의식적인 마음, 원 가족, 아동학대의 유형, 비난을 하려는 것이 아니다』에 대한 생각?
4. 『영혼에 귀 기울이기』는 어떻게 하는 것인가?
 (영혼의 인상, 구뇌와 신뇌)를 고려할 때 나의 구뇌반응은 어떤 것이 있나?

5. 『치유되는 영혼』을 적용해 봅시다.

　　나의 영혼 치유계획에는 어떤 것이 있는가?

6. 『사랑하는 영혼』에서 고려해 볼 것들은?

　　낭만적 사랑의 이론들에 대한 당신의 생각은?

7. 『사랑을 이루어가기』를 위해서 당신이 해야 할 일이 있다면?

　　당신의 『결혼 생활의 단계』를 소개할 수 있으신지요?

8. 『우리를 파괴하는 것과 그 이유』를 설명해 보세요.

　　투사와 인간관계를 읽고 어떤 생각이 듭니까?

9. 『어려운 주제의 의사소통』을 갖고 이야기를 나누워 봅시다.

　　용서 연습을 생활에 적용해 본다면 어떻겠나?

10. 『아무것도 변화시키지 않으면 아무것도 변하지 않는다』에 동감하십니까?

　　변화에 대한 저항의 사례들을 갖고 당신의 느낌을 나누어 보세요.

　　행동 변화 요구 연습을 종합해 본다면 당신도 적용할 수 있겠는가?

11. 『영혼을 치유하는 사랑은 하나님의 아이디어이다』

　　예화를 읽고 영혼을 치유하는 사랑을 생활에 적용할 수 있겠는가?

　　『사랑의 지속』에서 감명 받은 문장을 소개한다면?

마무리부분(10~15분)

- 독서상담자가 참석한 사람들과 배운 점, 느낀 점을 나누며 마무리한다.

제임스 돕슨, 『자신감 있는 자녀로 키우자』 적용 질문지

인도자는 아래 질문 중에서 선택하여 질문할 수 있습니다.
(진행시간에 따라 도입 10~15분, 전개90~120분, 마무리 10~15분으로 진행)

도입부분(10~15분)
- 인도자는 이 모임에서 지켜야 할 사항인 **비밀유지, 경청하기, 시간 지키기, 비판·충고,끼어들기 금지, 주제에 벗어난 이야기 하지 않기, 대화독점하지 않기** 등을 미리 이야기한다.
- 시작하기 전에 간단히 각자 1~2분 정도 이 시간 참여하는 느낌 또는 소감을 나눈다.
- 책에 대해서 나누고 책을 읽어왔는지 나눈다 (저자소개, 책 표지 그림, 제목 등).

전개부분(90~120분)
제1부 〈거짓된 가치관과 인간의 가치〉
1. 나에게 관심을 보이는 사람은 누구입니까?
2. 나에게는 어떤 열등감이 있습니까? 나의 자녀에게는?
3. 내게는 외모가 얼마나 중요합니까? 나의 자녀는 어떤가?
4. 내게는 지식이나 학벌이 얼마나 가치가 있습니까?
5. 다른 사람의 어떤 면을 보고 그 사람을 평가하게 됩니까?

2부 〈자존감을 세우기 위한 전략〉
1. 나는 가정에서 자녀를 어떻게 대(평가)하고 있습니까?
2. 우리 가정에서 자존감을 높이는데 방해가 되는 장애물은 어떤 것이 있는가?

3. 나 자신과 자녀의 약점을 어떻게 보상할 수 있도록 도와줄 수 있을까?
4. 나는 자녀를 어떻게 양육하고 있는가? 학교에서는 어떤 문제가 있는가?
5. 청소년기의 자녀에 대해 얼마나 이해를 하고 있는가?

3부 〈전략을 실천하기〉

1. 나는 사회로부터 어떤 열등감을 가지고 있는가?
2. 나는 어떤 방법으로 열등감을 대처해 왔는가?
3. 나의 자녀는 열등감을 어떻게 대처하고 있는가?
4. 이 세상에서 무엇이 진정한 가치라고 생각합니까?
5. 이 책을 통해서 자존감을 높이려면 어떻게 해야 하는지 배운 점을 나누어 봅시다.

마무리부분(10~15분)

- 독서상담자가 참석한 사람들과 배운 점, 느낀 점을 나누며 마무리한다.

이무석 『마음』 적용질문지

인도자는 아래 질문 중에서 선택하여 질문할 수 있습니다.
(진행시간에 따라 **도입 10~15분, 전개90~120분, 마무리 10~15분**으로 진행)

도입부분(10~15분)
- 인도자는 이 모임에서 지켜야 할 사항인 **비밀유지, 경청하기, 시간 지키기, 비판·충고,끼어들기 금지, 주제에 벗어난 이야기 하지 않기, 대화독점하지 않기** 등을 미리 이야기한다.
- 시작하기 전에 간단히 각자 1~2분 정도 이 시간 참여하는 느낌 또는 소감을 나눈다.
- 책에 대해서 나누고 책을 읽어왔는지 나눈다 (저자소개, 책 표지 그림, 제목 등).

전개부분(90~120분)
소그룹에서 대화를 나눌 때 적극적인 경청과 공감의 태도로 피드백 한다
[part 1]
1) [마음]에 대한 강의를 듣고 난 뒤에 당신의 마음은 어떻습니까?
2) 당신의 부모님은 어떤 분이며, 갈등상황일 때 어떻게 화해합니까?
3) 형제, 자매들과, 친척들간의 갈등에 어떻게 대처해야 할까요?

[part 2]
1) 당신은 어떤 신체적 결함 때문에 고민(불면증)하고 어떻게 극복했습니까?
3) 마음의 결정을 잘못해서 받은 스트레스는 어떤 것이 있었는지요?
4) 나의 비의식중 억눌린 분노는 어떤 것이 있습니까?

5) 당신의 첫사랑의 추억 중에서 받은 인상이 있다면 어떤 것입니까?

[part 3]
1) 당신은 어떤 경우에 시기심이나, 수치심, 불안감을 느낍니까?
2) 당신은 사랑하는 사람을 상실했을 때 어떤 반응을 하게 됩니까?
3) 당신은 억울함이나 분노를 느낄 때 어떻게 표현하며 어떻게 용서합니까?
4) 당신의 열등감, 죄책감, 자살, 명품에 대한 생각을 나누어 봅시다.

[part 4]
당신이 상처 받고 괴로울 때는 어떤 방어기제를 사용하게 됩니까?
[취소, 합리화, 반동형성, 동일화, 투사, 전향, 전치, 대치형성, 부정, 상징화, 보상, 격리, 퇴행, 해리, 신체화, 유머, 이타주위, 분리, 승화, 그 외의 관리]

[part 5]
1) 당신의 정신에너지를 빼앗는 스트레스와 갈등은 어떤 것이 있습니까?
2) 내 마음의 울타리를 치기 위해서 거절해야할 일들은 어떤 것입니까?
3) [마음]소그룹에서 새롭게 알게 된 사실과 당신의 마음을 나누어 봅시다.

[추천도서]: 김진. [구원 이후의 여정은…]. 생명의 말씀사, 2010.
아치볼드 하트. [숨겨진 감정의 회복]. 두란노, 2005.
데일 카네기. [자기관리론]. 리베르, 2010.
레스,레스리 패럿. [5가지 친밀한 관계]. 이레서원, 2007.

마무리부분(10~15분)
– 독서상담자가 참석한 사람들과 배운 점, 느낀 점을 나누며 마무리한다.

데이빗 씨멘즈, 『상한 감정의 치유』 적용질문지

인도자는 아래 질문 중에서 선택하여 질문할 수 있습니다.
(진행시간에 따라 도입 10~15분, 전개90~120분, 마무리 10~15분으로 진행)

도입부분(10~15분)
- 인도자는 이 모임에서 지켜야 할 사항인 **비밀유지, 경청하기, 시간 지키기, 비판·충고, 끼어들기 금지, 주제에 벗어난 이야기 하지 않기, 대화독점하지 않기** 등을 미리 이야기한다.
- 시작하기 전에 간단히 각자 1~2분 정도 이 시간 참여하는 느낌 또는 소감을 나눈다.
- 책에 대해서 나누고 책을 읽어왔는지 나눈다 (저자소개, 책 표지 그림, 제목 등).

전개부분(90~120분)
1. 상처 난 감정들
- 내 삶의 나이테에서 가장 처음 새겨진 나이테가 무엇인지 나누어보자
- 생애 최초의 기억을 돌아가면서 기억해보기

2. 나의 자신을 평가하는 기준은 어떠한가?
- 자신이 사랑받을 만하고 귀한 사람이라고 자신을 인정하는지?
- 자신의 존재가 쓸모없고 가치가 없다고 보는지?

3. 완전주의의 증상들이 있는지 점검해보자.
- 누가 요구하지 않는데도 그 일을 하지 않으면 불안한 것들 목록 작성 해 보기.

4. 우울증이란 과부하 걸린 정서적 모터를 가진 이에게 필요한
   응급처치로서 인식하고 우울증의 경험도 나누어보자
5. 치유를 경험한 이야기를 나누어보자
- 특별히 신앙으로 치유를 경험했다면 어떤 경험이 있는지 나누어보자

그 외의 적용 질문지

1) 나의 삶의 나이테에서 가장 처음 생겨난 나이테는 무엇이었나요?
2) 내가 나 자신을 평가하는 기준은 무엇이라고 생각하나요?
3) 나에게 있는 완전주의 증상에는 어떤 것들이 있나요?
4) 내가 경험했던 우울증상상한 감정의 치유
1) 과 극복 경험을 나누어 볼까요?
5) 나는 사랑받을 만한 귀한 존재라고 믿는가 아니면 쓸모없고
   가치 없는 존재라고 여기는가?

마무리 부분(10~15분)

- 앞에서 나눈 과정을 통해서 느낀 점에 대해 간단히 말하고 자신의 삶을 나눈다.

플로렌스 리타우어, 『성공적인 삶을 위한 기질 플러스』 적용질문지

인도자는 아래 질문 중에서 선택하여 질문할 수 있습니다.
(진행시간에 따라 도입 10~15분, 전개90~120분, 마무리 10~15분으로 진행)

도입부분(10~15분)

- 인도자는 이 모임에서 지켜야 할 사항인 **비밀유지, 경청하기, 시간 지키기, 비판·충고, 끼어들기 금지, 주제에 벗어난 이야기 하지 않기, 대화독점하지 않기** 등을 미리 이야기한다.
- 시작하기 전에 간단히 각자 1~2분 정도 이 시간 참여하는 느낌 또는 소감을 나눈다.
- 책에 대해서 나누고 책을 읽어왔는지 나눈다 (저자소개, 책 표지 그림, 제목 등).

전개부분(90~120분)

- 자신의 기질은 무엇인가
- 자신의 기질의 강점 중에 나에게 해당되는 부분은 무엇인가?
- 자신의 기질의 단점 중에 나에게 해당되는 부분은?
- 자신의 약점을 말로 고백해봅시다.
- 가족과의 관계에서 기질의 차이로 인한 갈등이 있다면 무엇인가?
- 가족이나 다른 사람을 새롭게 이해하게 된 부분이 있다면 무엇인가?
- 배우자를 선택하는데 있어서 기질로 인한 영향을 받은 부부은 무엇인가?
- 가족이나 다른 사람과의 관계 개선을 위해 내가 노력해야 하는 부분은?
- 생존의 가면을 사용한 사람이 있다면 나눠보자.
- 이 책의 한계점은 무엇인가?

- 이 책의 강점은 무엇인가?
- 가장 인상에 남는 부분은 무엇인가?

마무리 부분(10~15분)
- 앞에서 나눈 과정을 통해서 느낀 점에 대해 간단히 말하고 자신의 삶을 나눈다.

존 그레이. 『화성에서 온 남자 금성에서 온 여자』 적용질문지

인도자는 아래 질문 중에서 선택하여 질문할 수 있습니다.
(진행시간에 따라 도입 10~15분, 전개90~120분, 마무리 10~15분으로 진행)

도입부분(10~15분)
- 인도자는 이 모임에서 지켜야 할 사항인 **비밀유지, 경청하기, 시간 지키기, 비판·충고, 끼어들기 금지, 주제에 벗어난 이야기 하지 않기, 대화독점하지 않기** 등을 미리 이야기한다.
- 시작하기 전에 간단히 각자 1~2분 정도 이 시간 참여하는 느낌 또는 소감을 나눈다.
- 책에 대해서 나누고 책을 읽어왔는지 나눈다 (저자소개, 책 표지 그림, 제목 등).

전개부분(90~120분)
제 1부 : 1장 ~ 3장
- 남성과 여성의 해결방법의 차이는 무엇인가?
  나와 남편의 경우 어떻게 갈등을 해결해 나가고 있는가?

제 2부 : 4장 ~ 6장
- 남성과 여성의 대화방법의 차이는 무엇인가?
  당신의 부부는 어떤 스타일로 대화를 나누고 있는가?

제 3부 : 7장 ~ 9장
- 남자와 여자의 정서적인 욕구의 차이는 무엇인가?
  당신의 부부는 각각 어떤 사랑의 언어(욕구)를 갖고 있는가?

제 4부: 10장 ~ 13장

- 복잡한 감정을 전달하는 사랑의 편지를 각자 생각한대로 이야기해 봅시다.
- 당신의 부부는 사랑의 편지를 써본 경험이 있는지? 어떻게 써야 좋겠는가?

마무리부분(10~15분)

- 앞에서 나눈 과정을 통해서 느낀 점에 대해 간단히 말하고 자신의 삶을 나눈다.

8부 신성회 추천도서목록(주제별)
정동섭 박사. 이소라 박사 정리

부록
신성회 사역 보고

8부
신성회
추천도서목록

(주제별)

정동섭 박사. 이소라 박사 정리

8부

신성회 추천도서목록(주제별)

정동섭 박사. 이소라 박사 정리

1. 자기수용/인간이해
- 김용태, 『가짜감정: 아무리 노력해도 당신이 행복하지 못한 이유』, 덴스토리, 2014.
- 김진, 『그리스도인은 인간을 어떻게 이해해야 하는가』, 생명의말씀사, 2006.
- 김형석, 『백 년을 살아보니』, 덴스토리, 2016.
- 닐 앤더슨, 『자기 의심을 극복하기 위한 내가 누구인지 이제 알았습니다』, 죠이선교회, 2005.
- 레스 & 레스리 패롯, 『5가지 친밀한 관계』, 이레서원, 2015
- 변상규, 『자아상의 치유』, NUN, 2015.
  『30년만의 휴식』, 비전과리더십, 2006.
  『자존감: 나를 사랑하게 하는』, 비전과리더십, 2009.
- 폴 투르니에, 『강자와 약자』, IVP, 2019.
- 플로렌스 리타우어, 『기질플러스』, 에스라서원, 2006.

2. 대인관계/대화법
- 게리 채프먼, 『5가지 사랑의 언어』, 생명의 말씀사, 2010.
- 데보라 태넌, 『남자를 토라지게 하는 말, 여자를 화나게 하는 말』, 한언,

2001.
- 레스.레슬리 패롯, 『5가지 친밀한 관계』, 이레서원, 2004.
- 배르벨 바르데츠키, 『너는 나에게 상처를 줄 수 없다』, 걷는나무, 2013.
- 존 타운센드.헨리 클라우드, 『No 라고 말할 수 있는 그리스도인』, 좋은씨 앗, 2017.
- 최성애, 『행복수업』, 해냄, 2010.
- 폴 투르니에, 『서로를 이해하기 위하여』, IVP, 2010.
- 헨리 나우엔, 『두려움에서 사랑으로』, 두란노, 2011.

3. 목회상담/공동체
- 권준, 『교회만 다니지 말고 교회가 되라』, 두란노,, 2014.
- 김진, 『그리스도인과 함께 나누고 싶은 이야기』, 뜨인돌, 2006.
  『그리스도인은 인간을 어떻게 이해해야 하는가』, 생명의말씀사, 2006.
- 아치볼트 하트, 『마음을 다스리는 열 가지 방법』, 요단, 2005.
  『성경과 분노심리』, 대서, 2007.
- 이안 존스, 『성경적 기독교상담』, 학지사, 2010.
- 전광, 『감사가 내 인생의 답이다』, 생명의말씀사, 2016.
- 존 던롭, 『마지막까지 잘 사는 삶』, 생명의말씀사, 2015.
- 찰스 스윈돌, 『은혜의 각성』, 죠이선교회, 2006.

4. 내적치유
- 데이빗 씨맨즈, 『상한 감정의 치유』, 두란노, 2011.
- 로버트 엔라이트, 『용서치유』, 학지사, 2004.

- 릭 워렌, 『회복으로 가는 길』, 국제제자훈련원, 2007.
- 샌드라 윌슨, 『상한 마음으로부터의 자유』, 두란노, 2005.
- 스캇 펙, 『아직도 가야할 길』, 열음사, 2006.
  　　　　『거짓의 사람들』, 비전과리더십, 2007.
- 윌리엄 바커스, 『편견을 깨뜨리는 내적 치유』, 예찬사, 1998.
- 정동섭·폴 투르니에, 『현대인의 피로와 휴식』, 진흥, 2005.
- 정희성, 『하나님은 내 인생의 네비게이션』, 죠이선교회, 2006.
- 팀 슬레지, 『가족치유, 마음치유』, 요단, 2006.
- 폴 투르니에, 『고통보다 깊은』, IVP, 2004.

5. 분노/우울증/자살
- 닐.조앤 앤더슨, 『우울증을 극복하기 위한 내가 누구인지 이제 알았습니다』, 죠이선교회, 2006.
- 데이빗 번즈, 『필링 굿』, 아름드리미디어, 2011.
- 프랭크 미너스, 『내면적 행복이 이끄는 삶』, 예찬사, 2005.
- 헨리 클라우드.존 타운젠트, 『NO 라고 말할 줄 아는 그리스도인』, 좋은씨앗, 2017.
- 홍경자, 『자기주장의 심리학』, 이너북스, 2006.

6. 역기능가정과 성인아이
- FRIENDS IN RECOVERY, 『성인아이 치유를 위한 12단계』, 글샘, 2007.
- 데이빗 스툽.제임스 매스텔러, 『부모를 용서하기, 나를 용서하기』, 예수전도단, 2001.
- 이영애, 『멋진 남편을 만든 아내』, 베다니출판사, 2002.

- 최광현, 『가족의 두 얼굴』, 부키, 2012.
- 팀 슬레지, 『가족치유, 마음치유』, 요단, 1996.
- 휴 미실다인, 『몸에 밴 어린 시절』, 일므디, 2020.

7. 중독과 회복

- 닐 앤더슨.마이크 퀼스, 『중독행동을 극복하기 위한 내가 누구인지 이제 알았습니다』, 죠이선교회, 2005.
- 데일 라이언, 『중독, 그리고 회복』, 예찬사, 2005.
- 제랄드 메이, 『중독과 은혜』, IVP, 2005.
- 팀 슬레지, 『가족치유, 마음치유』, 요단, 1996.

8. 정신병리

- 김진, 『그리스도인과 함께 나누고 싶은 이야기』, 뜨인돌, 2006.
  『정신병인가, 귀신들림인가』, 생명의말씀사, 2006.
  『정신분열증에 대해 나누고 싶은 이야기』, 뜨인돌, 2001.
- 비벌리 엔젤, 『사랑도 치유가 필요하다: 사랑이라는 이름의 정서적 학대와 그 치유의 심리학』, 책으로여는세상, 2012.
- 이무석, 『정신분석에로의 초대』, 이유, 2006.
  『30년만의 휴식』, 비전과리더십, 2006.
- 이시형, 『대인공포증의 치료』, 풀잎, 2000.
- 탈 벤 샤하르, 『완벽의 추구』, 위즈덤하우스, 2010.

9. 혼전상담

- 데보라 태넌, 『남자를 토라지게 하는 말, 여자를 화나게 하는 말』, 한

언, 2001.
- 월터 트로비쉬, 『나는 너와 결혼하였다』, 생명의말씀사, 2004.
- 존 그레이, 『화성에서 온 남자 금성에서 온 여자』, 동녘라이프, 2008.
- 존 포웰, 『왜 사랑하기를 두려워하는가』, 자유문학사, 2001.

10. 결혼과 가정생활

- 게리 채프먼, 『5가지 사랑의 언어』, 생명의 말씀사, 2010.
  『부부학교』, 황금부엉이, 2015.
- 게리 토마스, 『부부학교』, CUP, 2017.
- 김성묵.한은경, 『고슴도치 부부의 사랑』, 두란노, 2006.
- 데보라 태넌, 『남자를 토라지게 하는 말, 여자를 화나게 하는 말』, 한언, 2001.
- 래리 크리스텐슨, 『그리스도인 가정의 신비』, 미션월드라이브러리, 2006.
- 레스.레슬리 패롯, 『결혼: 남편과 아내 이렇게 사랑하라』, 요단, 2019.
- 비벌리 엔젤, 『사랑도 치유가 필요하다: 사랑이라는 이름의 정서적 학대와 그 치유의 심리학』, 책으로여는세상, 2012.
- 월터 트로비쉬, 『나는 너와 결혼하였다』, 생명의말씀사, 2004.
- 이영애, 『멋진 남편을 만든 아내』, 베다니출판사, 2002.
- 잭 볼스윅, 『왜 사랑을 말로 하지 않는가』, 두란노, 2000.
- 제프 헬톤, 『진실한 결혼생활』, 베다니, 2005.
  『진실한 결혼생활 워크북』, 베다니, 2005.
- 존 그레이, 『화성에서 온 남자 금성에서 온 여자』, 동녘라이프, 2008.
- 존 포웰, 『왜 사랑하기를 두려워하는가』, 가톨릭출판사, 2007.
- 최성애, 『부부 사이에도 리모델링이 필요하다』, 해냄, 2005.

　　　　　『행복수업』, 해냄, 2010.
- 팀 라헤이, 『행복한 결혼을 꿈꾸는 사람들이 꼭 읽어야 할 10가지』, 엘맨, 2005.
- 폴 스티븐스, 『영혼의 친구, 부부』, IVP, 2014.
- 폴 투르니에, 『서로를 이해하기 위하여』, IVP, 2010.
　　　　　『여성, 그대의 사명은』, IVP, 2004.

11. 성문제/이혼
- 구성애, 『니 잘못이 아니야』, 올리브M&B, 2003.
- 데이빗 리빙스톤, 『가정폭력남성 치유모델』, 한국기독교연구소, 2002.
- 아치볼트 하트, 『남자의 성: 남자도 잘 모르는』, 홍성사, 2003.
- 존 그레이, 『화성남자 금성여자의 침실 가꾸기』, 친구미디어, 2006.
- 존 스토트, 『존 스토트의 동성애 논쟁』, 홍성사, 2006.
- 정동섭, 『부부연합의 축복』, 요단출판사, 2012

12. 부모역할/자녀교육
- 개리 채프먼, 『10대의 5가지 사랑의 언어』, 생명의말씀사, 2014.
- 김가녕, 『굿바이, 학교폭력』, 경향비피, 2013.
- 김요셉, 『삶으로 가르치는 것만 남는다』, 두란노, 2006.
- 레스 패롯 3세, 『아버지 제가 어떤 아이가 되기를 바라셨어요』, 요단, 2004.
- 로스 캠벨, 『준비된 자녀교육』, 생명의말씀사, 2006.
- 문은희, 『엄마가 아이를 아프게 한다』, 예담프렌드, 2011.
- 박성희, 『꾸중을 꾸중 답게 칭찬을 칭찬 답게』, 학지사, 2006.

- 비벌리 엔젤,『좋은 부모의 시작은 자기치유다』, 책으로 여는 세상, 2009.
- 서천석,『아이와 함께 자라는 부모』, 창비, 2013.
- 스테판 폴터,『당신은 아들에게 어떤 아버지입니까』, 지식의날개, 2005.
- 양은진,『엄마의 자존감 회복』, 프로방스, 2017.
- 연문희,『성숙한 부모, 유능한 교사』, 양서원, 2006.
- 이민정,『이 시대를 사는 따뜻한 부모들의 이야기』, 김영사, 2008.
- 전혜성,『섬기는 부모가 자녀를 큰사람으로 키운다』, 랜덤하우스중앙, 2006.
- 정명훈,『대한민국에서 학생으로 산다는 것』, 한언, 2002.
- 제임스 돕슨,『자신감 있는 자녀로 키우자』, 에스라서원, 2004.
- 존 가트맨,『내 아이를 위한 감정코칭』, 한국경제신문, 2010.
  『내 아이를 위한 사랑의 기술』, 한국경제신문, 2009.
- 주디스.잭 볼스윅 외,『긍정적인 관계가 자녀의 잠재력을 키운다』, 디모데, 2006.
- 휴 미실다인,『몸에 밴 어린 시절』, 일므디, 2020.

13. 심신장애아 문제

- 고혜림,『우리는 희망을 연주합니다』, 한스미디어, 2005.
- 마틴 피스토리우스,『엄마는 내가 죽었으면 좋겠다고 말했다』, 푸른숲, 2017.
- 유현경,『자폐아는 특별한 재능이 있다』, 들녘, 2004.
- 이승복,『기적은 당신 안에 있습니다』, 황금나침반, 2005.
- 이지선,『지선아, 사랑해』, 이레, 2003.
- 장애우와 함께 하는 모임,『우리 친구할까요』, 여백미디어, 2004.

- 피트 에고스큐·로저 기틴스, 『통증 없이 산다』, 한언, 2006.

14. 신앙/영성/리더십/나이듦과 죽음

- 게리 토마스, 『영성에도 색깔이 있다』, CUP, 2003.
- 김주환, 『회복탄력성』, 위즈덤하우스, 2011.
- 김형석, 『백 년을 살아보니』, 덴스토리, 2016.
- 김혜남, 『어른으로 산다는 것』, 걷는 나무, 2011.
- 댄 베이커, 『인생치유』, 뜨란, 2012.
- 레너드 스윗, 『관계의 영성』, IVP, 2011.
- 릭 워렌, 『목적이 이끄는 삶』, 디모데, 2003.
- 리처드 스웬슨, 『오버로드 신드롬』, 복있는사람, 2004.
- 마이클 프로스트, 『바보 예수』, IVP, 2005.
- 맥스 루케이도, 『일상의 치유』, 청림출판, 2006.
- 밥 버포드, 『하프타임』, 국제제자훈련원, 2009.
- 빅터 프랭클, 『죽음의 수용소에서』, 청아출판사, 2005.
- 빌리 그레이엄, 『인생』, 청림출판, 2006.
- 씨 에스 루이스, 『스크루테이프의 편지』, 홍성사, 2005.
  『고통의 문제』, 홍성사, 2005.
- 아서 프랭크, 『아픈 몸을 살다』, 봄날의책, 2017.
- 알랭 드 보통, 『불안』, 은행나무, 2011.
- 알렉상드르 졸리앵, 『인간이라는 직업』, 문학동네, 2015.
- 알렉스 파타코스, 『의미 있게 산다는 것』, 위즈덤하우스, 2005.
- 에릭 프롬, 『사랑의 기술』, 문예출판사, 2000.
- 엘리자베스 퀴블러 로스, 『죽음과 죽어감』, 이레, 2008.

- 옥한흠, 『고통에는 뜻이 있다』, 국제제자훈련원, 2001.
- 유진 피터슨, 『교회에 첫발을 디딘 내 친구에게』, 홍성사, 2006.
  『현실, 하나님의 세계』, IVP, 2006.
- 이경채, 『인생레시피』, 프로방스, 2017.
- 이용규, 『내려놓음: 내 인생의 가장 행복한 결심』, 규장, 2006.
- 제리 브릿지스, 『날마다 1mm씩 자라는 믿음』, 이레서원, 2005.
- 제프리 영·자넷 클로스코, 『새로운 나를 찾는 열쇠』, 열음사, 2003.
- 존 던롭, 『마지막까지 잘 사는 삶』, 생명의말씀사, 2015.
- 주명수, 『영혼의 어두운 밤』, CLC(기독교문서선교회), 2013.
- 찰스 스윈돌, 『은혜의 각성』, 죠이선교회, 2006.
- 최철주, 『존엄한 죽음』, 메디치미디어, 2017.
- 파커 파머, 『삶이 내게 말을 걸어올 때』, 한문화, 2015.
- 폴 투르니에, 『고통보다 깊은』, IVP, 2004.
  『모험으로 사는 인생』, IVP, 2005.
  『인간의 자리』, NUN, 2009.
  『인생의 계절들』, 쉼, 2005.
- 헨리 나우엔, 『기도의 삶』, 복있는사람, 2001.
  『두려움에서 사랑으로』, 두란노, 2011.
  『영성수업』, 두란노, 2014.
  『죽음, 가장 큰 선물』, 홍성사, 2005.

15. 상담이론/기법

- 김경일, 『지혜의 심리학: 나의 잠재력을 찾는 생각의 비밀코드』, 진성북스, 2013.

- 데이빗 번즈, 『필링 굿』, 아름드리미디어, 2011.
- 마틴 셀리그만, 『낙관성 학습』, 물푸레, 2012.
- 박성희, 『동화로 열어가는 상담 이야기』, 이너북스, 2007.
- 『정신분석에로의 초대』, 이유, 2006.
- 정동섭, 『행복의 심리학』, 학지사, 2016.

16. 책읽기를 위한 참고도서
- 김현희 외, 『상호작용을 통한 독서치료』, 학지사, 2010.
- 찰스 반 도렌, 『생각을 넓혀주는 독서법』, 멘토, 2012.
- 박민근, 『치유의 독서』, 와이즈베리, 2016.
  『성장의 독서』, 와이즈베리, 2016.
- 송승훈 외, 『함께 읽기는 힘이 세다』, 서해문집, 2014.
- 원동연 외, 『5차원 독서치료』, 김영사, 2017.
- 이영애, 『책읽기를 통한 치유』, 홍성사, 2000.
- 이인환, 『일독백서 기적의 독서법』, 미다스북스, 2012.
- 임원화, 『하루 10분 독서의 힘』, 미다스북스, 2014.
- 최효찬, 『세계 명문가의 독서교육』, 예담프렌드, 2015.
- 하제, 『아이의 마음을 열어주는 독서치료』, 교보문고, 2006.
- 한국도서관협회, 『독서치료를 위한 상황별 독서목록』, 성인편, 한국도서
  관협회, 2005.
- 한국도서관협회, 『독서치료를 위한 상황별 독서목록』, 청소년.어린이편,
  한국도서관협회, 2005.
- 김정진, 『독서불패』, 자유로, 2005.
- 스티브 크라센, 『크라센의 읽기혁명』, 르네상스, 2013.

신성회 사역보고 [신성회 독서상담학교 강의일정]

1990년도 대전 대덕연구단지 청룡빌딩에서 독서모임 발족(회원 20명).

1990년-2000년: 대전 신성회 독서상담실 10년간 진행후
2000년 4월 20일: 이영애, 이소라, 성은실, 노현미(전문독서상담사)외, 『책 읽기를 통한 치유』 홍성사에서 발간하다.

신성회 독서상담전문가 4명과 독서상담학교 특강 사역이 시작되다.

독서상담학교

2001년:
부산 [기쁨의 집]특강, 광림기도원, 온누리 교회, 수원 중앙교회.

2002년:
부산 수영로 교회, 구포 은혜중앙교회, 월드리더스쿨, 풍성한 교회, 목민교회, 수원교회, 세곡교회. 대전 새누리 교회.

2003년:
부산 대연교회, 대전 어글로우, 서울 나들목 교회, 목민교회, 대전 가경아(10주),서울 가경아(10주). 일산 충신교회, 예능교회, 안성 기드온, 화은 교회

2004년:
창원 독서상담학교(4주), 부천 은혜의 교회. 양천동 아름다운교회, 서울 비전 교회, 거제도 고현교회, 서울 예능교회(4주), 포한 북부교회, 전주 사랑의 교회, 진주 장로교회, 서울 비전 교회(10주), 일산 기독상담센터.분당 중앙도서관(특강), 서울 주사랑 교회(4주), 기독상담센터(4주),
서울 국립도서관(특강), 분당도서관(실습), 총신대 독서상담지도법(12주), 한우리 독서문화운동본부(특강), 청주도서관(2주), 충신교회, 장유로 교회, 중앙대 교회, 대전 새생명교회,

2005년도:
대전 독서상담학교(5기), 진주 도동교회, 총신대 독서상담학교(12주),

광명 한우리교회, 서울광림교회, 인천은혜교회, 일산 중가기도원, 산청사모 독서상담학교(4주), 거제도 고현교회(4주), 국일 교회, 고성 목회자(특강), 역천동 성결교회, 한우리 독서문화운동본부, 공주 연합집회, 안성 중앙대 교회, 금산 도서관(4주), 부여도서관(4주), 서천도서관(4주), 충주 제일 성결교회, 안산 광림교회, 서울영신교회(4주), 서울 DEW특강, 송파 금성교회, 연신원 교회, 부산 사상교회 일산 예일 교회,

2006년도:

싱가포르 빛과 소금의 교회, 서울 독서상담학교(8주), 대전 독서상담학교(8주), 화성 하저교회(4주), 공주 도서관, 서울 미션월드 출판사 특강, 주사랑 교회, 거제도 고현교회 독서상담학교(4주), 하이 패밀리 독서상담(4주), 충남대 특강, 남양주 빛과 소금의 교회, 미국 시카고 연합집회, 클리블랜드 교회, 앵커리지 한인 교회, 달라스 뉴송 교회, 마이애미 멜본 교회, 템파 한인교회, 브라질 한인교회, 대전 한밭도서관(사례발표), 하이 패밀리, 밀알 복지관, 의정부십대지기 독서상담학교(4주), 서울 국립도서관 특강, 안양 만안도서관 독서상담학교(4주), 철원도서관 독서상담학교(4주), 지구촌교회 독서상담학교(4주) 금광교회 특강. 대전 가족사랑 독서상담학교(8기 수료), 서울 푸른초장 독서상담학교(3기)

2007년도:

광주 바이블 칼리지 독서상담지도법(3주), 대전 헬몬 기도원 청소년 독서치유, 원주 남부교회, 대전 가족사랑 독서상담학교(8주), 성남

금광교회 독서상담학교(4주), 서울 광림교회 특강, 충주 도서관(4주), 안양 영은교회 독서모임, 창원 극동방송국 사모회 특강(2회), 동대구교회, 서울 시민의 교회, 춘일 감리교회, 부천중동교회, 전주 하이 패밀리특강(2주), 광명 청소년 상담원 특강, 지구촌 가정 사역훈련원 교회 특강(4주), 미국 NC 주 10개 교회와 퍼시픽 신학교(3회), 샬럿 드림교회(2회), 서울 하이 패밀리(12주), 과천 청소년 부모 특강, 청운 상담 아카데미 특강, 서대전성결교회 특강, 광주 광산교회(2회), 대신신학교 특강, 수지 지구촌교회 특강, 평택 시립도서관 특강, 화곡 선교교회 특강, 외 다수..

2007 3기 청소년 독서치유학교

미국 샬롯 드림교회 독서상담학교

2008년도:

서울 독서상담학교(5기). 대전 상담심리연구소 특강, 서대전성결교회 독서상담학교(4주), 통영캠퍼스 독서특강, 서울극동방송국(4주). 대전독서상담학교. 회복사역연구소 특강. 창신대학교(통영) 특강. 원주 중앙교회(아버지학교) 특강. 한밭도서관(2주). 세계로선교회 특강. 광주월광교회. 총신대 특강. 펠로우십 교회(시카고). 센트럴신학교 특강. 오클라호마 연합집회특강. 베다니 감리교회(애틀랜타). 지구촌교회특강(뉴저지). +초대교회(뉴욕). 에벤에셀교회(워싱턴). 큰울림교회(볼티모어). 가족성장연구소(볼티모어). 하이패밀리 특강(사모회). 남도서관. CTS특강(진주지역). 내동감리교회(2주). 남부교회(오류동). 구미 상담학교(4주). 부천 비젼쎈타 독서모임, 홍성도서관. 남산도서관 사서교육. 서울 독서상담학교(7기).

2009년도:

뉴욕 찬양교회. FTT. 새문교회(뉴욕침례교회). 프린스턴 연합감리교회. 전주 사랑의교회. 개방동 새광명교회. 제천 독서상담학교(4주). 울산극동 독서상담학교(4주). 한세대 독서특강. 남산도서관. 할렐루야교회. 전주예수제자교회. 샘병원 독서모임(4주) Hi-Family 독서상담학교(12주). 서산 주님의 은혜교회. 다세움 상담연구소. 구리 성광교회. 카톨릭대학(역곡). 서울 극동방송국(4주).

2010년도:

남서울교회 독서상담학교(4주). 일산 상담코칭센터(8주). 그린상담센터 독서상담학교(8주). 우리 지구촌교회. 안양독서상담학교(1기), 대전중앙교회(특강) 온누리교회(사모세미나) 독서상담학교(6주), 소망기도원(사랑의교회)-특강, 안양 독서상담학교(2기), 수원중앙침례교회 독서상담학교(8주).

2011년도:
산본 섬기는 교회(6주), 이스탄불선교회(특강), 앙카라선교회(특강), 이즈밀선교회(특강), 분당 지구촌교회(특강), 진주칠암교회(4주), 연희동 선교센터(특강), 수원독서상담학교(1기) 고양 독서상담학교(6주), 수원침례교회(2기:8주), 울산감리교회 특강.

2012년도:
삼청감리교회(특강), 울산극동방송국, 서울 독서상담학교(6주), 수원침례교회(3기:8주), 대전예인교회(8주), 대전극동방송국(일일특강), 안양제일교회(6주), 수원침례교회(4기:8주), 분당지구촌교회(특강), 국립도서관(노인독서치료 특강), 비산도서관 특강, 비산도서관 주민 독서상담학교(8주).

2013년도:
수원중앙침례교회(5기:8주) 성서침례교회(특강), 총신대(특강), 한세대(특강), 전주 성광교회 독서상담학교(4주 과정), 해군 중앙교회, 서울 3지부 독서상담학교(4주 과정), 하이패밀리(12주 독서상담학교), 서울 정독도서관(특강).

2014년도

서울1지부 독서상담학교(8주), 청주 은샘교회(특강),

동작도서관 독서상담학교(5주), 퓨리탄신학교 독서상담학교(4주)

서울 4지부 독서상담학교(4주), 목포 목회자 독서상담학교(4주)

부부코칭센터 독서상담학교(4주),

분당 할렐루야교회 독서상담학교(2주),

리본치과 독서상담학교(2주), 부산 여명씨푸드 독서모임(2주),

2015년도

서울그린상담센터 독서상담학교(8주),

부부코칭센터 독서상담학교(4주),

별말도서관(4주), 부천 삼광교회 독서특강(2주),

울릉도지역 독서특강(2회), 여의도침례교회 특강

2016년도

서울1지부 독서상담학교(6회), 부산 구포 독서상담학교(4회),

대전 침례신학대학교(특강), 대전 생명상담학교(특강),

서울 한신교회 독서상담학교, 분당 푸그도서관(특강),

서울 그린상담센터 독서상담학교(8주), 사당 총신대(특강)

2019년도

신성회 사단법인등록(9월5일)

(사)신성회 1기 중부지역 독서상담학교

2020년도
민간자격증 등록: 신성회독서상담지도사, 신성회부모교육지도사
(사)신성회 2기 서울경기지역 독서상담학교

독서상담에 대한 이해와 사단법인 신성회 독서상담교육원 사역소개

-출처: 월드뷰 2019. 10월호-

행복한 성인은 고통과 역경에 대처하는 능력과 기쁨을 창조하고 유지하는 능력에 의지하여 살아간다. 이 두 능력은 배움을 통해 습득이 가능하다.

독서상담은 책을 읽은 후 다양한 활동과 책 내용에 대해 토론하는 과정을 통해 자신을 더 잘 이해하고, 자신의 문제를 파악해 결국 그 문제를 해결하도록 돕는 과정이다. 독서 치료와 도서 지도와는 책을 읽은 후의 활동은 유사하지만 그 목적과 효과에서 차이가 존재한다.

독서상담은 삶의 기술을 가르치는 책을 읽음으로써 저자들이 적은 삶의 지혜와 통찰을 우리 생활과 정신건강에 적용시키는 과정이다. 특히 스트레스 관리, 결혼예비교육, 자녀교육, 부부문제, 의사소통 훈련 등에 효과적이다. 독서 상담 과정을 통해 결과적으로 독서 치유에 이르게 된다.

독서치유에는 두 가지 접근법이 있다. 첫째, 교훈적 접근이다. 이는 두려움의 감소, 체중 감량, 금연, 자기주장 훈련, 인간관계기술, 부모 역할, 부부관계향상, 성적 장애, 우울증, 음주 등의 문제해결을 위해 독서를 활용하는 접근이다. 둘째, 촉매적 접근이다. 이는 독서를 통해 동일시와 카타르시스, 그리고 통찰함으로써 개인 또는 집단의 태도변화와 자기계발, 또는 인격적 성장을 도모하는 접근방식이다.

독자는 다른 사람이 어떻게 문제를 해결 했고, 자신이 가진 질문에 답했는가를 읽으며 자신의 문제나 질문에 대한 새로운 직관을 얻을 수 있다. 독서모임 인도자는 독자의 해결책을 인식하고, 이야기의 의미에 관련시켜 추론하고 그것을 자신의 문제에 적용시킬 수 있도록 인도한다. 독자는 결과적으로 새로운 직관을 개인의 발달에 적용시킨다.

독서상담의 과정과 목표를 고려할 때 먼저 상담적 도움을 주기 위해서는 예방과 교육의 차원을 염두에 두어야 한다. 따라서 독서모임을 인도할 때 상처받은 감정의 치유를 위해 서로를 위로하고 마음을 나누게 해야 한다.

그러나 전문적인 그룹에서는 더 깊은 차원으로 들어가야 한다. 단순히 위로하거나 마음을 만지는 수준에서 왜곡된 사고체계의 회복과 잘못된 습관의 교정까지도 고려하며 진행해야 한다. 새로운 통찰과 해결책을 얻기 위해 참된 가치관과 삶의 목표의 변화로 인격 성숙을 도모한다면 좋을 것이다.

사실 독서상담의 붐이 일었던 적이 있다. 그래서 수많은 독서 모임들이 난립하기도 했다. 그러나 독서의 상담적 요소를 전문적으로 파고들어 독서 치료 분야에 특화된 모임은 드물었다. 그 결과 우후죽순 난립하던 독서모임들은 얼마 가지 못하고 와해되곤 했다. 하지만 꾸준히 30여 년을 독서상담에 매진하며 전문성을 발전시키고 마침내 사단법인으로 인정되어 더 안정적이고 전문적인 독서상담 사역을 꿈꾸는 단체가 있다. 바로『치유가 일어나는 독서 모임』의 대표 저자 이영애 사모의 '신성회'가 바로 그것이다.

'새롭게( ) 깨어나 성숙( )한 삶을 살아가려는 사람들의 모임( )'이란 뜻을 가진 신성회는 가족과 이웃의 정신건강에 보탬이 되고자

1990년 3월 대전에서 발족 되었다. 주부들의 힘을 빌어 가정의 행복과 정신건강을 신장하는 데에 일익을 담당할 목적으로 발족한 신성회는 문제 예방 및 교육과 상담에 주력하는 모임이다.

30여 년간 전국적으로 신성회 독서모임이 활성화 되었고 이제는 독서상담 사역의 모델을 국내 독서문화계에 소개하고자 사단법인으로 등록을 마친 현재에 이르게 되었다.

『책읽기를 통한 치유』(홍성사)에서 소개된 상담사례와 『치유가 일어나는 독서모임』(죠이출판사)에 소개된 독서모임 인도자들의 치유와 회복의 이야기를 통해 그동안 진행되었던 독서상담의 진면목을 살펴볼 수 있다. 얼마 지나지 않아 신성회 회원들의 체험적 독서상담의 워크북이 개정증보판으로 요단 출판사에서 발간될 예정이다.

사단법인 신성회 독서상담교육원은 설립목적을 아래와 같이 밝힌다.

급변하는 21세기 정보화 사회에서 폭넓은 독서를 기반으로 다양한 문화적 소양을 배양하고, 자기주도적 독서로 배움과 성장, 마음의 치유와 휴식을 찾음을 통해 개인의 삶의 질을 풍요롭게 하며, 국민의 건전한 정서함양과 국가 및 지역사회의 문화 창달에 기여하는 것을 목적으로 법인을 설립하고자 합니다.

신성회의 사역 방향을 가장 잘 표현해 주는 문구이다. 신성회의 사업 내용은 이러한 설립목적을 달성하기 위한 것으로 가득 차 있다. 그 내용을 살펴보면 다음과 같다.

첫째, 독서문화 활성화 및 독서가치 공유 확산을 위한 활동을 위해 지역별 독서모임을 운영하고 이를 지원한다. 또한 관련 도서 및 정기간행물을 발간한다. 생애 전환기를 맞이한 신 중년들에 대한 맞춤형 독서 프로그램 지원 활동을 계획 중이다.

둘째, 독서지도, 독서상담 프로그램 개발 및 강좌를 운영할 것이다.

셋째, 함께하는 가정 독서문화 확산을 위한 부모교육을 실시할 것이다.

넷째, 취약계층 및 소외지역의 독서를 통한 문화 복지 실현을 시도한다.

또한 이를 위해 독서 지원 및 독서상담 프로그램 운영 등의 재능 기부 활동을 병행한다.

또한 기타 법인 목적 달성을 위해 필요한 부대사업을 계획하고 실천해 나간다.

위와 같이 설립 취지서에 표현된 설립목적과 사업 내용을 독서 문화 공동체에 알린다. 그동안 신성회 독서상담실이란 명칭으로 지난 30여 년간 수많은 회원들이 독서모임을 통해 변화되고, 치유되고, 성숙을 경험했다. 앞으로 '사단법인 신성회 독서상담교육원'을 통해 좋은 인성을 가진 사람들이 길러질 것이다. 또한 상처받은 사람들이 자신의 상처를 독서를 통해 치유 받고 희망 넘치는 인생을 살아가게 될 것이다.

사단법인 신성회독서상담교육원